JN090479

比較社会文化叢書 Vol.42

近世・近代西洋人からみた 日本語敬語研究

—ロドリゲス、ホフマン、アストン、チェンバレンを中心にして—

青木 志穂子／著

花書院

ロドリゲス『日本大文典』表紙　　　ロドリゲス『日本大文典』fol.239v-230r. 影印版 pp.482-483

南蛮屏風　6曲1双　上（右隻）、下（左隻）（狩野内膳筆　江戸時代　17世紀）

Johann Joseph Hoffmann

ユトレヒト大学図書館所蔵のホフマンによるメモ（全体）

和訓栞前編　谷川士清著　第1冊　表紙見返し部分

和訓栞前編　谷川士清著　第2冊「安之部」の一部

『日本語文典稿本』（*Proeve eener Japansche spraakkunst*）
表紙の次にホフマンが手作りのページを差し込んでいる部分

William George Aston

アストン『日本語口語文典』表紙

Basil Hall Chamberlain

チェンバレン『日本語口語入門』表紙

目　　次

はじめに

　人は誰でも発話する際、話者と聞き手の属性や関係性、例えば、性別、年齢、社会的地位、親疎関係、また、発話が行われる場面、状況に応じて、適切な語彙、文法形式、表現を選択する。こうした言語現象の一つである「敬語」は、世界中のどの言語でも共通に起こる現象である。それにもかかわらず、日本語に触れた外国人はみな一様に、日本語における「敬語」のあり方に注目する。

　例えば16世紀から17世紀にかけて約20年間にわたり、主に長崎に在住したスペイン人貿易商人、アビラ・ヒロン（Avila Girón[1]）の著作『日本王国記』には、正月における挨拶の言葉について「よい正月でござる」（Yexon guatz ongoçaro[2]）、「御礼申す」（Oreymoço）、「御礼申しまるする」（Orey mox marusuru[3]）、「御礼申し参ってござった」（Oreymox mayti goçata）など数種類にわたる描写や[4]、酒を受けて「食べまるする」（Tabe marsuru）というと、相手は「お召しゃれ」（Omexare）あるいは「おきこし召しゃれ」（Oqui cox mexare[5]）と答えるという記述など[6]、「敬語」に興味を引かれていたと思われる部分が多く見られる。

　さらに、日本語の単語を、エスパニャ語の文の中に、そのまま形容詞として使ったものもある。その例として、日本語には上品な言葉と上品さの劣る言葉の違いがあり、京都の貴族や坊主が使う高尚難解な漢字や漢語を cobita 文字とか cobita 言葉と表現した[7]。この cobita という形容詞は、それが修飾する名詞の性に合わせて létrás cobitas あるいは létrás y bocablos cobitos と変化

1　生没年不詳。1594（文禄３）年、平戸に到着。長崎と東南アジア方面を往来した。1607（慶長12）年には日本に戻り、少なくとも1619（元和５）年までは日本に滞在していたが、その後の消息は不明である。彼が執筆した豊臣秀吉から徳川家康の頃までの移り変わる日本の歴史、地理、風俗に関する著作『日本王国記』は、宣教師ではない俗人の著述として、極めて珍しいものである（アビラ・ヒロン、佐久間他訳・注（1965）pp.26-28参照）。
2　表記についてアビラ・ヒロン、佐久間他訳・注（1965）p.92の脚注（91）参照。
3　表記についてアビラ・ヒロン、佐久間他訳・注（1965）p.92の脚注（92）参照。
4　アビラ・ヒロン、佐久間他訳・注（1965）p.91。
5　表記についてアビラ・ヒロン、佐久間他訳・注（1965）p.92の脚注（116）参照。
6　アビラ・ヒロン、佐久間他訳・注（1965）p.105。
7　アビラ・ヒロン、佐久間他訳・注（1965）pp.48-49。

している。

　日葡辞書（1603）における Cobi, uru, ita の項の土井の訳（土井他編・訳 1980）では「媚ぶ」という漢字をあてており、「（媚び、ぶる、びた）ある物事が、それ自体の中に、何か人を喜ばせるような趣とか特異性とかをもっている。また、媚びて（Cobito）いて新しくてしゃれている言葉を使うのに並外れている、例、Cobite yū.（媚びて言ふ）」と記述されている[8]。

　もっとも、cobita が「媚ぶ」ではなく「古ぶ」からの派生と考える余地もあろう。なぜなら、「媚ぶ」から派生したものか、「古ぶ」から派生したものか、断定できる文献はなく、土井他編・訳『邦訳　日葡辞書』（1980）における Cobi, uru, ita の項には「平凡でない、よく選んだ言葉」、「日西辞書における prudente（慎重な、思慮深い）、日仏辞書における original（独自の）」とあり、「古ぶ」の可能性も考えられるからである。

　いずれにせよ、ヒロンが日本語の単語を訳さずに、そのままエスパニャ語の文に取り入れたのは、cobita に相当するエスパニャ語がなかったからだと考えられる。つまり、エスパニャ語には、日本語の敬語と同様の言語現象は見られず、記述するには cobita という日本語の単語をエスパニャ語に倣って活用させるしかなかったのであろう。

　このように、日本語を母語としない外国人が、日本語における敬語に注目した理由としては次の3点が考えられる。①「敬語」という言語現象は、どの言語においても見られるとはいえ、日本語における敬語ほど文法的に明確に区別され、複雑に発達した言語現象は母語にはなかったということ、②上下関係の厳しい日本の封建社会においては、敬語の使い方一つで自らの処遇に大きな影響を及ぼすこと、③敬語が相手との社会的、心理的距離を調節する言語手段であることである。

　但し②については、厳格な身分制が確立していた近世のヨーロッパ人なら上下関係を峻別するために敬語を用いること自体は珍しいことではなかっただろう。よって、①と③の理由により日本語敬語に注目したと考えられる。①については現代の日本語教育の現場でも学習者が一番に指摘するところであり、③については、未経験の場面に直面した時、または自らの価値観とは

8　別条 Vabizuqi「ワビズキ（侘好き・侘数寄）」の項にも「少しばかりの媚びた（cobitas）道具を使ったり、または、質素な仕切りの中でしたりする茶の湯（chanoyu）を愛好すること」とある。

違う相手と対峙するとき、あるいは時代が移り変わって価値観が変化し、対処に窮するとき、敬語は、相手との社会的、心理的距離をどう調整すべきか、状況を分析し、適切に解決していく鍵となるのである。

即ち、母語と日本語を対照して様々な言語的知見を得られる非母語話者は、人間関係を俯瞰的に把握できる敬語を研究することによって、日本社会に溶け込むための強力な武器を持つことを目指したのである。

こうして非母語話者による日本語の敬語研究は積み重ねられていった。その研究成果の集積が敬語研究史上いかなる位置を占めているのかについて認識することは、日本語という一言語を多角的に分析する上で非常に有意義である。なぜなら、母語話者が「ウチ」からの視点で捉えたときには気付かない点を、非母語話者だからこそ持ち得る「ソト」からの視点で捉えることにより初めて明らかになることが多々あるからである。

山東（2013）は、「ウチ」と「ソト」という関係には、空間的なものだけではなく、心象的なものもあるとするが[9]、本研究では、母語話者の視点を「ウチ」、非母語話者の視点を「ソト」と規定して論を進めていく。

山東（2013）のいう心象的な「ウチ」「ソト」を分ける例として、日本人でありながら「ソト」からの視点をもって日本語を研究した馬場辰猪（1850-1888[10]）が挙げられている[11]。馬場は、日本語廃止論[12]を唱えた森有礼（1847-1889）への反論として、1873年に『日本語文法書』（*Elementary Grammar of the Japanese Language*）を出版し、日本語にもヨーロッパ言語に劣らぬ法則

9　山東（2013）pp.188-190。

10　萩原（1995）における解説によると、馬場は1850年、土佐藩上士格の武家に生まれ、16歳で江戸に出て福沢諭吉の創設した慶應義塾に入学した。1870年に土佐藩留学生として海軍機関学の勉強のために渡英した。1872年に専攻を法学に変更し、勉強する傍らヴィクトリア中期の英国の中流階級の自由主義者との交友関係を深め、当時の英国の政治制度を最もよく理解した日本人の一人であった。英国法の基礎的な過程を勉強し、一度だけ短期間帰国したときを除いて、1878年まで英国に滞在した。帰国後、自由民権運動の中心思想家として活躍した。1886年に渡米、1888年に結核のためにフィラデルフィアで客死した。

11　山東（2013）p.188。

12　1873年『日本における教育』の序文の中で述べられた森の見解。その趣旨は、日本が国際的な独立を保つためには、英語の習得が必要不可欠であり、日本国民が西欧の科学、技術、宗教等を摂取する上にも、日本語のような貧弱で不確実な伝達手段（a weak and uncertain medium of communication）に頼ることはできず、国法さえ維持することは難しい。だから、日本語を廃止し、英語を採用しろというものである。森の意識としては、知識や能力のみならず、言語、体力、習慣など、すべての面で、国民が根底から作り変えられて、はじめて、変革は達成され、国家は文明の域に進むものと考えられていた（犬塚（1986）pp.157-158参照）。

性があることを示した人物である[13]。外国人の日本語研究を評価しない馬場の姿勢は、一見、ヨーロッパ人の異国趣味や東方憧憬によって構築された日本語論と両極にあるようで、心象的には、表裏の関係にあるといえる。

　しかしながら、前述のとおり、本研究では、日本と外国の間にある空間的な隔たり、国ごとに異なる時代的背景、日本人と外国人の間にある母語と非母語の運用能力の差、研究の継承過程や参照すべき資料の多寡など様々な要素の差を考慮するが、日本語を母語とするかどうかを基準として、「ウチ」と「ソト」を規定する。

　この「ウチ」と「ソト」の対立関係は、体系として同じ言語を、「ウチ」からみれば「国語」、「ソト」からみれば「日本語」と捉える違いとなって現れる。

　国語学者の山田孝雄（1873-1958）は、『國語学史要』（1935）の中で「国語」を次のとおり定義している。

　　　我々の國語と認むるものは日本帝國の中堅たる大和民族の思想發達に思想交渉の要具として使用しつつ在り、又使用し來つた言語をいふのである。この國語はこれを簡単にいへば、日本國家の標準語といふことである。

（山田（1935）p.2）

　このような「ウチ」からの視点に立って定義された「国語」を研究する「国語学」について、山田はさらに、次のように述べている。

　　　我々のいふ國語學は日本國の標準語を研究するものであるから、この國語を如何なる人が研究しても我々はこれを國語學といひうるかといふ問題がある。西洋人でも、支那人でも、わが國語を研究することはもとより差支無いことであるし、又事實上西洋人がわが國語を研究をした業績も多少存するのである。かやうな場合、これを國語學と俑へて差支な

13　米国駐在代理公使であり、日本の中心的な欧化主義者であった森有礼による「日本語廃止論」に対し、馬場は日本語が他のいかなる言語にも劣らない言語であることを示すために英語で書かれた日本語文法書を出版し、その序文で、もし英語を公用語にすれば教育を受けた人と受けなかった人との間の意思疎通が妨げられるだろうと警告した（萩原（1995）pp.58-64参照）。

いか、どうかといふことが一の問題である。西洋人のわが國語を研究し
たそれは西洋人の立脚地からいへば、日本語學といふには差支はあるま
いが、国語學といふことは出来ぬ譯である。

（山田（1935）p.5）

　山田は、日本語は、日本の言語であって、外国の言語ではないので、外国
人にとって「国語」とはいえず、外国人がいかに日本語を研究しても、「国語
学」の研究とはいえないとする。

　山田は、明治の中頃に西洋の言語学が入ってきてからは、その理論に国語
をあてはめることが主眼になってしまったので、もはや「真の国語学」では
ないとして、この『国語学史要』も、「国語学史」についての著作であるにも
かかわらず、明治前期までしか記述していない[14]。

　山田によれば「国語学」とは、大和民族によってなされた国家の標準語で
ある「国語」の研究であって、歴史的にも社会的にも、厳粛に限定されたも
のである。それだけに深く細かい研究が可能になる一方、客観性には乏しい
ことになる。

　これに対し、時枝誠記は「国語」を「狭義の国語」と「広義の国語」に分
け、前者を「国家的価値のある言語」、後者を「日本語的性格を持った言語[15]」
という限定をつけた。

　「国語学」の対象に「広義の国語」が含まれる以上、当然、「国語学の対象
は、口語文語はもとより、各地の方言、特殊社会の通語、海外にて使用せら
れる日本語、更に外国人によって使用せられる日本語等にまで及ぶ[16]」こと
になる。このように国語学の対象を非母語話者にとっての「日本語」にまで
広げた時枝は、「国語学にいふ国語は、日本語と同義語として考えるべきで、
これを日本語あるいは日本語学といわずに国語あるいは国語学と称するのは、
日本国に生まれ日本語を話す処の我々の側からの便宜上、その様に呼ぶに過
ぎない[17]」と述べて、山田よりも柔軟な考え方を示している。とはいっても、
やはり日本語学と国語学を同一に捉えており、「ソト」の意識があるとはいえ
ず、やはり「ウチ」の視点に立っているといえよう。

14　安田（2006）p.83参照。
15　時枝（1940）p.3。
16　時枝（1940）p.7。
17　時枝（1940）p.6。

5

本研究でいう「ソト」からの視点に立つと、「日本語」は、数多くの言語が存在する中の一言語でしかなく、世界中に存在する様々な言語は、互いに共通する普遍性と相異なる特性を有しており、それらの言語を比較、対照することによって客観性が得られるのである。

　本研究では、「ウチ」からの視点に対立する「ソト」からの視点に基づく資料に記述された日本語の敬語を分析する際、その資料の多面性に着目して資料価値を最大限引き出していきたい。

第1章
序論

　本章では、まず本研究の目的を提示し、そのように目的を設定した理由を述べる。そして、研究目的に沿った内容が本研究のどの部分で述べられているか、該当箇所を記し、全体の構成を示す。

　次に、本研究の意義を明確にし、敬語研究史を取り扱う際、事前に踏まえておくべき諸問題に対する知見を述べる。さらに、敬語研究史に関する先行研究を紹介するとともにその問題点を指摘し、研究の課題と研究方法を明らかにする。

１．本研究の目的及び構成

　本研究の目的は、（1）非母語話者によって、（2）16世紀後半から19世紀末までの間になされた（3）日本語敬語についての（4）体系的研究が、（5）母語話者による敬語研究とどのような関係にあり、敬語研究史上どのような位置付けになるのかについて究明することである。

　日本語敬語研究を歴史的視座から取り上げて上記の目的を設定した理由を述べ、続けて関連する内容を扱った箇所を示す。

(1) なぜ非母語話者による研究を対象とするのか。

　日本語を研究する者としては、日本語を母語とする日本人、歴史的にも地理的にも日本人と深い関係のある中国人や朝鮮人、常に領土拡大を図って東進を続けてきたロシア人、開国後、続々と来日したアメリカ人、スペイン、ポルトガル、オランダ、イギリスなど13世紀頃から東洋に関心を持っていたヨーロッパ人など、幅広く考えられる。本研究では、まず第２章で、「ウチ」からの視点に基づく資料と「ソト」からの視点に基づく資料を概観し、「ウチ」からの視点による母語話者の研究を除外する。また、非母語話者による研究も、地域ごとにどのようなものがあったかを明らかにし、一つ一つの資料価値について検討した後、各資料が、学問体系としてそれぞれ独自の枠組みを持っていることを検証する。

その結果、ヨーロッパ人を研究の対象とする結論に至るのだが、その理由は、資料の分析を通して詳しく示す。

　また、第2章の3で、本研究の対象として4名のヨーロッパ人（ロドリゲス、ホフマン、アストン、チェンバレン）と、彼らの敬語に関する記述のある著作を選定する。選定の理由も詳細に述べる。この4名それぞれの生涯と日本語研究の業績、敬語観については第3章の1、2、3、4で一人ずつ述べ、かれらの敬語研究の具体的内容の比較検討については第4章で述べる。

(2) なぜ、16世紀後半から19世紀末、即ち、日本における近世・近代を対象期間とするのか。

　始まりを16世紀後半からとしたのは、ヨーロッパと日本との最初の交流が始まり、この頃に記録されたものが現存する最古の資料だからである。最古の資料が、1549年に来日したザビエルをはじめとする宣教師らによって残されたキリシタン資料であることについては第2章2.3.1.で述べる。

　終わりを19世紀末までとしたのは、帝国大学に博言学科が設置され、教授として招聘されたチェンバレンによって国語学樹立の重要性が示されたのが19世紀末だったからである。

　また、1895年の下関条約もひとつの区切りとなる。関（1997）によると、国家事業としての日本語教育が始まったのは、下関条約締結によって台湾統治が始まった時点とされる。下関条約以前は、学習者である外国人を主体とする「日本語学習」と呼ぶべきものが行われており、決して教師となるべき日本人を主体とする「日本語教育」の時代ではなかった。つまり「理論」と「実践」の関係にある「日本語研究」と「日本語教育」を直結させたのは、日本人ではなく外国人であったわけだが、本研究では、まさに非母語話者による日本語研究をテーマとするため、関（1997）による区切りを採用した。

(3) 日本語の様々な領域の研究分野の中でも、特に「敬語」に焦点を絞るのはなぜか。

　敬語は日本語母語話者にとってあたりまえの言語現象であるが、一方、日本語に出会った外国人にとっては最も習得の難しい項目の一つであるといわれる。このことについて、辻村（1989）は、次のように述べている。

　　　日本人は生まれながらにして日本語を学び日本語を使って育つ故、敬

語がどういうことばであり、どういう人に対し、どういう場面において用いるべきものであるかということはいろいろな機会におのずから身につけることが出来る。しかし、外国語としての日本語の敬語についての学習は、われわれが英語やドイツ語やフランス語を学ぶ際に人称代名詞に対応する動詞の変化を覚える以上に容易でないと思われる。それは（中略）対人関係に応じて使い分けなければならないからである。しかも、敬語は使いさえすればよいというものではなく、使ってはおかしい場合や使ってはいけない場合もあるというやっかいなしろものであり、そこに敬語が敬語としてだけ扱えず、広く待遇表現の一つとして扱われるべき理由が存在するといえよう。

（辻村（1989）p.2）

　日本語を「ソト」からの視点で捉えることの意義を示すには、「敬語」という言語現象に注目することが有効であろう。そこで、本研究では、「敬語」とは何かについて言及し（第 1 章3.1.1.）、敬語の起源（第 1 章3.1.2.）、「敬語」という用語が登場したいきさつ（第 1 章3.1.3.）についても検討していく。

(4)「敬語研究」は果たして「体系的」研究となり得るのか、また、体系的研究となり得る場合、その基準はどういうものになるのだろうか。

　第 2 章 2 で網羅した「ソト」からの視点に基づく資料にも見られるように、断片的に敬語語彙を取り上げ解説し、その例文を提示した研究は少なくない。しかし、それらは日本人敬語研究者に影響を及ぼすことなく、敬語研究史において重要な位置を占めることもなかった。敬語の研究の遂行にあたっては、まず、偏りや漏れのない対象を設定し、その意味用法を整然と体系的に分類する必要があるが、この体系的研究ということについては、第 1 章3.1.4. で論じる。また、敬語研究をおおまかに体系的に分類すると、それは 5 種類に分けられることになるが、そのそれぞれについては第 1 章3.1.5. で述べる。

(5) 非母語話者の日本語敬語研究と、日本人による敬語研究との間には、どのような関係があるのか。

　本研究が扱う非母語話者の日本語敬語研究と、母語話者による敬語研究との関係性については、第 5 章2.2. において、特に、「敬語と人称の関係における法則性」が綿々と引き継がれていることを示して論証する。

9

非母語話者による敬語研究が敬語研究史に占める位置がどのようなものだったかについては、第6章で論じる。特に、日本語という「ウチ」からの視点ではなく、「ソト」からの視点によって観察、分析することが、敬語を多角的に捉えるのに有効であることを立証する。

　目的とその設定理由、また、それに関して言及した箇所は上述のとおりであるが、本論文の全体の構成は、第1章から第6章までの六つの章から成り、下記の順で論を進める。

　第1章序論では、本研究の目的、意義、先行研究、研究課題、方法について述べる。

　第2章では、「ウチ」「ソト」それぞれの視点に基づく資料を幅広く分析する。その結果、敬語研究史の初期の段階から体系的といえるのは、いわゆるキリシタン資料、オランダ語による資料、英語（英国）による資料であることを明らかにする。

　次に、近代ヨーロッパの言語学史を時代的な特徴に着目して3期に区切る。その上で、19世紀までのヨーロッパ人による日本語研究史を3期に分ける通説と並べてみると、両者は連動していることがわかる。そこで、3期のそれぞれにおける代表的ヨーロッパ人研究者4名とその著書を研究対象として選定する。

　第3章では、対象となるヨーロッパ人4名の生涯とその業績、時代背景や日本語研究の動機や社会的立場など、取り巻く環境を検討した上で、それぞれの敬語観が形成された事情や著書の特色を分析する。

　第4章では、ヨーロッパ人4名、それぞれの敬語の解釈の違いを明確にするため、各著書に詳細な記述があり、時代による言葉の変遷が明確に見られる、文末に現れる敬意表現「ハベリ」「ゴザル」「マス」の解釈を比較する。

　第5章では、明治以降の日本人敬語研究者の生涯と業績、その敬語観形成の背景を探った上で、その代表として国語学者、山田孝雄を選び、彼の提唱する敬語と人称の法則性（『敬語法の研究』1924年刊）を事例として取り上げる。山田による敬語と人称の絶対的な法則性と同一の内容が、近世・近代ヨーロッパ人による敬語研究に見られるかどうかを検討し、近代日本人敬語研究と非母語話者敬語研究との関係性を明らかにする。

　第6章結論では、以上の研究で得られた知見に基づき、ヨーロッパ人による敬語研究が、国内の研究の自立性を強調する国語学者に、どのように受け

取られたか、あるいは受け取られなかったかを分析して、日本語学と国語学の関係性を論じる。

２．本研究の意義

　日本語を研究し、その成果を資料として残した場合、記録対象である日本語は、客観的には一つの言語だが、それについて分析、考察、記録された文献資料には、必ず研究者自身を取り巻く環境、及び、いつ、どこで、誰によって話されていた（あるいは書かれていた）日本語かという日本語自身がもつ特徴が反映されている。

　さらに、それらの研究が、時間をおいて解釈される際、解釈する者が持つ背景が再度、反映されることになる。このように、どんな言語についても、言語が人間の本質に関わるものである以上、資料にかかっているフィルターを全く排除してしまうことは不可能なのである。

　山東（2013）は、一つの言語である日本語の観察も、観察者の主義によって、例えば、西洋中心主義か日本語中心主義かによって全く違った言語であるかのように評価されるとする。即ち、前者の具体例として、大航海時代のキリシタン宣教師が日本語には「性」も「数」もないとして甚だ不完全なものであると強調した記述を挙げている。一方、後者の具体例としては、国学者である本居宣長（1730-1801）が「外国ノ言語ノ能及ブ所ニ非ズ。凡ソ天地ノ間ニ。カクバカリ言語ノ精緻ナル国ハアラジトゾ思ハルゝ[18]」と『漢字三音考』の中で誇らしげに書いた部分を挙げている[19]。

　上記の例における観察者の「主義」は、その観察者を取り巻く環境や背景によって作り出されるものである。本研究では、観察者、即ち研究者の言語に対する見方が、その環境や背景によって180度変わってしまう危険性をはらんでいることを予め想定し、どんな資料であっても、様々な要因からフィルターがかかり、完全に客観的に分析することは不可能であることを認識した上で、そのフィルター部分を詳細に分析した。

　よって、本研究の意義は、資料の本質に及ぶ様々な影響を考慮して、歴史的視座から敬語研究を多角的に捉えた点にある。

18　大野他編（1990）p.383。
19　山東（2013）「はじめに」参照。

また、すべての資料を網羅的に分析した上で、研究対象を絞っていくことによって、地域的、時代的偏りのない資料を選定した点に意義がある。例えば「西洋諸言語による資料」という場合、単にヨーロッパの資料と捉えるのではなく、時代的特徴から「キリシタン資料」、地理的特徴から「ロシア語による資料」というように、細かくカテゴリーに分けて分析するという方法を採った。

　さらに、本研究の意義として挙げられるのは、日本語母語話者の研究と非母語話者の先行研究との関係を探ったこと、「国語学」が成立、発展していった土台には「ソト」からの視点を持つ「日本語学」があること、日本語の敬語研究史がヨーロッパにおける言語学史と連動していることを、「敬語研究」を切り口として論証したことである。

３．先行研究の概観

　本研究は、前述のとおり、近世・近代ヨーロッパ人による体系的な敬語研究が、日本の敬語研究史上、どのような位置を占めているかを究明するものであるが、本研究の目的を遂行するために先行研究を概観するにあたり、「敬語研究」の側面と「敬語研究史」の側面の両方を踏まえておく必要がある。なぜなら、敬語研究の集積が敬語研究史を形作ってきたからである。

　本章で、両方の側面から先行研究を概観することによって、次章に続く本研究の課題が自ずと決定されていくことになる。

3.1.　敬語を研究する上での諸問題

　「敬語」とはいったい何を指しているのか、どう定義するべきものなのだろうか。そもそも「敬語」というものは一体いつから存在したのか、「敬語」という言語現象に対する意識が芽生えたのはいつからなのだろうか。また、「敬語」という用語は、いつ、どのような文献に、初めて登場したのだろうか。さらに、敬語が研究されるようになったといっても、体系的敬語研究といえるにはどのような要件を満たす必要があるのか、敬語研究にはどのような種類があるのか。

　第１章３では、こうした敬語研究に纏わる諸問題について論じる。

3.1.1. 敬語の定義

　敬語とは何かという規定の仕方には、「敬語」を広義に捉え、いわゆる待遇表現まで含めて指している場合もあるし、狭義に捉えて尊敬語を指している場合もあって、「敬語」という用語の定義は一定していない。

　『日本語百科大事典』（1988）「敬語」の項には、「「敬語」とは何かという時、最も一般的には「敬意を表わすことば」というように考えて、「おっしゃる」「いらっしゃる」「さしあげる」「申し上げる」「お天気」「ご馳走」「です」「ます」といったたぐいのことばをあげるであろう[20]」というように一般的、常識的に書かれている。

　また、『日本語学研究事典』（2007）の「敬語」の項には、「一般には待遇表現のうち上向関係に基づく特定の表現形式をいう。つまり話し手（書き手）が聞き手（読み手）あるいは話題の人物を上位に遇して用いる言語形式をさす[21]」とある。

　これとほぼ同じ定義をしているのが辻村（1992）で、「敬語は表現主体（話し手または書き手）が上位に待遇すべきだと考える話題の人物、或いは表現受容者（聞き手または読み手）に対して用いる特定な言語形式だと言えましょう[22]」とする。

　大石（1983）は、敬語が各自の立ち位置を明らかにする機能を捉えて、「敬語は対人関係におけるさまざまの適応を役割とする言語要素である[23]」とする。

　国立国語研究所発行の日本語教育指導参考書（1990）には「敬語は人と人との間の社会的・心理的〈距離〉を表すというかなり普遍的な定義が有効[24]」と定義して〈距離〉を軸とした敬語論に立脚している。

　それに対し、菊池（1997）は「敬語とは、同じ事柄を述べるのに、述べ方を変えることによって敬意あるいは丁寧さをあらわす、そのための専用の表現である[25]」として〈敬意〉を軸とした敬語論に立脚している。

　どれも理解の幅に大きな違いはなく、共通していえることは、（1）表現主体、（2）表現受容者、（3）表現素材の三者が存在し、さらに、表現主体が、

20　金田一他編集（1988）p.609, left。
21　飛田（2007）pp.273-274。
22　辻村（1992）p.446。
23　大石（1983）p.5。
24　国立国語研究所（1990）p.1。
25　菊池（1994）p.72、（1997）p.91。

ある人物・事柄について述べるにあたって、その人との関係に於いて敬意[26]を抱き、それを言語形式の上に反映させるという意図を持つことを成立要件とするということである[27]。

　「ソト」からの視点を意識し、かつ歴史的考察を目的とする本研究では、敬語を「敬語でない語との対応において成立し、意味的共通性を持った体系をなすもの[28]」と定義し、個々の事象ではなく、体系化された言語現象として捉えるという姿勢で取り扱いたい。

　上記のように定義することによって、日本語の敬語は日本語以外の言語の敬語との比較の中で、次のような特色がより鮮明になると考える[29]。

　まず、日本語の敬語は語彙的事実であるという点である。朝鮮語、ジャワ語、チベット語なども非敬語に対する選択形式としての敬語を多く持っているが、ヨーロッパの言語となると、英語はもちろん、フランス語でも、ドイツ語でも、ロシア語でも、人間関係に応じて敬意に基づいた別の語を用いることは日本語ほど多くなく、せいぜい二人称代名詞に敬・非敬の対照が見られるに過ぎない[30]。もっとも通常語形に敬語的成分を付加して敬語形を構成する場合が多い。

　次に日本語の敬語は文法的事実であるという点である。敬語的自称、敬語的他称それぞれにおける言語的対応の事実は、個々の言葉の意味的対応とは異なって法則的である。しかも語構成においても文法的手続を必要とする上、文を文たらしめる陳述辞の変容というきわめて文法的な側面を持っている。

　さらに敬語表現には文体的統一性が見られるという点である[31]。ヨーロッパの言語にも仮定法や条件法などによる敬意表現の方法があるが、それらは言い回しの問題であって修辞段階のものである[32]。

26　ここでいう「敬意」は、上下、親疎、恩恵の授受などの関係によって用いるもので、本当に相手を心から敬う心、いわゆる敬意を持っているか否かは関係ない。「敬語が敬意を表わすことばであるという場合の敬意とは、（中略）相手や話題の人物を（中略）敬語的に上位として扱うことを意味する」とされる（辻村（1977）p.49参照）。

27　辻村（1977）pp.2-3。

28　辻村（1977）p.84。

29　辻村（1977）pp.83-87参照。

30　フランス語の tu と vous、ドイツ語の du と Sie の使い分けがよく知られている。現在の英語では you だけになってしまっている。

31　例えば「です」体、「であります」体、「でございます」体のように文末形式が統一されている。

32　例えば、要求、依頼の表現には Would you mind ~ing...?、Could you please...?、Please ＋命令文、単純な命令文など、丁寧な言い方からそうでないものまで様々な形が使われている。

14

　最後に、現代日本語の敬語は、相対敬語であるという点である。聞き手によって敬語を用いたり用いなかったりする点が、古代の絶対敬語の用法と大きく相違するのみならず、敬語の発達している朝鮮語とも異なっている。

3.1.2. 敬語の起源

　敬語の起源については、タブー起源説、美称起源説などがある。前者は、蒙古の婦人たちが夫の名を口にすることができないというタブーの習慣から「婦人語」という特殊語が発生したと説く、デンマークの言語学者イェスペルセン（Otto Jespersen, 1860-1943）に影響を受けた金田一（1992）が説いた説である。即ち、小児は日常的には婦人に育てられるため、普段、婦人が口にする「婦人語」を使うようになり、そのまま年少者が年長者に向かって言う言葉になって、敬語が発生したという[33]。後者は、「原始社会の人々の智恵の及ばない所に神の観念が起こる。その神をたたえるほめ詞－美称が久しく繰り返されて敬語の基となる[34]」というものである。

　文献がない時代のことについては推測する以外にないが、「敬語」という言語現象の客観的認識はなくても、人智を超えた自然や神に畏敬の念を持つとき「敬語」が発生すると考えるならば、「敬語」は、人類が言葉を持った時から存在していたと考えてよいのではないだろうか。

　文献時代に入ってからのことについては、春日（1938）が、古事記、日本書紀、万葉集等の敬語を調査した上で、絶対的支配者としての神・君と、その被支配者としての臣民との対立構造の中で、上下関係を表す言葉の成立に、その起源を求めている[35]。

　また、辻村（1968）は、日本書紀（神代の巻・上）の中に、既に敬語の存在が裏付けられる記述があるとして、「至貴曰尊。自餘曰命。並訓美挙等也。（いたりてとふときをばそんといふ。これよりあまりをばめいといふ。ならびにみことといふ）」という例を挙げている[36]。つまり同じように尊んで「みこと」と呼んでも、その中に段階があり、「尊」と「命」とを区別しているというのである。当時の人に明確な待遇意識があったことがわかる。

　他に、万葉集（巻12・2915）には「妹上曰者　無礼恐　然為蟹　懸巻欲

33　金田一（1959［1992］）pp.403-404。
34　金田一（1959［1992］）p.400。
35　春日（1938）pp.64-72。
36　辻村（1968）pp.318-319。

言爾有鴨（いもといふは　なめしかしこし　しかすがに　かけまくほしき　ことにあるかも）」という歌がある。男は、親しみの情をこめて女を「いも」と呼びたいが、身分の差がそれを許さないと嘆き、男の愛情の強さを示す歌であるが、「いも」という言葉そのものの待遇性が取り上げられている。

また、10世紀の宮廷生活が実感できる『枕草子』の中にも、清少納言が、敬語をめぐる微妙な人間心理を観察して描写した部分がある。

　　　文ことばなめき人こそいとどにくけれ。世をなのめにかきながしたることばのにくさこそ。（中略）おほかたさしむかひても、なめきはなどかくいふらむとかたはらいたし。まして、よき人などをさ申す者は、さるはをこにていとにくし。男主などわろくいふ、いとわろし。我がつかふ者など「おはする」「のたまふ」などいひたる、いとにくし。ここもとに「侍り」といふ文字をあらせばやと聞くこそおほかれ。

　　　（田中編（1972）pp.245-246に掲載されている『枕草子』の本文）

　　　手紙の文句をぶしつけに書く人は、ほんとににくらしい。世の中を、相手を、軽く甘く見たように書き流してある言葉がにくらしいのである。（中略）だいたい、（手紙だけではない、）対談するにしても、相手の言葉が失礼なおりは、どうしてこのように言うのであろうかと、聞くにたえない。まして、りっぱな人などを、そのようにぶしつけにいうものは、それはばか（に違いないの）であるが、はなはだ憎い。妻が自分の夫（男主人）に対して礼を失した言葉を使うのは、実によくないことである。
　　　自分の使っている召使の女などが（その夫の言葉について）「おはする」とか「のたまふ」など（尊敬語を用いて）言ったのは、にくらしい。このあたりに、（「おはする」「のたまふ」のかわりに）「侍り」という（ていねいな）言葉を使わせたいと思って）聞くことが多いものである。

　　　　　　　　　　　　　　　　　　（田中編（1972）pp.245-246）

言語感覚の鋭い清少納言が、「おはする」という尊敬語を使う態度に接して、「侍り」という謙譲・丁寧の語を使わせたいと思っていることが読み取れる。敬語の適切な使い方ができない人に対する清少納言の反感が伝わってくる一文である。

以上の例からもわかるように、日本語を母語とする日本人は、非常に古く

16

から、言語現象としての「敬語」に深い関心を寄せてきたのである。

3.1.3.「敬語」という用語の登場

　前節では、今でいう「敬語」という言語現象について日本人がいかに意識していたか、最も古い文献として『古事記』『日本書紀』に遡って検証した。その結果、「敬語」に対する意識の芽生えは確認できたが、文献上に「敬語」という用語が現れることはなかった。

　では、日本人の間において、「敬語」という用語が登場し始めたのはいつ頃からだったのだろうか。

　「敬語」という用語は江戸時代になってもまだ現れておらず、当時は「敬ひ詞」「崇め詞」「尊み辞」「崇め言」「あがまへ言」など、様々な表現がなされていた。「用語」というものが、概念が形成されていく過程で誕生するものならば、「敬語」という用語が現れるまでは、その明確な概念は形成されていなかったということになろう。

　「敬語」という用語が登場した最初のものは、田中義廉の『小學日本文典』(1874)の巻２、第19章「人代名詞」の二人称を説明する際に用いられた「敬語」という語であった。図１は『小學日本文典』の該当部分の画像である[37]。

　他に、高野(2001)は「「敬語」の早い用例[38]」として、明六社の雑誌『明六雑誌』第１号(1874)を飾る西周の「洋字ヲ以テ国語ヲ書スルノ論」という記事を挙げている。

　『明六雑誌』は、1873年に森有礼、福沢諭吉ら洋学者たちが結成した明六社[39]により、1874年から1875年にかけて発行された雑誌[40]である。『明六雑誌』

37　国立国会図書館デジタルコレクション http://dl.ndl.go.jp/info:ndljp/pid/863885/45
38　高野(2001) p.44。
39　明六社は、明治初期にアメリカ帰りの森有礼が西村茂樹(1828-1902)に相談して設立した結社である。社名は明治六年に結成されたことに因む。その設立目的は、西欧のように知識人たちが集って親交と学識を深めつつ、人間という中身も変革(『明六雑誌』のことばでいえば「民心の一新」)することである。文明開化の時代、社会に大きな影響を与えた。
40　『明六雑誌』が売れた部数は１か月平均3205冊である(明六社発足から約１年後の森有礼による演説で述べられた)。これは、明治初期においては驚異的な売れ行きであり、広範な読者層を想定させる。また『明六雑誌』の論説は、各地の新聞に転載されることも多かったため、読者数は販売数よりも多く、東京周辺だけではなく、全国各地で読まれていた。投書にある署名から、官吏、学生、書生、村役人、旧士族、豪農、豪商など知識人層に読まれていたことがわかる。また『明六雑誌』の登場と広範な読者の獲得、その論説の地方新聞への転載、それに対する反響としての読者の投稿は、様々な問題関心を共有する言論空間を生み出し、各地の知識人層が問題意識を共有した。

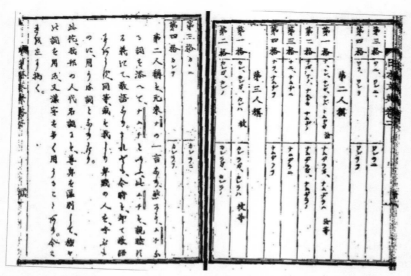

図1　田中義廉『小學日本文典』巻2、第19章人代名詞（左ページ先頭から
　　　5行目に「敬語」という文字が見える）

表紙の裏には、各号、常に「発刊の辞」とでもいうべき一文が掲載され、そ
こに明六雑誌発刊の目的が語られている。すなわち「吾儕（わがせい）」（＝
明六社の仲間）が会同して「事理を論じ」「異聞を談じ」ることで「学業研
磨」「精神爽快」を図り、それらの「談論筆記」をして「鏤行（印刷、出版）」
し、「同好の士」に頒布することによって、「邦人のために智識を開くの一助」
としたいというものである。

　明六雑誌が、明治初期の啓蒙家たちの思想を知る資料として活用される理
由は、それまで日本人が持ち合わせていなかった新しい言葉が、明六雑誌に
おいて、盛んに生産されているからである。「敬語」という用語は、幕末から
洋学の移入に伴い日本人が造語した可能性が高い。

　『明六雑誌』第1号の最初に掲載された西周の記事「洋字ヲ以テ国語ヲ書ス
ルノ論」は、明六社が目的とした学術振興の新知識の普及による国民啓発の
前提として、ローマ字を国字とすることを主張したものである。その中で西
は、ローマ字の綴り字の様式を示した後に、下記のように「敬語」という用
語を登場させている。

　しかれどもこれらのみならず、アルをゴザルといい、座〈ま〉ス、申スなど、そのほか種々の敬語など捨るにも捨られず、取るにも取られず
（山室ほか校注（1999）p.45。下線は筆者による）

　図2は『明六雑誌』の該当部分の画像である[41]。

図2　『明六雑誌』第1号1　西周「洋字ヲ以テ國語ヲ書スルノ論」
（縦書き2行目に「敬語」という文字が見える）

　また、佐藤誠實の『語学指南』（1879）第2巻17丁においても「佐行四段ノ活ヲ以テ敬語トスルコトヲ明ス[42]」とあり、「敬語」という用語が用いられている（図3参照[43]）。

　これらの資料から、「敬語」という概念が形成され始めたのは1874（明治7）年頃だといえるだろう。

41　日本語史研究資料（国立国語研究所蔵）http://dglb01.ninjal.ac.jp/ninjaldl/meirokuzassi/001/PDF/mrzs-001.pdf
42　佐藤（1879）巻2、17丁。
43　国立国会図書館デジタルコレクション http://dl.ndl.go.jp/info:ndljp/pid/992001

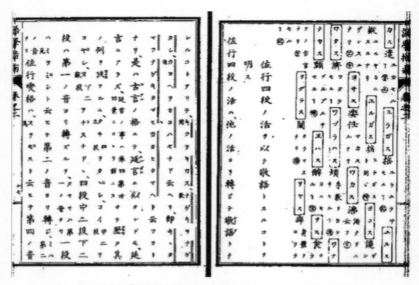

図3　佐藤誠實『語学指南』第2巻17丁（右ページ左から3行目に
「敬語」という文字が見える）

「敬語」という用語の登場の背景について、中村（1994）は、日本思想史
の見地から、次のように述べている。

> 明治末年になって「敬語」研究が使命感を以て始まったという事実は、
> 思想史的に見れば、大いに示唆的なことである。すなわち「国民－国家」
> （ネーション・ステイト）、そして「国語」の創造＝想像が行われた時代
> と期を一にして「敬語」意識が顕在化した、つまりは有意味な名称とし
> ての「敬語」が誕生した、ということである。（中略）言文一致が提唱さ
> れ国家語としての共通の「国語」が初めて見出されてくる過程の中での
> ナショナリズムのたかまりが、「敬語」と称される新たな領域を発見させ
> た（後略）。

（中村（1994）p.138）

上記のように中村（1994）が敬語をナショナリズムと結びつけているのに
対し、辻村（1992）は、下記のとおり「日本人の美徳と表わすもの」として
いる。

20

　「待遇」なる語は、松下大三郎が初めて『日本俗語文典』（1901）の中
で用いてから一時期頻用されたが、その後、戦前の国粋主義的な考えか
ら、言語現象の説明に用いられることは少なくなり、日本人の美徳を表
すものとして、「敬語」なる語が重用されるようなっていった。

（辻村（1992）p.154）

　「敬語」という用語を見かけ始めた時期（明治 7 年頃）の数年前、即ち、
1872 年は学制が敷かれた年である。学制によって小学校に文法科が置かれ、
文法が教授されるようになり、そのために文典（＝文法書）が編まれるよう
になった。「敬語」という用語の登場は、この学制の発布と関係があるのでは
ないだろうか。

3.1.4. 体系的敬語研究の要件

　「敬語」という言語現象が、母語話者にとっても、非母語話者にとっても、
興味深く、研究の対象とされていたことは前節のとおりである。その研究が、
語彙等を断片的に取り上げるものであったり、使用場面の設定が不自然であっ
たり、敬語についての総括的な説明がなかったりするならば、その敬語研究
は、次の研究への足掛かりになる普遍的な研究とはいえないだろう。
　そこで、本研究では、「体系的研究」といえるだけの要件を満たしている研
究を対象としたい。ロドリゲスの敬語研究が日本人の研究を凌駕していると
する辻村（1968）は、「体系的研究」といい得る要件を、下記のとおり三つ
挙げている[44]。

（1）個々の語彙を断片的に取り上げたのではなく、敬語全般にわたって説
　　明し、而も意味用法によって整然と分類していること。
（2）敬語が、話し手・聞き手・素材の三者の関連の上に成り立つことを認
　　識し、その実態を正確にとらえていること。
（3）敬語を敬語として説明するにとどまらず、広く待遇表現全体という立
　　場から論じ、従って、いわゆる尊大表現・自敬表現から卑語にも及び、
　　さらには常態語の待遇価値まで認めていること。

44　辻村（1968）p.320。

本研究では、歴史的考察を目的とし、言語研究を行う方法も定着していない16世紀にまで遡るため、（3）の要件については厳格に適用せず、上記（1）（2）の要件を満たしたものを「敬語」の「体系的研究」と見なし、研究対象とすることにした。

3.1.5. 敬語研究の分類

「敬語」に関する研究は、母語話者である日本人だけでなく、非母語話者によっても行われ、テーマの幅広さ、また、量的にも、非常に豊かな背景を持っていることを論じてきた。

このように集積されてきた「敬語」に関する先行研究を分類するにあたり、南不二男の分類の仕方[45]、即ち、研究の性格上、対照的なものを組にして挙げていくという仕方をとると、次のようになる。

① 共時的観点をとるか、通時的観点をとるか。
② 分析・記述的な態度をとるか、実践的な態度をとるか。
③ 抽象的な体系をめざすか、言語行動の実態の把握をめざすか。
④ 考察の対象を言語的世界に局限するか、非言語的世界にまで目を向けるか。
⑤ 個別的研究か、対照的研究か。

①の共時的観点からの研究は、現代語（標準語だけでなく方言も含む）についての考察だけとは限らない。上代、中古、中世、近世といった各時代における敬語の記述も共時的な研究である。一方、通時的研究は、時間の流れにそって敬語がどのように変わってきたかを明らかにしようとするものである。

②の実践的な態度をとった研究は、現代敬語の場合、誤用の問題や、社会生活上の敬語使用の心構えを説くものなど、書店に数多く並んでいる実用書に見られる。ただし、どのような観点から実践的な立場をとるにしても、まず必要なのは、分析・記述的な研究によって提供される確実な情報である。

③については、例えば、文法的あるいは語彙的な項目として出現する敬語に関する諸項目の分類、それら諸項目間の関係、また、各項目の意味の分析

45　林・南（1974）pp.8-16。

などは、「敬語」の抽象的な体系の構築をめざすものといえる。それに対して、ある言語社会または個人の敬語使用の実態の調査・研究などは言語行動の実態の把握をめざすものとなる。

④については、人間のコミュニケーション行動には、言語的なものだけではなく、動作や表情など非言語的なものもある。また一般には両者が共存していることが多いので、そのいずれかの側面のみを取り出して考えることは難しい。但し、文献に頼る歴史的考察では、一応分析の対象を言語的世界に限らざるを得ないであろう。

⑤の個別的研究とは、一つの言語における敬語の体系や実態の研究であり、対照的研究とは、世界の諸言語における敬語またはそれに類する表現の型を考察した上で、いくつかのタイプに分け、主に系統を異にする複数の言語を、ある項目の観点から比較対照し、その結果から個別言語の文法的特徴を明らかにしていくものである。

本研究で取り上げる敬語研究は、見方によって、どれも①から④のすべての側面を有しており、特に⑤については、非母語話者だからこそ持ち得る「ソト」からの視点で日本語の敬語を観察するという立場から、研究者自らの母語と日本語との対照研究の要素が必然的に取り込まれる。

3.2.　敬語研究史に関する先行研究

敬語研究史を研究する領域では、母語話者である日本人敬語研究者がどのような研究を行ってきたかを分析するものと、非母語話者の敬語研究者がどのような研究を行ってきたかを分析するものの二つに分けられる。両者の関係がどのようなものであるか、敬語研究史全体における位置付けを明らかにするものは、これまでなかった。

本研究は、「ソト」からの視点による研究として非母語話者が行った敬語研究の歴史を辿り、敬語研究史における位置付けを明らかにするものである。

まず、母語話者による研究、非母語話者による研究、それぞれの敬語研究史についての先行研究を概観しよう。

3.2.1.　母語話者による研究を中心としたもの

敬語研究の歴史に言及した先行研究は数多くあるが、その代表的なものとして下記の 5 点の論考が挙げられる。

石坂（1944）は、第 1 章で、文学作品における敬語的関心を述べ、第 2 章

以降は、時代別に研究の跡を辿っている。明治・大正時代の研究が多角的に
考究されてはいるものの、現代における研究としては時枝誠記の敬語学説を
挙げるのみである。

　江湖山（1956）は、敬語研究の歴史について、『日本書紀』における敬語
表現の表記から説き起こしており、明治以降の日本人による研究に至るまで
の流れを大まかに把握できる。イエズス会宣教師ロドリゲスの偉大さにも触
れているが、敬語研究史におけるその位置付けは明確ではない。その付記に
は、昭和時代からの研究については、江湖山（1943）を参照するよう述べて
いる。

　辻村（1968）は、敬語意識が発生してから近世、明治以降の敬語研究史を
概観しているが、日本人による敬語研究の変遷を中心に考察したもので、唯
一外国人の研究として取り上げたロドリゲスの敬語説については、土井（1971）
第7章「吉利支丹の敬語観」の紹介にとどまっている。

　宮地（1972）は、ロドリゲス以後の敬語研究、山田孝雄、石坂正蔵、時枝
誠記らの研究を検証しながら敬語研究史上の問題点を挙げ、それに対する著
者自身の見通しや見解を提示したものである。

　大石（1977）は、その第2章で明治以降の日本人研究者による敬語理論に
ついて詳しく述べた後、第3章「敬語の歴史的研究」において、各時代の敬
語の研究を共時的に概観し、ついで、通時的考察をした論文である。

　上記5点はいずれも、日本語に対する「ウチ」からの視点、「ソト」からの
視点といったことを考慮に入れつつ資料を扱ったものではない。それらはい
ずれも、母語話者である日本人による研究を中心に据えながら、必要があれ
ば非母語話者による研究についても言及するといった立場から日本語の敬語
研究史を論じたものである。したがって、当然のことながら「ソト」からの
視点による研究が敬語研究史のどこに位置するかを考察するものではない。

3.2.2. 非母語話者による研究を中心としたもの

　本研究ではヨーロッパ地域の人々を「ヨーロッパ人」と統一して表記する
が、先行研究では一般的に「西洋人」と表記されている。これはそもそもヨー
ロッパとアメリカを区別することなく、東洋に対する西洋という考え方から
くるものである。

　実際、先行研究を概観すると、イエズス会宣教師の日本語研究から始まり、
いわゆる「鎖国」中はオランダ商館長やその関係者の研究、開国後はイギリ

ス、アメリカの外交官や宣教師、お雇い外国人などの研究というように時系列に非母語話者による研究を並べたものがほとんどである。これらはいわゆる「西洋人」による日本語研究の歴史として捉えられているのである。

　そこで本研究において「ヨーロッパ人」ではなく「西洋人」と表記するのは先行研究に言及する際に、その研究内で「西洋人」と表現されている場合のみとする。

　ヨーロッパ人による敬語研究の歴史の流れについての先行研究としては、漆崎（1988）、青木（2011）、岡田（1997）が挙げられる。漆崎（1988）は、「敬語」に言及した文献が残る 6 人の西洋人、ロドリゲス、コリャード[46]、ゴロヴニン[47]、クルチウス[48]、ホフマン、アストン、チェンバレンを取り上げ、その研究の概説を述べている。青木（2011）は、ロドリゲス、アストン、チェンバレンに共通する敬語使用要件が、山田孝雄へと引き継がれたことを論証し、ロドリゲスの研究が、現在の敬語研究へと繋がっているという。

　岡田（1997）は、「待遇表現の本質を見きわめることが何よりも日本文化の根幹を見出すのに有効な手立てになると考え」、「一六世紀の中葉以来、欧州の人間が見た〈待遇表現の文化〉という視点から考え[49]」るとして、ヴァリニャーノ[50]、メシア[51]、ゴロヴニン、ケンペル[52]、カブラル[53]、ロドリゲス、ペドロ・ラモン[54]、アビラ・ヒロン、ルイス・フロイス[55]といった西洋人ばかりを取り上げている。

　このように先行研究には、研究資料として東洋人が日本語について記述したものに目を向けた研究が見当たらない。その原因は何だろうか。

　杉村（1999）は、「彼ら（中国人、朝鮮人）が後進国の日本から学ぶものなしという立場にあって、日本語を積極的に学習したり研究（したり）しな

46　ディエゴ・コリャード（Diego Collado, 1589?-1641）ドミニコ会宣教師。
47　ワシーリ・ミカイロヴィッチ・ゴロヴニン（Vasilii Mikhailovich Golovnin, 1776-1831）ロシア艦船ディアナ号艦長。
48　ヤン・ヘンドリク・ドンケル・クルチウス（Jan Hendrik Donker Curtius, 1813-1879）オランダ商館長。
49　岡田（1997）p.35。
50　アレッサンドロ・ヴァリニャーノ（Alexandro Valignano, 1539-1606）イエズス会宣教師。
51　ロレンソ・メシア（Lourenço Mexia, 1539-1599）イエズス会宣教師。
52　エンゲルベルト・ケンペル（Engelbert Kämpfer, 1651-1716）ドイツの医学者。
53　フランシスコ・カブラル（Francisco Cabral, 1530?-1609）イエズス会宣教師。
54　ペドロ・ラモン（Pedro Ramon, 1550-1611）イエズス会宣教師。
55　ルイス・フロイス（Luis Frois, 1532-1597）イエズス会宣教師。

かったのは当然といえる[56]」と述べている。つまり、これまでの敬語研究史の考え方は、東洋人、特に、当時、先進国であった中国、朝鮮の人々にとって、日本はそこから何か学ぶべきものがあるような国ではなく、日本語にしても、せいぜい貿易に必要なだけの知識があれば事足れりと考え、そもそも分析すべき資料が存在しないと受け取られていた。言い換えるならば、輸出入品の売買契約の成立を最終目標とする中国、朝鮮の人々は、抽象的あるいは精神的な言語概念を追及する必要に迫られず、その結果、日本語の敬語についても関心を持たなかったのである。

　それに対し、東洋人とは異なる目的で日本に到来した西洋人の目に映った日本語、とりわけ、日本語の敬語は、彼らにとって特筆に値する言語現象と見なされ、多くの資料を残すこととなった。

　これまでの敬語研究史の研究者は、西洋人による記録ばかりに目がいってしまい、限定された範囲の資料を用いて研究することになったと考えられる。あるいは、ザビエル来日がよほど鮮烈な印象を日本史に残したからであろうか、日本語研究といえば、イエズス会宣教師と言う固定概念に縛られてしまい、東洋人を検討することなど思い浮かばなかったのかもしれない。

　しかし、こうした考え方は、最初から研究の対象となる資料を見る目にバイアスがかかっており、客観的で合理的な資料選択ができているとは言い難い。歴史的視座から特定の言語現象を分析する研究においては、すべての資料を予断なしに検討した上で、合理的な理由を挙げて研究対象を絞っていく姿勢が要求される。

　本研究では、代表例として取り上げるロドリゲス、ホフマン、アストン、チェンバレンやその敬語研究に関する先行研究については、第3章において次のように提示していった。まず、第3章の1では、キリシタン資料の中で日本語敬語に言及した文献を分析し、とりわけロドリゲスの著作からロドリゲスの敬語観を詳述した土井（1971）、第3章の2では、ホフマンの著作を翻訳しホフマンの敬語観を分析した三澤（1966）、第3章の3では、アストンの敬語研究の特色を論じた古田（1974 ［2010 d］）、最後の第3章の4では、日本人研究者に引き継がれたチェンバレンの敬語研究を論じた杉本（1999）を扱った。

56　杉本（1999）p.19。文中2か所のかっこは筆者による。

４．本研究における課題と方法

　「敬語」という用語が登場していない時代を含む本研究では、「敬語」の定義にあてはまる言語現象をどのように表現しているか、その表現方法を分析する。

　取り扱う敬語研究は、体系的といえる要件を満たしたものとするため、第１章3.1.4「体系的敬語研究の要件」に記述した三つの要件（特に（1）（2））にあてはめて考える。

　敬語研究史に関する先行研究を概観すると、国内、及び中国、朝鮮を視野に入れたアジア全体における敬語研究について検討することなく、西洋人によって書かれたものだけに目を向けていることは前述のとおりである。また、一口に西洋といっても、その中に含まれる歴史、社会、文化的差異を無視し、例えば、ロシアやアメリカと、スペイン、ポルトガル、オランダ、イギリスを同等に扱ってよいのかという疑問が残る。

　そこで本研究は、「ソト」からの視点を持ち得るのは西洋人に限らないという前提に立って、下記の５点の事柄を、説得力のある文献を示して立証、考察することをその課題として定めた（かっこ内は当該課題を論証した箇所を示す）。

　１．敬語に関する記述のある国内外の資料（日本語による資料、中国語による資料、朝鮮語による資料、西洋諸言語による資料）を幅広く検証した上で分析対象を選定すること（第２章）。

　２．敬語研究史の端緒はヨーロッパ人による研究であること（第３章、第４章、第５章）。

　３．いわゆる「鎖国」政策が採られている間もヨーロッパで途切れることなく敬語研究は続けられたこと（第３章、第４章、第５章）。

　４．開国以降、再びヨーロッパでは敬語研究が盛んになり、一方、日本人研究者も独自に研究を始め、その結果、図らずも、研究内容に共通性が見られること（第５章）。

　５．日本語敬語研究史において、非母語話者による研究が独自の位置を占めていること（第６章）。

　上記の課題を解決するに当たり用いた研究方法は、ロドリゲス、ホフマン、アストン、チェンバレンを、敬語研究史上の各時代を代表するヨーロッパ研究者として選び、彼らそれぞれが生きた時代的背景や立場を考慮しながら、

各人の著作を分析していくというものである。その際、ヨーロッパで成立した「言語学」という学問分野の誕生、発展の歴史も視野に入れる。また、4人の敬語に関する解釈の違いを明確にするためには、各著作の中から文末に現れる敬意表現を扱った部分を取り出し、その記述の仕方、解釈を比較、検討する。

　最後に、近世から近代までのヨーロッパ人による敬語研究が、日本語敬語研究史上、独自の位置を占めていることを論証するにあたっては、三橋要也、三矢重松、松下大三郎、山田孝雄といった日本人の初期敬語研究者との関係も検討する。特に、敬語研究の分野において最も著名な国語学者の一人である山田孝雄が、その『敬語法の研究』の中で述べた敬語と人称の法則性と同じ内容が、図らずも上述のヨーロッパ人の記述の中にも見られることを論じる。

第2章
日本語の敬語に関する国内外の研究資料について

　日本人が母語である日本語の敬語について考察し、その記録が古典として伝えられてきたのは当然の現象であるといえるが、日本人以外の人々も、日本語の敬語について様々な記録を残してきた。

　ここでいう「日本人」について、アイヌや琉球の人々、在外移民社会の日系人、在日コリアンなど、日本人としてのアイデンティティを持っているかどうかという観点から考えると、「日本人」が何を指しているのか、論じるテーマごとに十分な議論が必要であろう。

　本研究では、日本人としてのアイデンティティの有無ではなく、日本語を母語とするか否か、即ち日本語ではない言語を母語とし、日本語と母語との比較ができるかどうかという基準によって、「日本人」と「外国人」を区別する。つまり、「日本人」とは「日本語母語話者」を指し、外国人とは「日本語非母語話者」を指す。表記は、原則として、「母語話者」、「非母語話者」とするが、表現の煩雑さを避けたい場合に「日本人」「外国人」と表記する。

　日本語母語話者による日本語の研究は「国語学」であり、日本語非母語話者による日本語の研究は「日本語学」と呼ぶ。

　「国語」という名称が何を意味するかについて、時枝（1940）は、次のように述べている。

　　　江戸時代の学者は国語という名称を用いることは稀であって、和語、あるいは単に言語、言、詞等と用いて居った。国語と言う名称が盛んに用いられるようになったのは明治以後であって、それは、外国語に対立したものとしての自国の言語を意味するのである。同時にまた国語の名義は、国家の観念を包含し、国語即ち日本国家の言語という意味を持たせたのである。国語研究ということが、独立国家の面目上必要であるというように主張されていることによっても明らかである。

（時枝（1940）p.3）

　つまり、母語話者による研究の対象である日本語は、国家の言語政策と切

り離せない言語であるから「国語学」、同じ日本語を非母語話者が研究した場合は、その研究対象は、あくまで数多くある言語の中の一言語であり、国語とは性質が異なるものであるから「日本語学」となる。

　明治以降に学問の一領域として成立した「国語学」の歴史、即ち国語学史の中で、明治以前からある「日本語学」の成果を取り上げることは、研究の対象が同じ言語なのであるから、必須である。

　歴史的視点に立脚しながら日本語を扱う場合、「地域」や「民族」を限定してしまうと、多角的な分析が困難になる可能性がある。したがって、本研究では、母語話者による「国語学」、及び非母語話者による「日本語学」に含まれる国内外の資料を広く活用する。そうすることにより、様々な観点からの日本語の歴史的分析ができることになろう。

　本章では、国内外の日本語に関する研究資料を分析し、それぞれの学問体系の特色を明らかにしながら、後に続く章で本研究が扱う対象を確定していく。

1．「ウチ」からの視点に基づく資料の分析

　母語話者による敬語の研究はどのようなものであったのだろうか。近代日本語成立の契機となった明治の開国を基準として、その前後に分けて検討する。

1.1.　明治前の研究

　1650（慶安3）年、安原貞室（1610-1673）が、愛息の言葉遣いを正しいものにするために書いた『片言[57]』は、「敬語の使い方について、敬語の本質に迫って見識を示した[58]」（辻村1968）と評価されている。次に引用した部分は、話者が自身に関わる事柄に「御」の字をつけるのは間違いであること、及び「御心もとなき」「御嬉しきぞ」などの誤用が一般化していることを指摘した箇所である。

　　　　人のこころいれのあしきをいさむることを。異見と申歟。それをかた

57　5巻から成る。1650年刊。愛児に言葉遣いを教えるため、主に京都の方言・訛語を集めて
　　正しい語と対比したもの。
58　辻村（1968）p.319。

30

つ田舎人は。御異見申さうといへり。御の字を我がかたにつくべきにあ
らず。その外御無沙汰ぞ。御無音ぞ。又いやそれは我らの御めいわくに
て侍るぞなどいふこと葉は。みな誤りなりとかや。但御見舞申さんぞ。
御茶を申さんぞなどと云るは。さきの人を崇めてさきの人に付たる御の
字なれば然るべきこと葉なり。こころもとなきを。御心もとなき。うれ
しきを御嬉しきぞなど云るも誤れなれど。既にはや云なれ。又はかんな
文にも書来たり侍れば。いまさら改めがたしを云り。御目出度は。さき
へつくおの字なるべし。

（福井（1939）p.5に掲載されている『片言』の本文）

　他に、江戸時代の国学研究の中で敬語に言及しているものに、本居宣長『玉
あられ[59]』、藤井高尚『消息文例[60]』といった文章作法の指南書がある。
　19世紀に入り、文政から天保年間にかけては、藤井の弟子、東条義門が『山
口栞[61]』中巻において、「給ふ」の四段活用と下二段活用の相違と意味の違い
を説いている。

　　　四段にはたらきて　給はん　たまひなと活くは敬ふへきその人のかた
　　につけていふなり又下二段にたまへ　たまふると活くは敬ふへきかたに
　　むかひてこなたの事につけていふ詞也。

（三木編（1966）p.897）

　母語話者によって、敬語について考察されるのは当然といえる。上記の他

59　1巻から成る。著者は本居宣長である。1790（寛政2）年に成立、1792（寛政4）年に刊
　　行。「古へにしたがふぞ言の葉の道なる」という考えから、近世の歌文には間違いが多いと
　　し、『二十一代集』（古今和歌集（905）から、新続古今和歌集（1439）までの534年間に、天
　　皇や上皇の命により編集された21の勅撰和歌集の総称）に範をとり、正しい雅言の意味、用
　　法を説いたものである。二部に分かれ、「歌の部」66条、「文の部」45条について例証を挙げ
　　て説いている。
60　2巻2冊から成る。著者は国学者、藤井高尚（1764-1840）である。1799（寛政11）年に
　　成立し、1800（寛政12）年に刊行された。師の本居宣長のはしがきに消息文「かくべきしる
　　べ」とあり、高尚の凡例に、その方面の書物がないという門人の求めに思い立って書き留め
　　たとある。仮名文の消息詞を集め、例を挙げて説明を加えている。上巻は手紙文の種類や体
　　裁など心得を説き、下巻は大半、候文体の用法を対比して示す。
61　3巻からなる。著者は東条義門（1786-1843）である。1818（文政1）年に初稿成立、1836
　　（天保7）年初刊。書名は、初学の徒が「詞の林」の奥に分け入るためにわきまえておくべ
　　きことを述べるとの意である。

にも、個々の敬語語彙についての意味用法の考察は、多くの古典注釈書の中に見られるが[62]、これらは和歌や手紙文の作成のための文章作法や活用研究の中で敬語語彙の語法を取り上げたものであり、「敬語」を体系的な言語現象として捉えたものとはいえず、古典解釈のための部分的考究にとどまるものである。結局、江戸時代が終わるまで敬語研究は、国語の音韻、文法、文字等の研究と比べ、活発でなかったといわざるを得ない。

1.2.　明治中頃、大正期の研究 ― 日本人による敬語研究の始まり ―

　では、日本語を母語とする研究者が、「体系的」といい得る研究に取り掛かったのはいつからだろうか。それは、19世紀末、明治も中頃を過ぎてからである。

　当時の敬語研究の代表的なものとして、辻村（1968）は、三橋要也、松下大三郎、三矢重松を挙げている[63]。この3名の敬語に言及した代表的な論文あるいは著書は、三橋については論文「邦文上の敬語[64]」（1892）、松下については『日本俗語文典[65]』（1901）、三矢については『高等日本文法』（1908）で、それぞれ明治20年代、30年代、40年代に万遍なく分布している。

　次に、上記3名の敬語に関する論文が敬語研究史上どのような成果を上げたかについて分析する。

三橋要也による研究

　まず、三橋要也（1863-没年不明）が敬語研究史に残した功績は、論文「邦文上の敬語」において、初めて敬語を、他称敬語、自称敬語の二分法で分類することによって、敬語のシステムの研究に着手したことである。三橋の敬語観がどのようなものであったかは、同論文の「敬語の必要」の章で、文章上の修辞的文学的効果、また、社会秩序の維持に欠かせない効果を説いている部分から窺われる。

62　本居宣長『古事記伝』（1590-1598）、富士谷御杖『万葉集燈』『古事記燈』（1807）、鹿持雅澄『万葉集古義』『舒言三転例』などがある。

63　辻村（1968）p.321。

64　三橋要也「邦文上の敬語」『皇典講究所講演』71・72号、1892年（北原保雄編『論集 日本語研究 9 敬語』東京：有精堂出版、1978年に所収）。

65　明治30年に国学院に卒業論文として提出した『俗語文典』に手を加え、明治32年11月から雑誌『国文学界』に一年半にわたり連載したものをまとめたもの。これを発展させたものが『標準日本口語法』（昭和5年刊）である。

　前者については、敬語によって「厳粛なるべき文章は、これ（＝敬語）によりて益々その厳粛の度を高むべし[66]」として祝詞宣命を例に挙げ、「優美なるべき文章は、これ（＝敬語）によりて、益々その優美の度を高むべし[67]」として『竹取物語』や『源氏物語』を例に挙げている。また「適宜にこれ（＝敬語）を用ゐなば、上下尊卑の分、貴賤長幼の別、多く筆を労せずして、躍々紙上に現れ来る[68]」と述べ、年齢や身分などによる上下関係を徹底する儒教的身分社会を前提としている。

　後者については、敬語の社会的必要性を次のように述べている。

　　　君臣上下貴賤尊卑、各其の位に安んじ、其の分を守りて、相凌ぎ相犯すことなきものは、一に恭敬の特に寄らざるはなし。されば恭敬は、社会の秩序を保ち、其の団結を固くする所以の根幹にして、一朝これを失はゞ、忽に土崩瓦解の禍を免れざるべし。

　　　中に恭敬の心あれば、其の発して行為の上に表るゝ者は、坐作進退の儀則となり、言語の上にあらはるゝ者は、他称自称の敬語となる。敬語は言語上の礼儀なり。

　　　　　　　　　　　　　　　　（三橋（1892［北原編（1978）］）pp.20-21）

　ここでも礼儀を重んじる点において、儒教の影響が見られ、思想的に江戸時代の延長上にあることが読み取れる。

松下大三郎による研究

　松下大三郎（1878-1935）は、『日本俗語文典』（1901）の中で、「待遇」という術語を用い、敬語を「尊遇」「卑遇」「不定遇」という三つに分類した。但し、本書は日本で最初の口語を対象にした特色ある文法書であって、ここに書かれた敬語論は、文法論、文法研究の中で行われたものであり、後述する山田孝雄のように、対象を敬語に絞って研究されたものではない。

　この後、大正時代に入ってから出された「国語より観たる日本の国民性」と題する論文の中の「二、敬語の体系」の冒頭で、下記のように述べて敬語の体系に言及している。

66　三橋（1892［北原編（1978）］）p.19。（「これ」の解釈は筆者による）
67　三橋（1892［北原編（1978）］）p.20。（「これ」の解釈は筆者による）
68　三橋（1892［北原編（1978）］）p.20。（「これ」の解釈は筆者による）

日本語の敬語は文法的敬語であって名詞にも代名詞にも動詞にも形容
詞にも一貫して存する。そうしてその敬ふべきものゝ文法上の立場に由っ
て違った方式を取って居る。その体系の壮大は実に驚嘆に値する。

（松下（1923［北原編（1978）］）p.29）

　この論文で、松下は、日本人の国民性が他人の思惑を恐れて遠慮すること、
つまり「思い遣り」にあるということを国語の上から立証するために、日本
語を「敬語」「動詞の利益態」「各詞の同情態」「中止法」「詞辞の排列」の5
点から論じている。

　そして『標準日本文法』（1924）において、「標準語としての文語と口語と
を対照して」古文にも及びつつ、文法体系について考察を深めた。この『標
準日本文法』（1924）に、『標準漢文法』（1927）及び『標準日本口語法』（1930）
を加えた3部作が、松下文法として高く評価された。

　『標準日本文法』初版の内容を洗練して全面改定を加えたものが、『改選・
標準日本文法』昭和3年版、及び昭和5年版として刊行され、敬語研究史上、
独自の文法体系[69]が確立したとされている。

　本研究が対象とする期間においては、後の松下の業績については対象から
外すことになるため、『日本俗語文典』が出版された時点では、いまだ体系的
敬語研究の確立に及んでいるとはいい難い。

三矢重松による研究

　三矢重松（1871-1923）による『高等日本文法』（1908）は、その諸言にあ
るとおり修辞・解釈のために、実用文法を目ざして書かれた規範的文法書で
ある。第7章「動詞の性相」の中の第6節「敬相」では、上代語から現代語
まで、口語と文語を比較しながら、敬語を全般的に扱い、用例を豊富に挙げ
ている。それに続く第7節「敬語」では、敬語の分類を、（1）尊他敬語、（2）
自卑敬語、（3）関係敬語、（4）対話敬語の4分類法を採った。さらに、「卑罵」
を「附」として加えたことで、敬語を待遇表現の中に位置付けた点が評価さ
れる。

69　待遇の対象によって「体詞」に「自家待遇」「所有待遇」「関係待遇」「対者待遇」という
　四つ、「用詞」に「主体待遇」「対者待遇」「関係待遇」の三つ、「後置詞」に「対者待遇」の
　みを認め、これにより、体詞は12種類、用詞は9種類、後置詞は3種類の待遇を持つという
　体系を作り上げた（西田（1987）p.234参照）。

34

「敬語の「御」「様」の別は、松下大三郎の所説に係り[70]」と書かれていることからわかるように、松下の説を踏襲している。

山田孝雄による研究

　明治時代は、ちょうど近代国家へと変貌を遂げるために、国を挙げて、あらゆる分野における制度改革に着手した時代である。そうした時代の空気の中で、国学派に属する、上記 3 名の初期敬語研究者たちは、使命感をもって敬語研究に取り組んだのである。しかし、この 3 名による研究は、対象を認識し、再構成する上で自らの一貫した方法論を堅持して学問体系を構築した山田孝雄による『敬語法の研究』（1924）の土台となったのであって、山田の『敬語法の研究』を以て、初めて体系的敬語研究が登場したといわざるを得ない。

　山田による『敬語法の研究』は、敬語のみを対象とした研究書の嚆矢であるという歴史的価値を有するだけでなく、特に、敬語と人称との間に密接な関係があるとしながら、口語・文語・候文の 3 種にわたってその体系を打ち立てた点で注目に値する敬語研究書である。同書に書かれた敬語と人称の法則性については、第 5 章に詳述する。

　母語話者による体系的敬語研究は、大正時代までを視野に入れた場合、山田によって一応、確立されたといってよいだろう。

1.3.　日本語敬語研究史における日本語による資料の位置付け

　以上、日本人による敬語研究の歴史を振り返ると、明治以前、敬語研究は実用以外の観点からは特に行われてはおらず、体系的研究の登場は大正時代を待たねばならなかった。その理由は何だろうか。

　石坂（1944）は、「敬語の事実や意識が日常的なもので、日常的なものは研究対象となり得なかった」「国語研究の母床が歌学であり、その方から敬語は問題にならなかった」「敬語に於いて簡単な外国語学の影響が敬語法の学問的研究を呼び起こさなかった」と三つの理由を挙げている[71]。

　西田（1987）は、前述の義門の下二段活用の「給ふ」の考察に見られるように、現代でもほとんどそのまま通用する知見に達していながら、「敬語」と

70　三矢（1908）「諸言」より。
71　石坂（1944）p.23。

いう言語現象についての体系的認識に至らなかった理由として、「古典注釈や和歌制作の為の心得としての語法研究に発した江戸時代の語学研究では語のレベルの意味用法がわかれば、それで必要かつ十分であったためである[72]」と述べている。

　結局、自然に日本語を習得し、日々の生活の中で敬語が使われる場面に身を置く母語話者は、実用的な関心からそれを取り上げることはあっても、非母語話者のように、日本語の「敬語」という現象それ自体に関心を持ち、それを理論的に論じるということにはなりにくい。よって、非母語話者による敬語研究を意識するようになるまでは、即ち、「ソト」からの視線を認識するようになるまでは、体系的敬語研究がなされなかったのである。

　そこで次の節では、海外に目を転じ、外国の資料にどのようなものがあるかを概観し、さらに、それらを網羅的に分析する。

2．「ソト」からの視点に基づく資料の分析

　本研究は「ソト」からの視点に基づく資料として、中国語による資料、朝鮮語による資料、西洋諸言語による資料を取り上げる。「中国語による資料」における中国語は言語類型的に孤立語に属するものである。同様に、本研究が「朝鮮語による資料」とした資料は朝鮮語で記述されたものであるが、朝鮮語は言語類型的に膠着語とされている。また、本研究が「西洋諸言語による資料」とした資料の記述言語は様々であるが、それらは言語類型的には主に屈折語に属する。

　中国語による資料と西洋諸言語による資料における言語は、膠着語である日本語とかけ離れた構造を持っていることから、対照研究の際には、その違いの大きさが際立つ。一方、朝鮮語による資料における言語は、日本語と同じ膠着語であることから、文法構造上の著しい類似が多く見られる。

　豊島（2013）は、日本語史・日本語学史の研究にキリシタン版[73]が重視されてきたことについて次のように述べている。

　　キリシタン版の中でも、日本語をローマ字で表記したローマ字版が、

72　西田（1987）p.216。
73　キリシタン版とは「日本でのキリスト教布教を行なった宗教団体が、キリシタン時代に、日本布教に伴って、又はそれを目的として出版した書物」（豊島（2013）p.3）を指す。

漢字・仮名（当時は濁点表記が一般的ではない）では分からない清濁や、当時複数あった長音の種別（開合）の判別に役立つとして重用された。（中略）又、日本側の文献が殆ど存在しない口語体テキストも「キリシタンもの」として取り上げられる事が多く、口語体平家物語、口語体エソポ（イソップ）物語などが他に類例の無い情報源として珍重され、（中略）一方、（中略）文法書（文典）・辞書の類も、専らそこに盛られた日本語用例自体に関心が向かった。これは、当時の国語学が、（中略）そこに反映した外国人による当時の日本語の観察に、日本語史資料としての関心があったためである。

（豊島（2013）pp.3-4）

　また、「キリシタン文献は、量だけでも他を圧倒しており、且つ、布教という目的に由来する高い規範性を維持しているために、等質性にも秀でていて「ブレ」が少ない[74]」として、その資料性が高く評価されている。このことから、本研究が分析すべき「ソト」からの視点に基づく資料として、キリシタン資料が期待できる。
　それに対し、濱田（1970）は、中国語による資料とキリシタン資料について、次のように述べている。

　キリシタン資料を記録した宣教師たちは、（中略）ある意味で日本人よりも、より日本語に堪能であり、従って、その立場は日本語を母語とする日本人自身のそれと異なるところがないとも云えるのである。従って、そのローマ字で表記された記録も、単に仮名資料を機械的にローマ字に翻字 transliterate したに過ぎないと言える場合が多い。（中略）一方、逆に、極めて日本語に未熟な、と云うより、殆ど日本語を知らない（中略）外国人によって捉えられた日本語の記録は、中国資料のあるものなどに見られる。例えば、（中略）『日本寄語』もその一に属すると云ってよい。（中略）先人たちの努力にも拘らず、いまだに「よめない」語が少なくないのである。（中略）よみ幅の広い表意文字たる漢字による、音訳であるとすれば、それを読み解くには、一種の暗号解読的技術を必要とするのである。

74　豊島編（2013）p.4。

　濱田（1970）は、キリシタン資料はあまりにも日本語に習熟し過ぎた外国人によって記録されたために日本人的立場が強すぎる、反対に中国語による資料はあまりにも日本語の理解がなされていないため役に立たない、それに対し「朝鮮資料は、その中間の、丁度適当な「外国資料性」を持つもの」だから「外国資料が外国資料として、その特殊な存在価値を主張し得る[75]」という。つまり、言語的性質に関して、朝鮮語は、日本語と、語順など文法的構造において類似性があり、敬語が複雑に発達しているという点でも共通性があるため、両言語の間にはしばしば相互干渉が生じ、「変な」日本語、「変な」朝鮮語となるからこそ、両言語の特質への反省の手がかりになるというのである。このような濱田（1970）の論に従えば、本研究の目的に沿った分析対象として期待できるのは、朝鮮語による資料ということになる。

　では、実際のところ、中国語による資料、朝鮮語による資料、西洋諸言語による資料はどのような特徴を持ち、本研究が準拠すべき資料はどれになるのだろうか。本節では、その点を踏まえ、網羅的に調査した。

2.1.　中国語による資料

　本研究の対象は16世紀以降であるが、それ以前の中国は東アジア最大の文明国であった。漢字を発明し、漢字によって書かれた書物によってその文明は広く伝播した。一方、古代の日本は東アジアの辺境に位置する後進国であり、当初は独自の文字を持たず独自の歴史書もなかった。そのようなことから、その歴史は3世紀の中国の正史『三国志』の「魏書東夷伝倭人の条」（略称：「魏志倭人伝」）などから知り得るのみなのである。

　中国にとって日本は古くからの「東夷」の一つで、文明の程度は比較にならないほど差があった。そこで、日本人は漢文化を日本へ持ち帰るために生命の危険も顧みず中国へ渡った。その後、日本人は中国伝来の書物を熟読するだけでなく、自ら漢字で文章を書き日本独自の文字である仮名を創造し漢字仮名交じり文を作るまでになった。それでも中国の書物へのあこがれから、特に知識層は書物を著するときは本家中国のものに近いものにしようとした。

　一方、中国は、中国こそが古来優れた文明を持つ世界の中心（中華）で、

75　濱田（1970）p.74。

周囲は未開の野蛮人（夷）であると考えており、周辺の国々も、この中華思想に従わざるを得ず、中国と「朝貢・冊封関係」を結んで、中国を「宗主国」と位置付けた。こうした華夷秩序のもとでは、先進国の中国にとって後進国の日本から学ばねばならないものは見当たらず、中国から日本を訪れ、日本文化を吸収しようとした例はない。来日した中国人として鑑真（688-763）[76]、朱舜水（1600-1682）[77] などの名が挙げられるが、彼らは日本文化を吸収する目的は持っていなかったし、日本の情報を携えて帰国することなく日本に永住したのである。傅雲龍著『游歴日本図経』の本文と索引を編集した駒沢大学文学部国文学研究室編輯（1975）の「序」において、渡邊三男が、日本人が「絶大な努力を傾注して」漢文化を吸収したのとは対照的に「漢土の人の日本に対する研究はそれほどではなく、（中略）中でも日本の言語、日本の固有の文学についての関心と理解は、はなはだ薄かった[78]」と指摘しているとおりである。

　しかし、日本からの影響が全くなかったとはいえない。もちろん中国からの絶対的、かつ莫大な影響に比較すれば微々たるもののように見えるが、共通言語として漢文で書かれた書物が広汎に流布していたため、中国に伝えられた日本語もある。例えば、中国の文献には、人名、地名、官名といった固有名詞について、中国人がその時々の発音に基づいて漢字で書き写した音訳日本語が残されているのである。こうした日本語は「中国資料」と呼ばれ、日本語、特に音韻史の研究史料として重要視されている。

　沈（2008）は、明代以降アヘン戦争までの間にまとまった日本語の語彙を記録した著述と収録語彙数について、次のような記述をしている。

『華夷譯語』の「日本館譯語」	566語
薛俊の『日本国考略』中の「寄語略」	350余語
鄭若曾の『籌海図編』中の「寄語雑類」	358語

76　中国、唐の僧、日本律宗の開祖。742年、戒師招請の使命を帯びた学問僧栄叡、普照の要請で来日を決意。5回の渡航に失敗し、ついには失明しながらも、753年、現在の鹿児島県坊津に辿り着いた（754年入京）。日本に戒律を伝え、聖武太上天皇・光明皇太后・孝謙天皇に戒律を授けた。唐招提寺を賜り、763年この寺で没。鑑真の生涯については大久保（1936）が詳しい。

77　中国、明の遺臣。明の再興運動に失敗し、1659年日本に亡命。徳川光圀に招かれ、水戸学に影響を与えた。

78　駒沢大学文学部国文学研究室編輯（1975）p.177。

侯継高の『日本風土記』	1186語
鄭舜功の『日本一鑑』の巻5「寄語欄」	3404語
同巻一－四「窮河話海」の名彙	2868語
翁広平の『吾妻鏡補』所載「海外奇談・国語解」	1223余語

（沈（2008）p.82）

　上記の文献を含め、現存する中国語による資料として、宋時代の『鶴林玉露』、明時代に成立した『書史会要』、『華夷訳語』、『日本（国）考略』、『日本図纂』、『籌海図編』、『日本一鑑』、『日本風土記』、清時代に入った後の『吾妻鏡補』『游歴日本図経』について以下に簡単に特色を述べる。

2.1.1. 中国語による資料に見られる日本語

　まず、『鶴林玉露』（1248-1252）は、宋人の羅大経によって編集された。同書は、甲乙丙3編18巻から成るが、丙編巻4「日本国僧」の条に、日本国の僧・安覚良祐から聞いた話として、20個の日本語の単語が漢字で記されている。人名、地名、官名などの固有名詞以外の日本語の語彙が初めて書かれた点で注目に値する。

　『書史会要』（1376）は、陶宗儀によって編集された。全9巻と補遺1巻から成る。能書家の書風や字号などを略述したものである。巻8「外域」の部では、日本の僧、克全大用から教わったとする「いろは47文字（平仮名）」が漢字音訳を添えて掲載されており、これは中国文献初である。「いろは」に続いて、10個の日本語の単語が平仮名で示されている。

　『華夷訳語』（1523）は、編者未詳である。同書は、中国語と13か国語に及ぶ対訳辞書で、明代の1382年、蒙古語との対訳辞書が編纂されたのをはじめとして、19世紀までに朝廷の翻訳館で用いるために各国語のものが編纂された。漢語を掲げ、それに対応する各国の言語の単語を漢字音で示したもので、各国の文字は記されていない。日本語関係では「日本館訳語」と「琉球館訳語」があり、1巻から成る「日本館訳語」は、外来使節との折衝を司る明の会同館において編集された日中対訳集で、通事（通訳官）を養成するためのテキストである。天文・地理・時令など18部門に分類され、566の日本語が収録されている。漢字音訳がなされているため日本語の音韻史料として注目されている。現存諸本のうち、唯一ロンドン大学本に「嘉靖二十八年（1549）十一月望通事序班胡 效良、楊宗仲校正」の識語がある。

『日本国考略』（1492-1549）は、明の時代に、薛俊によって編集された。沿革、疆域、州郡、属国、山川、土産、世紀、戸口、制度、風俗、朝貢、貢物、寇辺、文詞、寄語、評議、防御という17の略から成り、その中の「寄語略」には天文、時令、地理など15の類別に362項目の音訳日本語が収録されている。「日本寄語」の「寄語」とは訳語のことで1巻から成る。一部に解読不能のものもある。当時、倭寇の動きが激しく、その対策として日本を知るために作成されたといわれる。

『日本図纂』（1561）は、明の鄭若曾が編者である。日本国図、入寇図、日本国論、日本紀略、日本部落、風俗、寄語島名、寄語雑類、倭好、倭船、寇術、破寇法、使倭針経図説、日本貢式、進貢方物、附録などの項目からなり、そのうち、「寄語雑類」項には357語の音訳日本語が見られるが、1項目を除いてすべて『日本国考略』の「寄語略」から引用したものである。また「日本紀略」項には147個、「寄語島名」項には81個の漢字音訳された日本の地名が見られる。倭寇関係者から直接収集した情報を含む。

『籌海図編』（1562）は、上記『日本図纂』の編者である鄭若曾によって編集されたもので、海防のための倭寇研究書である。全13巻から成る。多数の書籍、地図を参照し、内容は一部を除いて正確である。巻2は上記『日本図纂』が、ほぼそのまま転載されている。

『日本一鑑』（1565頃）は、編者、鄭舜功による。「絶島新編」4巻、「窮河話海」9巻、「桴海図経」3巻から成る。「窮河話海」（巻1－巻4）には、「倭字倭（音）」として片仮名のイロハ47文字を掲げ、漢字音訳を添えて示している。また「寄語欄」（巻5）には、天文、地理、時令など18の門に分類された3404項目の音訳日本語が収められている。中国語による資料の中で最多の収録語数を誇っているが、それらの音訳日本語は古辞書類の語彙を音訳漢字に置き換えたに過ぎない。

『日本風土記』（1592）は、編者、侯継高による。『全浙兵制考』第3巻の附録で5巻から成る。第1巻は『籌海図編』の「寄語島名」を引用している。第3巻では京を含めた「以路波四十八字様」が掲げられ、これに数個ずつの音訳漢字が当てられている。続く「歌謡」項で39首の和歌が漢字・仮名交じりで掲げられ、漢詩訳が付されている。第4巻の「語音」では、天文、時令など56類に分類された1157項目の音訳日本語が収録されている。内「鳥獣類」「人事類」「通用類」はすべて『籌海図編』の「寄語雑類」から引用したもので、これらを除けば実際の収録語数は1028項目となる。第5巻の「山歌」項

には12首の俗謡、同「琴法」項に2首の歌が音訳で示されている。この他、「象棊」項以降にも散発的に音訳語が見られる。

　『吾妻鏡補』（1814）は、翁広平が、鎌倉時代に成立した日本の歴史書『吾妻鏡』を基にして、1814（嘉慶19、文化11）年に完成した日本紹介の大著で、全30巻から成る。構成は、世系表、絵図、地理志、風土志、食貨志、通商條規、職官志、芸文志、国書、国語解、兵事、附庸国志・雑記である。うち「芸文志」（巻18－巻24）において日本の学芸の沿革が述べられ、「国書」（巻25）において「かな」の字形と音が紹介され、「国語解」（巻26）において日本語彙が収録されている。この「国語解」は『海外奇談』なる一書から転載したと書かれている。「国語解」は、天文事例（98）、地理（17）、身体（93）、人物（93）、禽獣虫魚（64）、花木（60）、食物（57）、衣服（56）、房室（19）、船中器用（154）、数目（22）、人事（154）、俗語（69）、通用（105）の14門1061語句から成っており、その収録形式は、中国語を掲げ、それに対応する日本語を、音訳漢字を以て示す対訳形式をとっている[79]。

　『日本游歴図経』（1889）は、傅雲龍によって著された。彼は清国政府の命を受けて、アメリカ、ペルー、ブラジル、カナダ、キューバなどの欧米諸国を游歴し、1887年に日本を訪れた。本書は、その報告書として1889年に30巻14冊で刊行された。内容は天文、地理、河渠志、国紀、風俗、食貨、攷工、兵制、職官、外交、政事、文学、芸文志、金石志、文徴の15部門から成り立っており、巻10「風俗」所収の「方言」に421語の日本語彙が存する。本書は、対訳形式をとっており、「 甲 　所謂　 乙 　語若　 丙 」（甲：中国語、乙：日本の古語、丙：日本の現代語）」という特異な記載である。

2.1.2. 日本語敬語研究史における中国語による資料の位置付け

　隋、唐、宋の時代、日本から使節や留学生が中国に渡って交流し、中国の文化を吸収して日本にもたらした。明の時代になると、太祖である洪武帝（1368-1398）が国威顕示のために日本を含む東南アジア諸国を招くようになり、外国の使臣が皇帝に出す書簡の翻訳をする「四夷館」（1407）という役所と、四隣の国々の使臣を接待するための「会同館」が設けられた。この「会同館」に置かれた通訳のために、日本語を含む13言語について『華夷訳語』が編纂された。日本の使者は、これをきっかけとして、何回も中国を訪れる

79　渡辺（1962）pp.19-45に、巻26の日本語彙についての紹介がある。

ようになった。

　この頃、ちょうど室町時代に入った日本では、倭寇が激しくなった。中国語による資料のうち、明の時代に成立したものは、倭寇対策のために、日本の実情を詳細に知る必要に迫られるようになったことから著された日本に関する記録である。しかし、これらの書物も『華夷訳語』と同様、基本的な語彙の記述の段階に留まっており、語法を示す段階にはない。

　清の時代になると、明の時代とは対照的に、日本への関心が薄れたようで、中期末の嘉慶時代に至って『吾妻鏡補』が本格的な日本紹介書として現れたくらいである。これは日本のいわゆる「鎖国政策」のために、中国との交易は長崎港を通じてのみという制限が課されたこと、倭寇が急速に減少してその対策の必要がなくなったことが原因であると考えられる。

　つまり、中国における日本語研究が、特に語彙に関する分野に集中したのは、倭寇に対する海防の参考として日本事情を把握する必要性に迫られていたからである。そもそも学問の体系自体が華夷秩序という考えのもとで成り立っている中国において、日本社会のあり方と強く結びついた「敬語」という言語現象についての研究が発達しなかったのは、当然であるといえるだろう。

　以上の中国語による資料の性質を考えると、敬語研究に焦点を置く本研究の対象にはならないといえる。

2.2.　朝鮮語による資料

　地理的環境から見ると、朝鮮は、中国とは陸続き、日本とは一衣帯水で対岸にある。そのため、古代から外交と貿易において朝鮮では「事大交隣（シナに仕え、日本と交わる）」の対外的方針が採られてきた。よって通訳官養成のための教科書は必須であった。

　また、朝鮮語と日本語は、統語構造の類似性のほかにも、敬語が複雑に発達している点でも共通性がある。実際、両言語はいずれも尊敬語、謙譲語、丁寧語を有し、それは、それらの古代の言語資料にも確認されるのである。

　日本語を記録した朝鮮文献には 2 種類ある。一つは漢字音による音訳で表記されたもの、もう一つは固有の文字である諺文（ハングル）によるもので

80　1420（応永27）年、足利義持派遣使節の回礼使として来日した宋希璟の日本紀行記。
81　日本語のことは直接書いていないが、地名などの音が漢字で記されている。

ある。ハングルが制定公布された1446年以前は資料が乏しく、比較的まとまった李朝初期前後のものとして宋希璟『老松堂日本行録[80]』、申叔舟『海東諸国記[81]』がある程度である。

　次節では、朝鮮語、特にハングルによる資料として、『伊路波』（弘治5年朝鮮版）（1492）、『捷解新語』（1676）と改修版（1676・1748・1781）、『倭語類解』（1701-1709）、『隣語大方』（1790）、『交隣須知』（1881）を取り上げ、特に『捷解新語』については、敬語への言及部分について分析する。

2.2.1. 朝鮮語による資料に見られる日本語

　『伊路波』（弘治5年朝鮮版）（1492）は、朝鮮人が日本語を学習するための教科書として刊行された書物で1冊から成る。諺文制定（1446）から50年足らずの作である。日本語研究資料としての価値は、主として「いろは」の部分に附された諺文の音韻史への寄与にある。例えば、日本語のチ、ツがまだ破擦音化していなかったこと、濁音節の前に鼻音を表す諺文を用いていること、ハ行子音にあてられている諺文などから多くの問題解決の手がかりが得られる。

　『捷解新語』は「新しい言語を速やかに修得するための書物」の意で、「新語」が日本語を指すことは本書の内容から推測できる[82]。

　1676（粛宗2）年、康遇聖（1581-没年未詳）編『原刊活字本　捷解新語』（以下「原刊本」という）が刊行された。中世末（安土桃山時代頃）の日本語の姿を反映する原刊本は、朝鮮の通訳官にとってすぐ役立つ日本語と、接待や交易などに必要な事柄を習得させる目的のもとに編集され、通訳官養成機関「司訳院」で使用された。全10巻のうち、巻1から巻9までは、日朝両国の役人の交渉や、朝鮮通信使の日本訪問の際などにおける口語体の会話が中心で、その対話の内容に関連した書簡文が巻10に附載されている。

　1748（英祖24）年に刊行された『改修捷解新語』（以下「第1次改修本」という）は、全10巻から成り、原刊本に比べると、本文の表現が改められている[83]。巻10は、上中下に分冊されており、原刊本にはなかった流麗な字体の仮名まじり文が添えられている。

82　竹田（2012）p.189。
83　朝鮮語訳が本行の左ルビになり、句の区切りは○印を使っている。対話の人物を「主」「客」と表示し分け、小見出しを付してある。半帖の行数が6行から4行に減って文字が大きくなっている。

　その後、1781（正祖 5 ）年に刊行されたのが、改修本の改修本である『重刊改修捷解新語』（以下「第 2 次改修本」という）である。第 2 次改修本は、第 1 次改修本に比べ、内容が整理され、巻10の書簡文の書体が「江戸時代中期頃の完成したお家流の優麗な書風[84]」に改められている[85]。

　近代語の成立した時期（江戸時代中期）を反映する第 1 次改修本と第 2 次改修本の編者は、どちらも崔鶴齢（1710- 没年未詳）である。第 2 次改修本は、その刊行以後、甲午改革によって司訳院の閉鎖される1894年まで、100年余にわたって用いられた。

　さらに1796年、金健瑞[86]によって第 2 次改修本を漢字仮名交じり文に改めた『捷解新語文釈』（以下「文釈」という）が編纂された。「文釈」とは「文字を以て倭語を釈す」の意である。原刊本、第 1 次改修本、第 2 次改修本における平仮名主体の表記を草書体の漢字仮名交じり文に変えて、読み書き上の難点を改善しているが、ハングルによる発音・訳の表記を欠いている。

　『捷解新語』と第 1 次、第 2 次の改修版には、日本語の敬語に言及する部分が見られる。その部分についての詳しい分析は後述する。

　『倭語類解』（1701-1709）は、洪舜明（1677-?）によって編集された、朝鮮で作られた日本語辞書で、 2 巻から成る。18世紀初頭に成立し、1780年頃刊行された。漢字を見出しとし、約3400の日本語をハングルで示している。「類解」とは、意味上の分類によって語彙を分け、それぞれの単語について諺文による音注と朝鮮語の訳をほどこしたものをいう。関（1997）によれば、「日朝双方の音韻史、語彙史及びその比較・対照研究資料として有用である[87]」とされる。

　『隣語大方』（1790）は、濱田（1970）によれば、原型は日本で日本人のための朝鮮語学習用教材として作られ、それが朝鮮に伝わって司訳院で朝鮮人のための日本語学習用教材として出版されたものである[88]。その内容は、『捷解新語』第 1 次・第 2 次改修本の巻10、「文釈」のそれに酷似する字体の仮

84　濱田（1970）p.10。
85　第 1 次改修本が発見されるまで、第 2 次改修本が『改修捷解新語』とされていた。第 2 次改修本の原本は今日残っていない。
86　生没年不詳。朝鮮王朝後期の官人。朝鮮語読みは「キム・ゴンソ」、日本語読みは「きん・けんずい」。倭学訳官として活躍。曾祖父慶門が編んだ『通文館志』の交隣関係部分に増補・改定を加えて、1802（純祖 2 ）年頃『増正交隣志』を上梓。同書は朝鮮の側からみた朝日関係の沿革や、当時の朝鮮国内の制度を知る基本史料である。
87　関（1997）p.226。
88　濱田（1970）p.47。

名まじり文を日本語の本文とし、朝鮮語の諺文の対訳を付したものである。原刊本は伝わっておらず、著者も不明である。雨森芳洲が作ったという説もあるが原刊本はおそらく対馬の通詞が編纂したものと推定される（安田1960)[89]。訓話から商談に至る、長短、種々雑多の510を超える所載項目があり、その４分の１は公貿易のことに属する[90]。

　『交隣須知』（1881）は、江戸時代に雨森芳洲により作成されたとされる通訳者養成のためのテキストである。江戸時代から明治にかけて日本人に最も広く用いられた。天文、時節、昼夜、方位のように分門し、「見出し」として約３万の漢字、漢語が媒介として掲げられている。そして、その下にそれぞれの見出し語漢字を含む短文が書かれ、その短文の右または左に対訳日本語が付けられており、「例解」字典の形がとられている。小倉（1936）は「活き活きとした会話体で書かれているというところに言語資料としての価値を見いだすことができる[91]」という。

2.2.2. 朝鮮語による資料『捷解新語』における日本語敬語の捉え方

　上記のとおり朝鮮語による資料を概観すると、『捷解新語』は、他の朝鮮語による資料とは一線を画する特徴が見られる。それは、『捷解新語』には、語彙にとどまらず、場面を設定した上で、敬語を含む会話文が書かれており、日本語における敬語を意識している点である。また、同書は、朝鮮の通訳官のための日本語学習書として長く使用され、原刊本には俗語、第１次と第２次の改修本には武士の言葉を多く載せ、当時実際に使用されていた日本語の口語をよく反映していることから資料的価値が高いといえる。

　こうした特徴を持つ『捷解新語』及びその改修版における敬語の記述が、敬語研究史上どのような位置を占めているのかについて明らかにするため、原刊本における敬語の用法が見られる部分で、且つ、第１次及び第２次改修本において改訂された箇所を一事例として取り出して分析する。なお、原刊本の編者、康遇聖と、第１次・第２次改修本の編者、崔鶴齢の経歴や当時の時代背景なども考慮する。

89　安田（1960）p.339。
90　小倉（1964）p.436。
91　小倉（1936）p.742。

2.2.2.1.　『捷解新語』に関する先行研究

　『捷解新語』の資料的価値について、森田（1952）は、小倉（1964）による研究を発展させ、記述されている日本語が京都付近の下層民の俗語であり、九州方言の影響も見られることなどを立証している。また『捷解新語』は、日本語の語彙、文法、ハングルなど多方面において研究されており、竹田（2012）は、打消し表現の変化、ハングル注記の変化、丁寧さの点から原刊本と改修版とを比較、考察している。

　『捷解新語』における敬語に関する先行研究も数多くある。接頭辞や動詞、二人称の代名詞における敬語用法（濱田1970）、敬語法における音韻体系の変遷（青山1959）、敬意の接頭辞「御」と敬意の助動詞「す」「さす」「る」「らる」（伊奈1965）、謙譲語の表現の変化の過程（韓1992）など敬語の用法に関するものの他、「言う」の敬語形に焦点を絞った日韓両国語の敬語の対照研究（辻村・韓1980）もある。

　しかし、これらの先行研究は、当時の敬語の分析及び近世から近代へと日本語敬語が変遷する様子を明らかにする点においては役立つが、編者である康遇聖や、改修をした崔鶴齢の個人的立場や資質、時代背景や朝鮮の立場等の要素が敬語研究に及ぼした影響については扱っていない。

　そこで本研究では、まず、編者と改修者の立場や、想定する読者、及び時代背景について論じ、次に日本語敬語研究史における『捷解新語』の位置付けを明らかにする。

2.2.2.2.　康遇聖及び崔鶴齢の生涯と日本語研究

　『捷解新語』原刊本の編者、康遇聖は、1581年に慶尚南道、晋州に生まれ、豊臣秀吉（1537?～1598）による第一次晋州攻略（1592年）の時、11歳で捕虜として日本に連れて来られて京都・大阪あたりに住んだとされる。1601年の捕虜送還により20歳で帰還、9年間の滞在で日本の風俗に通じ、日本語が上達していたことが資料から読み解かれている（竹田2012）。つまり、康遇聖は、日本で生活しながら日本語を学んだ学習者である、即ち、日本語の実用的価値も使用頻度も高い環境である日本において日本語を身につけたのであるから、彼にとっての日本語は JSL（Japanese as a Second Language）である。

　1609年、康遇聖28歳のときに、科挙（倭学）に合格し、釜山の司訳院で日本語を教える傍ら、朝鮮通信使の通訳官として 3 回（1617年、1624年、1636

年）来日した。『捷解新語』の原稿が成立した時期には諸説[92]あるが、どの説にせよ朝鮮通信使として来日するようになってからのことである。刊行は死後40年あまりたってからである。

　『捷解新語』原刊本の２回にわたる改修を手掛けた崔鶴齢は、1710年に生まれ1732年に訳科に合格、朝鮮通信使として来日（1748年・1764年）し、帰国後、対馬藩相手の交易・外交に従事する一方、日本語指導もしていた[93]。原刊本が改修された原因や経過は『重刊捷解新語』序に書かれており、崔鶴齢が筆頭首訳として活躍した様子は『海槎日記』[94]から読み取れる。おそらく原刊本の不備や日本語の通時的変化に対応させる必要性を認識できたのは、朝鮮通信使としての経験も大きいだろう。崔鶴齢は、限られた時間や場面でしか日本語が使えない外国における日本語学習者であったから、彼にとっての日本語は JFL（Japanese as a Foreign Language）である。よって、２回の来日経験を生かして編集したといえよう。

2.2.2.3. 『捷解新語』における敬語の記述と考察

　『捷解新語』の日本語は、康遇聖が来日した頃のものとすると、イエズス会宣教師ロドリゲスが接した日本語と、地理的にも時代的にもかなりの程度同じ日本語であったと考えられる。しかし、『日本大文典』と『捷解新語』が、体裁においても分析においても、全く共通するものが見られないのは、執筆目的や想定する読者の違い、そして何より、言語分析の際の物差しとなる母語の文法体系の違いが、全く異質なものだからだといえよう。

　本研究では、一事例として、日朝両国の役人同士の間で「こうもく（公木）[95]」の品質や選定方法をめぐって、激しい応酬がなされる場面（原刊本：四12ウ）を取り上げて分析する。朝鮮側役人が、自らと同等の相手として遇する日本側の代官たちに対し、その非を強くなじる口調が載せられている。

　　　　ことにくにぐにより、とねぎがじぶん（時分）おもかンが（考）ゑず、

92　「旧京城帝国大学附属図書館奎章閣旧蔵。康熙15年丙辰孟冬開刊」の刊記があり、刊行が1676年であることは明らかだが、成立の時期については諸説ある。小倉（1964）は改修本の凡例を根拠として1618年頃と推定し、森田（1955）は1636年までには成立したとする。他に、大友（1957）、中村（1961）、森田（1973）など参照。

93　安田（1960）pp.5-8。

94　趙曮著。第11次（宝暦・明和）朝鮮通信使の記録。

95　近世の日朝貿易において貿易品と一定の交換率で換算するために用いられた木綿の名称。

こうもく（公木）おことごと（事々）しゆ、きつ（強）よる（選）など
と、さた（沙汰）がもつぱらのとき、みぎのやうにおしやッてはて（果）
もないところお、あきれてどうもこうも申されんが、おのおのもじぶん
とこうもくのね（値）が、つねよりなんぼうかさなったおかんが（考）
ゑて、むじ（無事）になるふんべつがかんによう（肝要）でこッそ御ざ
れ

（『捷解新語』原刊本：四12ウ。下線は筆者による）

　二重下線部の「オシヤル」について、『日葡辞書』には「普通の人や同等の
人について用いる」語とされ（邦訳日葡辞書：Voxari, ru, atta の項）、さらに
「卑語」とまではいわないが、卑語とかわらない敬意度の低いものと見るべき
旨の添え書きがある。
　この原刊本を第1次改修本と比較するため、前掲の原刊本（四12ウ）と同
じ部分が書かれた第1次改修本（四17ウ）の本文を下記に示す。

　ことにかくくわん（各官）より、とうらいがじぶん（時分）もかんが
（考）ゑず、こうもく（公木）おことごと（事々）しう、きつ（強）うゑ
る（選）と、さた（沙汰）があしう御ざるにより、おのおのにもしせつ
（時節）とこうもくのねだン（値段）が、つねよりもなんぼうかさなつた
おかんが（考）ゑて、むじ（無事）にすむやうにさつしやるがだいぢ（大
事）なことで御ざる

（『捷解新語』第1次改修本：四17ウ）

　次に原刊本を第2次改修本と比較するため、前掲の原刊本（四12ウ）と同
じ部分が書かれた第2次改修本（四17オ）の本文を下記に示す。

　ことにかくくわん（各官）より、とうらいがじぶん（時分）もかんが
（考）ゑず、こうもく（公木）おことごと（事々）く、きつ（強）うゑる
（選）と、さた（沙汰）があしう御ざるにより、おのおのにもじせつ（時
節）とこうもくのねだン（値段）が、つねよりもいくらくわ（加）ゑま
したかかんが（考）ゑて、ぶじ（無事）にすむやうにさつしやるがだい
いち（第一）なことで御ざる

（『捷解新語』第2次改修本：四17オ）

原刊本、第1次改修本、第2次改修本を比較すると、原刊本の「オシヤル」を含む下線部が、第1次及び第2次改修本では削除されていることがわかる。

　また、「あきれてどうもこうも申されんが」などという表現や設定された場面を想像すると、日朝の役人が丁々発止のやりとりをしている様が想像され、興味深いが、規範性を求める教科書の例文として適切ではないと判断されたために削除したと考えられる。

　林（2001）は、身分の高い対象に敬意を表す「オオセラル」「オシラル」、一段低い対象に敬意を表す「オシヤル」「オツシヤル」の各語について、原刊本と改修本2種における分布状況を鳥瞰的に表[96]で示しているが、その表によると、「オシヤル」は、原刊本に一度だけ上記引用の部分のみ登場することが示されている。この「オシヤル」と同義の「オツシヤル」は、原刊本には登場しないが、第1次改修本では9回、第2次改修本では7回登場している。これは、日本語教科書として待遇表現に関してより精細に記述することを目指したものと思われる。

　このように『捷解新語』の2回の改修の過程を見ると、意識的に敬語に注意が向くように仕向ける執筆意図が見受けられる。

　場面も公的場面と非公的場面を分けており、公的な場面設定では、話し手はすべて日本側より地位が高い朝鮮側の人で設定されている。これは、常に朝鮮側が政治的に日本より優位に立って交渉できるようモデルとなるようなやり取りを掲載したものと考えられる。また、『捷解新語』では①上位から下位へ、②対等、③下位から上位への会話に使う二人称代名詞が使い分けられている[97]。

　一方、形式としては対訳式を取り入れるのみで、それ以上の解説は見られない。また「マヰラスル」から変化した「マラスル」が「マス」へと移行する過渡的な段階が示されている。

　図4と図5は『捷解新語』の原刊本と改修本の実物の写真である。図4と図5は繋がっており、上段が原刊本の四12ウの部分、下段が第2次改修本の四17オの部分で、対照させている。

　原刊本の編者、康遇聖は、その生涯のうちで最も第二言語の習得に適した

96　林（2001）p.148。
97　『捷解新語』における人称代名詞の研究には、韓（1992a）、安田（1990）、金（2004）などがある。

時期に日本社会の中で過ごし、日本語敬語が果たす役割を身をもって学んだと推測される。一方崔鶴齢は、科挙に合格して、朝鮮王朝の中で指導的立場に立っていた。政治的な使命を負い、朝鮮通信使の押物判事に選ばれて来日し、「ソト」からの視線を持って日本語敬語の実態を把握したと考えられる。

　さらに康遇聖の時代から崔鶴齢の時代へと移行するのに従い、中世日本語から近代日本語への通時的な変化があった。日本語教科書はその変化に対応するものでなければ実用に供さないので、原刊本が庶民の使う一般的な口語であったのに対し、2回の改修を経て、より規範的な日本語、具体的には武士が使う言葉へと改訂されていったと考えられる。

　17世紀朝鮮は、中国という大国を意識しながら自国の存続を図らねばならない点で、日本との交渉には十分対策を立てる必要があった。上記一事例を見ても、朝鮮という「ソト」からの視点で捉えられた敬語の記述が、他の諸言語による資料とはまた違った特色を持っていることがわかる。

　以上、『捷解新語』が敬語に注意を払っている教科書であることを論証した。原刊本の発刊が1676年であることを考えると、ロドリゲス『日本大文典』と並んで日本語敬語研究史の嚆矢といってよいだろう。

2.2.3. 日本語敬語研究史における朝鮮語による資料の位置付け

　朝鮮語と日本語との言語的類似性、及び両国の地理的環境の点から、朝鮮における日本語研究は、同じアジアである日本や中国とも、欧米とも違った特色を持っている。よって17世紀朝鮮における日本語敬語研究を分析することは、日本語の特質を明らかにする上で意義があるといえよう。しかし、敬語研究に限っていえば、『捷解新語』を除くと、文字や語彙に比重が置かれたもの、あるいは日本人の朝鮮語学習のために作られたものを再編したものであるため、本研究の分析対象には当たらない。

　また、『捷解新語』についても、会話文とその対訳の中に、敬語が含まれているというだけで、敬語に関する文法解説や、使用場面についての説明は一切ない。『捷解新語』は、あくまで会話集として実用に供されたものであり、体系的敬語研究の書とはいえないため、本研究の分析対象からは除外する。

2.3.　西洋諸言語による資料

　これまで日本国内での敬語研究、そして海に囲まれた日本と一衣帯水にある中国、朝鮮での研究について述べてきた。

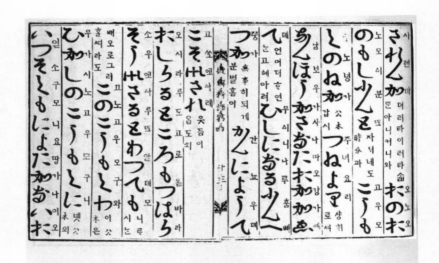

図4　上段：『捷解新語』原刊本（四12ウ）／下段：『捷解新語』第2次改修本
　　　（四17オ）

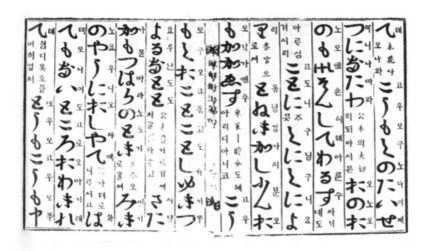

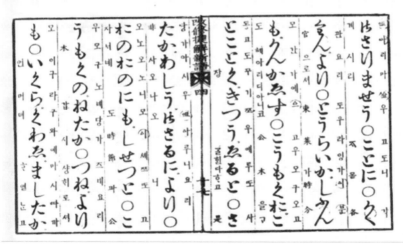

図5　上段：『捷解新語』原刊本（四12ウ）／下段：『捷解新語』第2次改修本
（四17オ）

では、地理的に極東にある一小国、造船の技術が相当に進歩して初めて知り得る遠い位置にある日本で使われる言語について、欧米ではどのような研究がなされていたのだろうか。

　物理的な距離だけでなく、言語系統的な観点からも、東洋にある日本は、西洋から見れば遠く離れた異質の世界である。マルコ・ポーロ（Marco Polo, 1254-1324）の『東方見聞録』（1298）に「チパング島」として取り上げられるまで、交流の歴史は全くない[98]。その中でイエズス会宣教師が、全世界にキリスト教を布教する一環として、ついに日本を訪れて布教を開始し、彼らの行った日本語研究が端緒となって、体系的な日本語研究が集積されていった。

　ここでは、西洋諸言語による資料として、(a) キリシタン資料、(b) オランダ語による資料、(c) ドイツ語・フランス語による資料、(d) ロシア語による資料、(e) 英語（米国）による資料、(f) 英語（英国）による資料を順に概観するが、その中から (c)、(d)、(e) は本研究の対象から外す根拠を述べ、それ以外の資料については、第3章以降で詳しく分析する。

2.3.1. キリシタン資料

　日本におけるキリシタン資料は、1549年のザビエル来日から、キリスト教禁教令（1612）により宣教師が追放されるまでの60年余りの間に出版されたキリシタン版のことをいう。キリシタン版とは「日本でのキリスト教布教を行った宗団団体が、キリシタン時代に、日本布教に伴って、又はそれを目的として出版した書物[99]」である。

　その範囲は一般には、ラウレス（Johannes Laures, 1891-1959）の『吉利支丹文庫』（*Kirishitan Bunko, A Manual of Books and Documents on the Early Christian Mission in Japan,* 1957）[100]に記載の35番『日本小文典』（*Arte breve da lingoa Iapoa,* マカオ、1620）までの出版物、あるいは、同書記載の8番『どちりなきりしたん』（*Doctrina Christan,* 加津佐、1591？）から34番『太平記抜書』（長崎？、1611？）までの日本国内におけるイエズス会による出版物のみを指す。一方、ドミニコ会によって出版されたもの、即ち The Manila

---

98 マルコ・ポーロ（1971）pp.130-135
98　マルコ・ポーロ（1971）pp.130-135
99　豊島（2013）p.3。
100　初版（1940）から増補版（1951）を経て、新版（1957）に至り、ほとんど完璧に近い目録が出来上がった。

Press としての『ろざりよ記録』（マニラのピノンドク、1622）や、The Propaganda Press としてのコリャード『日本文典』（*Ars Grammaticae Iaponicae Linguae,* ローマ、1632）を含める立場もある[101]。

　キリシタン版は、布教を目的とした日本語学習、日本語教育に資するための教科書として作成されたため、高い規範性と等質性を維持している。そのために現実の会話や敬語現象とかけはなれている恐れがあるという難点はあるが、現存する量については、他の諸言語による資料を圧倒している。実際、中国語による資料が、日本語史の研究領域における音韻の分野の研究に用いられるのがほとんどであるのに対し、キリシタン資料は、音韻に限らず、語彙、文法などあらゆる領域における研究資料として用いられている。

　キリシタン版の中で日本語学に関する業績として今日に伝存するものは、下記のとおりである[102]。

- ◆ イエズス会のもの、
  - A)『落葉集』（長崎、1598）
  - B)*Vocabulario da Lingoa de Iapam*『日葡辞書』（長崎、1603-1604）
  - C)*Arte da Lingoa de Iapam*『日本大文典』（長崎、1604-1608[103]）、ロドリゲス（João Rodriguez, 1561?–1633）著。
  - D)*Arte Breve da Lingoa Iapoa*『日本小文典』（マカオ、1620）、ロドリゲス著。
- ◆ ドミニコ会のもの

101　福島（1973）pp.19-82参照。
102　土井（1971）pp.16-17参照。
103　*Arte Da Lingoa De Iapam Composta Pello Padre Ioão Rodriguez Portugues da Cõpanhia de Iesv diuidida em tres Livros.* Com Licença Do Ordinario, E Svperiores Em Nangasaqui no Collegio de Iapão da Companhia de Iesv Anno. 1604. (colophon): Com Licença Do Ordinario, E Svperiores Em Nangasaqvi no Collegio de Iapam da Companhia de Iesv. Anno. 1608.
104　コリャードはスペイン生まれの宣教師。「序」に、ロドリゲス『日本大文典』に基づいて、自らの実地の見聞によって得られた知見を加えたとある。いわば『日本大文典』のコピー版だが、ラテン語で書かれていたのでヨーロッパで活用された。表紙には次のよう書かれている。
　　Ars grammaticae Iaponicae Lingvae. In Gratiam et Adivtorivm eorum, qui prædicandi Euangelij causa ad Iaponiæ Regnum se voluerint conferre. Composita, & Sacræ de Propaganda Fide Congregationi dicata à Fr. Didaco Collado Ordinis Prædicatorum per aliquot annos in prædicto Regno Fidei Catholicæ propagationis Ministro. Romæ, Typis & impensis Sac. Congr. de Propag. Fide. MDCXXXII.

E) *Ars grammaticae Iaponicae Linguae*『日本文典』（ローマ、1632）、コ
　リャード（Diego Collado, 1589?-1641[104]）著。

　◆フランシスコ会のもの

F) *Arte de la Lengua Japona*『日本文典』（メキシコ、1738）、オヤングレ
　ン（Melchor Oyanguren, 1668-1747）著。

　A）『落葉集』の編者は不明である。国字（漢字・ひらがな）刊本で、一
冊から成る。漢字にひらがなで音訓を付した漢字字書であり、日本で用いら
れる漢字語の辞典といえる。「本編」、「色葉字集」、「小玉篇」の 3 部から成
る。本編は12000の漢語をイロハ順に配列、色葉字集は34000の和語をイロハ
順に配列、小玉篇は23000の漢字を部首別に示している

　B）『日葡辞書』の標題によると、「イエズス会のパードレたち・イルマン
たち」によって作られた。ローマ字刊本で、一冊から成る。32000語がポル
トガル語で記述され、アルファベット順である。イエズス会が、辞書の編纂
においても「敬語」の存在に関心を持っていたことは、『日葡辞書』を見れば
わかる。ヒロンによって上等高尚な言葉を cobita 言葉と表現された経緯につ
いては前述したが（本論文「はじめに」の章）、『日葡辞書』の序文には、
cobita 言葉を普通の話し言葉とともにたくさん取り上げた旨が書かれている。
ここでも cobita という日本語をそのままポルトガル語の形容詞として使って
おり、イエズス会内部で敬語に関心を持つ人々がいたことがわかる。さらに
『日葡辞書』には下品だと考えられた方言卑語、あらゆる位相にわたる日本語
も取り上げられており、当時の社会生活において、それがどういう価値を持っ
ているかということも併せて説明されている。

　C）、D）、E）、F）は、宣教師による日本語文法書としてよく比較される。

　E）、F）に対して土井（1971）は、「コリャドの文典辞書はイエズス会士の
研究を補ふ所もないではないが、全体としては質も量も共に及ばない。（中
略）オヤングレン（中略）は一度も日本の土を踏んだことがなくて、コリャ
ドの「文典」やマニラ版「日西辞書」によって編んだのであるから、日本文
法の本質からはいよいよ遠ざかって行った[105]」と述べ、芳しい評価はしてい
ない。新村出（1931［1971］）は、「オヤングレーンの『文典』は、其内容の

105　土井（1971）p.10。
106　新村（1931［1971］）p.190。

価値に於て又其時代の国語史料たる点に於て、ロドリゲーズのより遥かに劣り、又コリャードのに比しても大に劣る[106]」として、さらに厳しい評価を下している。

　しかし、文法書としての完成度という視点からではなく、これらの文法書の編纂過程の検証という視点から、ロドリゲス、コリャード、オヤングレンの各文典を比較するならば、どれも非常に貴重な歴史史料と評価できるだろう。さらに、コリャードもオヤングレンも、ロドリゲスを踏襲するものであり、ロドリゲスの影響力の強さが窺われるとともに、さらに後の時代へと伝わっていくための中継という意義を持っているといえよう。

2.3.2. オランダ語による資料

　日本とオランダの400年にわたる交流は、1600年、豊後国臼杵（現大分県臼杵市）の海岸にオランダ船リーフデ号[107]が漂着したときに始まる[108]。400年の交流の中で、日本に滞在したオランダ人[109]によって、日本滞在の体験や日本研究の成果の著作が残された。ここでは、特に日本語研究の業績を残したオランダ人を対象とし、現存する文献を挙げる。

　G) *The History of Japan*『日本誌』（ロンドンにおいて英訳本刊行[110]、
　　 1727）、ケンペル（Engelbert Kämpfer, 1651-1716[111]）著。

107　リーフデ号を含む5隻のオランダ船は、1598年6月、東洋を目指しロッテルダムを出港し南アメリカ南端を回って太平洋に入るコースをとったが、嵐やスペイン・ポルトガル船の襲撃にあい、東洋までたどりついたのはリーフデ号のみであった。少数の生存者の中に、その後貿易に活躍した船員ヤン・ヨーステン（Jan Joosten van Loodensteyn, 1556?-1623）、家康に信任されて外交顧問として活動し、与えられた知行地と水先案内の職務から「三浦按針」と名づけられたイギリス人航海長のウィリアム・アダムズ（William Adams, 1564-1620）らがいた。

108　オランダ東インド会社の船が1609（慶長14）年、九州平戸に到着、家康は使節を駿府に迎え、朱印状を託した。これによりオランダ商館が平戸に設立され、ここに日蘭の貿易が開始された。

109　実際、著名な人物はドイツ人やスウェーデン人が多く、杉本（1999）ではこれを「蘭人」と呼んで区別しているが、本研究でもこれに従い、国籍がオランダでなくても資格と条件の上からオランダ人として来日した者はすべてオランダ人とする。

110　フランス語版 Histoire naturelle, civile, et ecclesiastique de l'empire du Japon、オランダ語版 De Beschryving van Japan、ドイツ語版 Geschichte und Beschreibung von Japan も出版された。

111　ドイツの医学者。1690年、オランダ東インド会社の医師として来日、2年間滞在。日本の歴史・政治・社会・宗教・地理・動植物などを「日本誌」「江戸参府紀行」などに著述し、18世紀ヨーロッパにおける日本像の基盤を築き上げた。Haberland（1996）参照。ケンペルの日本語研究につき、Michel（1993）参照。

H) *Resa uti Europa, Africa, Asia, förrättad åren*『1770-1779年にわたる
ヨーロッパ・アフリカ・アジア紀行』(1770-1779年成立、1788-1793
年ウプサラで刊行)、ツュンベリー(Carl Peter Thunberg, 1743-
1828[112])著。全4巻の中の第3巻(1791年刊)に「日本語[113]」と瑞
日対訳・ABC順の「語彙集」がある。

I) *Illustrations of Japan*『日本風俗図誌』(ロンドン、1822[114])、ティツィ
ング(Isaac Titsingh, 1745-1812[115])著。

J) *Doeff-Halma Dictionary*『ドゥーフ・ハルマ』(1833年完成)、ドゥー
フ(Hendrik Doeff, 1777-1835[116])著。江戸時代後期に編纂された蘭
和辞典。『ハルマ和解』(江戸ハルマ)と同じくフランソワ・ハルマ
(François Halma, 1653-1722)の『蘭仏辞書』をベースに作成された
もので、約50000語を収録。全58巻。

K) *Bijdrage tot de kennis van het Japansche rijk*『日本風俗備考[117]』(アム
ステルダム、1833)、フィッセル(Johan Frederik van Overmeer
Fisscher, 1800-1848[118])著。

L) *Epitome Linguae Japonicae*「日本語要略」『バタヴィア学芸協会誌13』

112　スウェーデンの医師、博物学者。生物分類学の方法を確立したリンネの弟子。オランダ東
　　インド会社医師として1775(安永4)年来日、1年間滞在。商館長の江戸参府にも随行し、
　　桂川甫周、中川淳庵ら蘭学者と交流した。帰国後はウプサラ大学教授、学長を歴任。Skuncke
　　(2014)参照。
113　原本(スウェーデン語)をもとに独語訳は1794年、英語訳は1795年、仏語訳は1796年に出
　　版された。原本と仏訳本の違いについては、杉本(1999)pp.317-319を参照。
114　本書の内容は2部に分かれ、第1章は1820年パリ刊行の Memoires et anecdotes sur la dy-
　　nastie regnante des djogouns(邦訳:歴代将軍譜)を英訳したもの、第2章は1819年パリ刊
　　行の Ceremonies usitees au Japon pour les mariages et les funerailles(邦訳:日本における婚
　　礼と葬式)を英訳したものである(訳者:Shoberl, Frederic)。
115　鳥井(2009:133)によると「ティツィングは、アムステルダムの裕福な医者の家系に生
　　まれ、医学と法学を修めた。(中略)安永8年(1775)から天明4年(1784)の間に三度、合
　　計三年半出島商館長を務め」た。
116　オランダがフランス革命軍に占領され、オランダ東インド会社が解散した後の1803年から
　　1817年に、出島のオランダ商館長(カピタン)に就き、米国船と貿易を行ったオランダ人。
　　ドゥーフが商館長在任時にフェートン号事件が起きた。
117　直訳すると「日本帝国に関する知識への寄与」であるが、日本でも注目を集め、天文方山
　　路諧孝(1777-1861)監修のもと、蘭学者杉田成卿、箕作阮甫、竹内玄同、高須松亭、宇田
　　川興斎、品川梅次郎によって翻訳された。
118　オランダ商館員として1820(文政3)年から1829(文政12)年まで日本に滞在した。1822
　　(文政5)年には商館長コック・ブロンホフ(Jan Cook Blomhoff, 1779-1853)に随行して江
　　戸参府している。

（1826）、シーボルト（Philipp Franz Balthasar von Siebold, 1796-1866[119]）著。ラテン語による簡単な日本文法が書かれている。

M) *Proeve Eener Japansche Spraakkunst*『日本語文典稿本[120]』（ライデン、1857）、クルチウス（Jan Hendrik Donker Curtius, 1813-1879[121]）著。

N) *Japansche Spraakleer*『日本語文典』（ライデン、1867）、ホフマン著。

　上記の日本語研究の中で、辞書ではなく、敬語に関する記述がなされているものは、M）と N）であるが、前者は後者の増補によって完成されており、実質的な著者はホフマンである。よって、オランダ語による資料の中では、ホフマンによる著書がすべての集大成であったといえよう。

2.3.3. ドイツ語・フランス語による資料

　杉本（1999）において、ドイツにおける東洋学者として挙げられているのが、言語学者クラプロート（Julius Heinrich Klaproth, 1783-1835）、蒙古、チベットの研究者シュミット（Isaak Jakob Schmidt, 1779-1847）、蒙古、満州の研究者ガベレンツ（Hans Conon von der Gabelentz, 1807-1874）などである。

　同様に、フランスの東洋学者として挙げられているのが、1795年に現代東洋語学校 the Ecole des langues orientales vivantes[122] を設立したラングレ（Louis Mathieu Langles, 1763-1824）、中国学者ジュリアン（Stanislas Julien,

---

119　ヴュルツブルク生まれのドイツ人。オランダ商館付医官として1823（文政 6）年来日、長崎の鳴滝塾で多くの門人に西洋医学・博物学を伝授した。日本の科学的調査は、個人的関心でもあったが、シーボルトに課せられた任務でもあり、門人に日本に関するオランダ語論文の提出を課すなど、あらゆる方法で資料を収集した。その成果は『日本』『日本植物誌』『日本動物誌』等にまとめられている。シーボルト事件で国外追放になったが、1859（安政 6）年には再来日した。岸本（2003）参照。

120　クルチウスは本書の原稿を1855年にオランダへ送ったが、その際「この文法書は、日本語を徹底的に研究したものではない。むしろ、日本語を少しでも身につけてみようという一つの試みとして考えてもらいたい」（Curtius, D., *Proeve Eener Japansche Spraakkunst* におけるホフマンによる「序」）と述べている。オランダ政府はライデン大学のホフマンにこの原稿の編集と出版を依頼し、ホフマンがオランダ語の正書法によるローマ字で表記した原稿に、片仮名や漢字を付け加えて、1857年にライデンで出版した。杉本（1999：327-328）参照。

121　クルチウスは、1852年、長崎出島のオランダ商館長として来日した。彼は幕府に対し、近くアメリカ合衆国が開国を要求してくることを警告し、日蘭通商条約の締結を求めるなど外交官として活発な活動を続ける一方、日本語の研究に努め、その成果を纏めて本書を著した。ドンケル・クルチウスにつき、フォス美弥子（1992）参照。

122　現在のフランス国立東洋言語文化学院 Institut national des langues et civilisations orientales（INALCO）の前身

1799-1873)、外交官パジェス（Léon Pages, 1814-1886）、日本学者ロニー
(Léon-Louis-Lucien Prunel de Rosny, 1837-1914) である[123]。

　彼ら東洋学者が活躍し、パリでアジア協会が創立されたことから、東洋の
一部である日本も研究対象となって、ヨーロッパの日本学が成立した。さら
に、シーボルトが日本の資料を持ち帰ったことが大きな弾みとなり、「日本
学」としての研究領域を形成するに至った。

　また、ロドリゲス『日本小文典』を、レミュザ（Jean-Pierre Abel-Rémusat,
1788-1832）が監督して、ランドレス（Ernest Augustin Xavier Clerc de Lan-
dresse, 1800-1862）が原文のポルトガル語からフランス語に訳したことがヨー
ロッパにおける日本語研究に大きな影響を与えることになり、その後の東洋
学の流行につながったことは間違いない[124]。

　上記のドイツ、フランスの研究者の著作は、日本語を含む「日本学」の範
疇にあり、特に敬語に注目したものではない。

2.3.4. ロシア語による資料

　16世紀後半から17世紀前半までの約60年間に、ロシア人はウラルから太平
洋までの広大な地域を踏破して東の国境を一挙に6000キロも移動させた。ロ
シアの東進の原動力は、ヨーロッパ諸国への輸出品となるテン、ビーバー、
リスなどの高価な毛皮であった。

　一方、ロシアは海洋との接触部分が非常に限られているため、不凍港を求
めて精力的に南進もした。17世紀末、ピョートル1世（1672-1725）は、ア
ゾフ遠征によってアゾフ海を得、18世紀初めにはスウェーデンとのバルト海
をめぐる戦争（北方戦争）に勝ち、バルト海への出口を確保した。そして1828
年、露土戦争で完全勝利をおさめ、1833年に黒海の制海権を握った。

　このような東進と南進によって現在の広大な領土が形成された。特に、東
進、即ち、カムチャッカから、ベーリング海峡、千島・樺太へと視点を移し
ていく中で、当然、日本にも興味を持つことになった。

　国境・領土問題において、ロシアが、はるか東方にある日本を意識し始め
た最初のできごとは、ロシアの探検家アトラソフ（1661？-1711）がカムチャ

123　杉本（1999）pp.409-435。
124　1825年、フランスのアジア協会で *Élémens de la grammaire japonaise* と題して出版された。
　　但し「この仏訳の杜撰なことは、当時既に、August Pfizmaier がウィーンの学士会院の報告
　　中に詳しく述べている」（雨宮編（1973）p.13）とある。

ツカ半島で日本人の漂流民デンベイ（伝兵衛）を発見した 17 世紀末に遡る。ロシアへの漂流民については多仁（2006）を参考に、彼らが残した日本語資料については関（1997）を参考に概観する。

　18 世紀初頭にピョートル 1 世に拝謁したデンベイは、日本語教師に取り立てられることになり、首都ペテルブルグにおいて 1705 年に開設された日本語学校で、軍人の子弟などへ日本語を教えた。この最初の漂着民デンベイの後、1710 年カムチャツカ半島に漂着したサニマがヤクーツクを経て、次の年にペテルブルグへ送られ、デンベイの助手となるが、デンベイ、サニマについて詳しい資料は残されておらず、没年も不明である。

　1729 年にカムチャツカに漂着したソーザとゴンザも、ヤクーツクを経て、1733 年にペテルブルグへ送られ、科学アカデミーに付設された日本語学校で 1735 年から軍人の子弟たちに日本語を教えた。特にゴンザは 1738 年、世界初の露日辞典『露日新辞典』を出版した。この辞典は 12000 語を収録、語彙の他に文法や会話集もついていた。但し、正確にはゴンザの話す薩摩方言とロシア語の辞書というべきであろう。

　1745 年千島列島オネコン島に漂着した「サノスケ」といわれる者の息子、アンドレイ・タタリノフ（日本名サンパチ）は、1782 年に『レクシコン』という露日辞書を作っている。また 1783 年アリューシャン列島のアムチトカという小島に漂着した大黒屋光太夫は、ペテルブルグ滞在中に『欽定全世界言語比較辞典』の改訂の仕事に参加し、それに掲載された 300 近い日本語単語には光太夫の出身地、伊勢の方言が反映されている。

　日本人漂流民たちが果たした役割について、東出（2013）は、①ロシアに日本の情報（日本語も含めて）をもたらしたインフォーマント、②日本にロシアの情報をもたらしたインフォーマント、③現在における日本方言研究への資料提供の 3 点であるとする。

　日本人漂流民の残した文献も貴重な資料ではあるが、日本人ではなくロシア人によって書かれた文献としては、レザノフ（Nikolai Petrovich Rezanov, 1764-1807[125]）による 2 冊の著作『文字・初歩文法規則・会話から成る日本語の手引』（1803）、及び『ロシア語アルファベットによる日本語辞典』（1804）、ゴロヴニン事件で日本に抑留されたゴロヴニンの著した『日本幽囚記』、及び

125　レザノフは、大黒屋光太夫を日本へ送り届けたラクスマンに続いて長崎へやってきたが、幕府に追い返された。

ゴシケヴィッチが橘耕斎の助力で作った和露辞典『和魯通信比考』が挙げられる。しかし、レザノフの原稿は1808年科学アカデミー文献保管書に委ねられ、今に至るまで出版されないままであるため、本稿では『日本幽囚記』と『和魯通言比考』を取り上げる。

まず『 日 本 幽 囚 記 』(*ЗАГИСКИ О ПРЙКЛЮЧЕНИЯХ В ПЛЕНУ У ЯПОНЦЕВ В,* 1816)は、1811(文化8)年に国後島で捕らえられ、北海道松前で2年間にわたって捕虜として過ごしたロシア提督ゴロヴニン(Vasilii Mikhailovich Golovnin, 1776-1831[126])が、帰国後、そのときの体験を記した手記である。原書は、『1811、1812及び1813年日本人の捕虜となったワシーリイ・ミハイロビッチ・ゴロヴニンの手記』と題し、1816年ロシア海軍印刷局から官費で出版された。英独仏などヨーロッパの各国語に翻訳されており、日本語訳はゴロヴニンからロシア語を学んだオランダ通詞、馬場佐十郎他数名が、オランダ語訳の『日本幽囚記』を手に入れ重訳した。ロシア語の初版が出てわずか5年目に着手されており、日本の有識者が長崎を通して外国の動静に絶えず注意を払っていたことがわかる。

『日本幽囚記』には、日本人の長所と短所を鋭く指摘し、興味深い日本人論が展開されている。例えば、日本人のことを「聡明犀利で、模倣力があり、忍耐強く、仕事好きで、なんでも出来る国民[127]」であるとし、「したがってこの正直な国民をからかふ様なことをしてはならぬ[128]」と忠告している。日本語については、語彙、文字、発音、文法などに言及している。その中で、敬語や待遇表現については次のような記載がある。

わが国で敬語を使ふのは、直接その言葉を受ける貴人に関する場合か、または敬意を表する人のことを話す場合である。ところが日本人は貴人

---

126 ゴロヴニンは1776年グールイン村で生まれた。9歳で両親を失ったが、親族に育てられ13歳で海軍幼年学校に入学する。2年後、イギリスへの伝習生に選ばれた。1806年帰国して海軍大臣にロシア・イギリス両国の海軍の比較論を提出した。ロシア人初の建造船ディアナ号の艦長に任命され、1811(文化8)年、千島列島測量のため国後島を訪れていたところ、松前藩によって拿捕され、抑留された。副艦長のピョートル・リコルド(P. Rikord)はロシアへ帰還し、日本人漂流民を連れて翌1812(文化9)年に再び来日し、ゴロヴニンと日本人漂流民の交換を求めるが、日本側はゴロヴニンらを処刑したと偽り拒絶した。そこでリコルドは報復措置として国後島沖で日本船の観世丸を拿捕し、乗り合わせていた廻船商人の高田屋嘉兵衛らを抑留した。翌1813(文化10)年、ゴロヴニンは高田屋嘉兵衛と捕虜交換によって解放され、ロシアへ帰国した。

127 ゴロヴニン(1946)p.37。

128 ゴロヴニン(1946)p.38。

と話す場合には話題が誰に当たるかに拘はりなく、特別の敬語を使はねばならない。と同時に平民と話す場合には、これまた話題の如何に拘はりなく別の言葉を使はねばならない。従って日本では二つの国語が使はれていると云ってもよい程である。こんな事は私の知る限りでは、地球上の如何なる国民にもないことで、これもまた日本の国民文化の一定の段階を証するものである。

（ゴロヴニン（1946）pp.42-43）

　日本語敬語について「こんな事は私の知る限りでは、地球上の如何なる国民にもない」と記述した上記ゴロヴニンの表現は、偶然にも、「地球上他のどのような国民の間にも同じ程度のものを見出す事ができない[129]」と記述したホフマンの表現と似通っている。150年もの隔たり、全く違う背景を持つ二人の間で、日本語敬語に対する印象に変わりがないことからも、敬語が非母語話者の注目を集める言語現象であることがわかる。

　次に『和魯通言比考』（1857）を検討する。ゴシケヴィッチ（Iosif Antonovich Goshkevich, 1814-1875[130]）と橘耕斎（1820-1885[131]）の二人によって共同編集され、ペテルスブルグのアジア局で1857年に刊行された本書は、15000語をいろは順に収録した日本語とロシア語の辞書で、出版の翌年ロシアで学術賞デミードフ賞[132]を受賞している。

　序文は、（1）二つの日本語、（2）漢字・仮字など、（3）音、（4）文章、（5）ヨーロッパにおける日本語研究、（6）和魯通言比考成立の事情の6項目に分

129　ホフマン（1968）p.437。
130　ゴシケヴィッチは1814年、ミンスク郊外（現在のベラルーシ共和国ゴメリ州）で司祭の家庭に生まれた。ミンスク神学セミナリーを卒業後、サンクトペテルブルク神学アカデミーに入学し、1839年に卒業。1839年から1848年までロシア正教会中国宣教団に在籍し、中国から帰国した後、1850年よりロシア外務省アジア局に勤務した。1853年、パラーダ号で日本を訪れるプチャーチン（1803-1853）の使節団通訳として来日、1855年、下田における日露和親条約締結に同席、日露辞典『和魯通言比考』刊行の1857年に、皇帝からの辞令により在函館ロシア領事になった。
131　橘耕斎（1820-1885）は元掛川藩の祐筆で、1856年、35才の時、ゴシケヴィッチの手引きにより、ロシア軍艦ディアナ号で日本を密出国し、ロシアでアジア局の翻訳官に採用された。1870年に聖ペテルブルグ大学で開設された日本語講座の講師ウラジミール・イオシフォヴィッチ・ヤマトフは、ロシアに帰化していた橘耕斎であったといわれている。1873年、岩倉使節団の説得により帰国するが、日本ではロシア政府の年金で生活していたという。橘耕斎の人物論については西村（1952）pp.67-72に詳しく書かれている。
132　科学に貢献した人物にロシア科学アカデミーから贈られる賞。パーヴェル・ニコラエヴィチ・デミドフ（Павел Николаевич Демидов, 1798-1840）が1831年に創設した。

けて記述されており、杉本（1999）は、ゴシケヴィッチの鋭い日本観察や日本語の魂をつかもうとする態度に言及している。

　内容について、イロハ順のイの例を示すと、まず〈イ意、威、夷…〉のように１音節語を列挙し、ついで〈イイ・イロ・イハ〉のように２音節語をあげる。そして〈イ意　ココロ／威　イヲフルフ〉のように見出し語に対応する意味ないし用例を示している。

　本書の底本がいかなるものであるかについて、杉本（1999）は排列法や意味、表記などを分析して『早引節用集』を底本にしていると指摘するが[133]、岩井（1976）は、主要な底本を『真草両点数引節用集』であるとし[134]、さらに本書の「序文を読みとくと、キリシタン語学者やその後のヨーロッパの東洋学の成果もすくなからず関係がある。節用の類には動植物名があまりのせられておらず、あっても現実にはさほど役立たない。この欠を補うために、（中略）シーボルトの『日本植物誌』（*Flora Japonica*）と『日本動物誌』（*Fauna Japonica*）からそれぞれ計535語ほど採っている[135]」という。

　杉本（1999）は「最大の欠陥は清濁の認識不足と表記のずさんな点と思われる[136]」としつつも、本書が19世紀ロシアにおける日本語研究の最大の成果であることは揺るがぬ事実であるとしている。しかし、特に日本語敬語に言及する記載はない。

2.3.5. 英語（米国）による資料

　1858（安政５）年、日米修好通商条約が調印され、神奈川・長崎・新潟の３港が翌年開港されることになった（下田・箱館は日米和親条約の際に既に開港場に指定されていた）。

　開港と同時に、米国プロテスタント各派は、日本への宣教師派遣を開始した。即ち、米国聖公会からはウィリアムズ（Channing Moore Williams, 1829-1910）とリギンス（John Liggins, 1829-1912）、米国長老教会からはヘップバーン（日本名ヘボン、平文、James Curtis Hepburn, 1815-1911）、ニューヨークのオランダ改革派からは中国伝道経験のあるブラウン（Samuel Robbins Brown, 1810-1880）、医師のシモンズ（Duane B. Simmons, 1834-1889）、フル

133　杉本（1999）pp.193-195。
134　岩井（1979）pp.117-121。
135　岩井（1976）p.76。
136　杉本（1999）p.212。

ベッキ（Guido Fridolin Verbeck, 1830-1898[137]）である。こうした宣教師たちは伝道や聖書翻訳をする上で、日本語研究をすることになり、文法書、日米対訳の語彙集や会話集を出版する者も出た。

　日本語研究の分野で特筆すべきものとしては、リギンスの『英和文集』、ブラウンの『英和俗語会話集』、ヘボン『和英語林集成』が挙げられるが、ここでは辞書は除き、敬語に言及のある会話書としてリギンスとブラウンの著作を取り上げる。

　まず、リギンス『英和文集』（1860）について述べる。リギンスは、ウィリアムズとともに中国伝道を経て来日し、10か月の滞在中に『英和文集』（*Familiar phrases in English and romanized Japanese,* 初版は1860年、上海で出版）を編集した。本稿では1870年に東京で出版された第3版 *One thousand familiar phrases in English and romanized Japanese* の中の例文を用いて分析する。

　構成は、"Times and Seasons"、"Numbers and Quantity"、"Personal and some other Pronouns"、"On the Wind and Weather"、"Coming and Going"、"Doing and Making"、"Seeing and Hearing"、"Commands and Servants" といった具合に語彙を意味で分類して、20の項目を設定している。また、同一内容の表現については、英文に続き、目下の者に対して言う場合と目上あるいは同等の者に言う場合の日本語を、ローマ字表記で並べて書いている。次にその具体例を挙げる。

"Coming and Going"
　　Where have you come from?　Do-ko ka-ra ki-ta.
　　　　　　　　　　　　　　　Do-chi ra yo-ri o-i-de na-sa-re-ta.
　　　　　　　　　　　　　　　　　　　　　　　　　（Liggins（1870）p.15）

"Doing and Making "
　　What are you doing?　　　So-na-ta wa na-ni wo su-ru ka.
　　　　　　　　　　　　　　A-na-ta wa na-ni wo na-sa-ru ka.
　　　　　　　　　　　　　　　　　　　　　　　　　（Liggins（1870）p.19）

137　フルベッキはオランダ生まれで22歳の時アメリカに帰化した宣教師である。長崎で英語教育に従事し、1868年開成学校（旧幕府開成所）に教師として勤めながら、学校の整備を行い、1869年12月大学南校と改称した（1873年には再び開成学校）。

「どこからきた」に対して「どちらよりおいでなされた」、「そなたは何をするか」に対して「あなたは何をなさるか」を、上下で並べて書いている。このことから、リギンスが、日本語では相手によって異なる表現形式を使い分けるということを認識していたことがわかる。

杉本（1999）は、リギンスの『英和文集』が語彙を意味で分類している点はメドハーストの『英和和英語彙集』から示唆を得ているが、同一内容の表現を相手によって使い分けることを対比して示す方法は、ブラウンにも見られるものの、その源流はロドリゲスの考察に発するとしている。また、「ホフマンは明確に本書を参考書として示してはいないが、おそらく利用していると思う。口語を考察するにはまことに格好の資料であったと思う[138]」と推測している。

次に、ブラウン『英和俗語会話集』（1863）について検討する。1859年に来日したブラウンは、ヘボンが宿舎としていた神奈川の成仏寺に同居し、1863（文久3）年に『英和俗語会話集』（*Colloquial Japanese, or Conversational Sentences and Dialogues in English and Japanese*[139]）を上海の美華書院（Presbyterian Mission Press）から出版した。この会話書は、現在では、江戸の教養ある階層の言葉を記録した資料として評価されている。

同書の203頁から243頁は、この本に収録された1270の例文（各例文に一連の番号（1-1270）が付されている）と、150の対話文の索引・語彙表（Index and Vocabulary of the English Words and Phrases in the Alphabetically Arranged Sentences, with their Corresponding Expressions in Japanese）である。これはAからYまで、英単語から関連する例文を検索できるようになっており、例えばAnybodyを引けば「どなたでも、誰でも」とわかるように作られた索引である。

日本語はローマ字と片仮字（カタカナ活字）で示し、俗体（私的、常体）と正体（公的、敬体）、目下・目上・同等など、会話者の相互関係を配慮しての会話表現を示している。下掲はその例である。

1130　What is your name?

138　杉本（1999）p.455。

139　正式の題名はColloquial Japanese, or Conversational Sentences and Dialogues in English and Japanese, together with an English-Japanese index to serve as a vocabulary and an introduction on the grammatical structure of the language である。

A-na-ta no o na wa na-ni to ossyari ma-su-ka?

アナタ　ノ　オ　ナ　ハ　ナニ　ト　オッシャリ　マスカ

O-ma-e no na wa na-ni to i-u ka?

オマエ　ノ　ナ　ハ　ナニ　ト　イウ　カ

(Brown（1970）p.154)

　上記のように、一つの表現に丁寧な言い方と普通の言い方の２種類を分けて示している。これはブラウンが日本社会では対人関係における敬語表現を重んじることを察知して、日本語学習者に敬語の重要性を説こうとしたものと考えられる。

2.3.6. 英語（英国）による資料

　ヨーロッパ人の日本語研究の原点はキリシタン版にあるが、いわゆる「鎖国」中は、交流の許されたオランダ人が日本語研究を牽引した。しかし、本格的かつ体系的といえるような日本語研究は、明治維新を待たねばならなかった。

　19世紀のイギリスはまさに「大英帝国」の名にふさわしい勢力があり、外交能力は近隣諸国より抜きん出ていた。イギリスの外交能力について、山東（2013）は、「幕末の日本で薩長から情報をいち早く収集し幕府の統治能力を正確に分析できていた点ではフランスと大いに異なっていた[140]」という。

　イギリスの日本学者の多くが外交官出身であるということも、イギリスの外交力の反映といえるかもしれない。オールコック（Rutherford Alcock, 1809-1897）、サトウ（Ernest Mason Satow, 1843-1929）、アストンといった日本語研究に名を遺した人物はみな外交官出身である。

　オールコックは、イギリス領事館の初代総領事で、アストンやサトウの上司にあたる。1861年『初学者用日本文法綱要』、1863年には『日本語日常会話篇』を著した。

　サトウは、1873年に『会話篇』を、1876年は『英和口語辞典』を著している。特に、前者は、「は」と「が」の違いを上手に説明するなど、実用に供しており、口語を知りたい外国人におおいに役立ったと思われる。

　一方、アストンは日本語だけでなく日本文化においても本格的な研究をした。例えば、海外では最初の本格的な日本文学史に関する『日本文学史』（*A*

140　山東（2013）p.146。

history of Japanese literature, 1899）を出版し、日本書紀の翻訳を行うなど神道研究にも力を入れている。一方、日本語研究では『日本文語文典』（*A Grammar of the Japanese Written Language*）、『日本口語文典』（*A Short Grammar of the Japanese Spoken Language*）と分けて文法書を出したことが注目される。

　次に、宣教師であるが、フランスからはカトリック、アメリカ、イギリスからはプロテスタントの宣教師が数多く来日した。その中でイギリス人の宣教師で、一度も来日せずに語彙集『和英・英和語彙』（*An English and Japanese and Japanese and English Vocabulary,* 1830）をバタビアで刊行したのがメドハーストである。これは約5000の英語表現と、約7000の日本語見出しが収められ、英和の部は主題別、和英の部は「いろは」で構成されている。

　このようにイギリス人の外交官や宣教師は、それぞれの立場から異なる動機をもって日本語研究に取り組み、その研究レベルは、開国後は、明治政府の要請で帝国大学博言学科教授として招聘されたチェンバレンを輩出するほどの域に達したのである。

2.3.7. 敬語研究史における西洋諸言語による資料の位置付け

　西洋諸言語による資料も中国、朝鮮語による資料も、明治時代の到来まで、日本人研究者に何ら影響を及ぼすことがなかった点で共通する。但し、明治政府の近代化政策が欧米を意識して展開されたものであったことから、ヨーロッパにおける言語研究なくしては近代国語学の成立・発展はあり得なかったといえる。

　特にロドリゲスは日本語の精神を形成する中核である敬語を習得することの重要性にいち早く気が付いた。それは『日本大文典』に、敬語を含む例文とその解説が詳細に記述されていることからもわかる。これより前に日本語を体系的に研究した文献は見当たらないため、本書は日本語敬語研究史の端緒といえる。

　その後、継続的に日本と交流したオランダ人は、敬語に言及した著述を次々と刊行してはいるが、いずれもロドリゲスの影響を大なり小なり受けたものである。

　また、19世紀にヨーロッパでおこった東洋学から派生した日本学の発展に寄与したドイツ語・フランス語による資料は、日本語敬語研究の下地にはなっているが、敬語自体を研究したものとはいえない。

　一方、同じ西洋諸言語による資料とは言うものの、ロシア語による資料は、

語彙、音韻及び方言といった分野の研究では重要な価値を持っているが、敬語に関する記述はほとんどない。それはなぜだろうか。

　ロシアにおける日本語研究は、漂流民との接触から始まった。日本に拿捕されたゴロヴニンの体験談を分析し、日本から脱出してきた橘耕斎の協力を得て、ゴシケヴィッチによる日露辞書を作らせるなど、日本語研究への熱意は絶えることはなかった。日本語学校は途中断絶する期間もあったが、それでも決して日本語研究の火が消えなかったのは、領土拡大を目指すロシアが東進を目論んでいたことも一因であると考えられる。

　とはいえ、サンクトペテルスブルグに開かれた日本語学校で使われた教科書『露和通俗会話篇』は日本人である黒野義文[141]によるものであり、そもそも漂流民を重用するなど、ロシアにおける日本語研究は基本的に自国の研究者による研究を中心とするより、日本人が主体的に、あるいは、かなりの部分を協力するなど日本人によるものが多い。

　また、『日本幽囚記』には前述のとおり敬語に関する記述はあるが、それはあくまで日本人論として述べられたものであり、文法的な分析やその用法を解説したものではない。さらに『和魯通言比考』も辞書として作成されたものであり、敬語や待遇表現についての解説はない。

　結局、ロシア語による資料では、敬語や待遇表現よりも語彙自体に対する強い関心が顕著で、辞書作成に比重が置かれた。この点は中国語による資料と同様であると同時に、日本人を介して作成された文献は、正確な意味では、「ソト」からの視点に基づく資料とはいえないので、本研究の対象からは除外する。

　次に、英語（米国）による資料であるが、優れた辞書や会話集の作者は、幕末から明治にかけて来日した宣教師であるため、布教を第一目的としており、その結果、西洋の物質文化ではなく精神文化を伝えることが主な目的であった。リギンスやブラウンの日米会話書は実用的で、敬語に対して注意が払われた構成になってはいるが、それらは、やはり、会話集の域を超えず、敬語そのものの分析や解説はなされていない。

　リギンスは日本語研究というより、日本におけるミッション系学校設立と

141　江戸生まれ、生年不詳。1886年、東京外語ロシア語教師と文部省の職を捨て単身ロシアに渡る。1888年にペテルブルク帝国大学東洋語学部日本語講師に就任。その後1916年までその職を務め、幾多の日本学者を育てた。退職後も祖国に戻らず、1918年、ロシアにて没した（小林（2012）pp.59-93参照）。

いう教育史において重要な役割を果たした人物である。またブラウンの会話
集は、ホフマンがその著書においてたびたびブラウンの所説に従ったように、
後の研究者に影響を与えたものの、敬語研究史における一時代を画す著作と
はいえない。

　一般に19世紀においては、言語学誕生の地であるヨーロッパにおける日本
語研究の方がアメリカにおけるそれよりも明治政府の政策に従った日本人研
究者に強い影響を与えたといえる。というのも、ヨーロッパにおける研究の
方が当時の主流の言語学的理論に裏打ちされ、日本における国語学成立の基
礎を築く土台となったからである。

　以上、敬語研究史における各西洋諸言語による資料の特徴を見た。その結
果、キリシタン資料、オランダ語による資料、英語（英国）による資料こそ、
本研究の目的に叶った、分析の意義がある「ソト」からの視点に基づく資料
であるということが明らかになった。そこで、次節では、これらキリシタン
資料、オランダ語による資料、英語（英国）による資料の中から、本研究が
具体的に分析すべき著作の確定を行う。

3．本研究の分析対象

　キリシタン資料、オランダ語による資料、英語（英国）による資料の中か
ら、本研究の対象とすべき文献として最も適切なものを決定するに際し、本
研究は、まず、新村（1969［1972］）及び古田（1974［2010 d］）において採
用された説、すなわち、19世紀までの西洋人による日本語研究の歴史を3期
に分ける説を参考にした。

　新村（1969［1972］）及び古田（1974［2010 d］）によれば、日本語研究の
第1期はロドリゲス、第2期はホフマン、第3期は、辞書の分野はヘボン、
文法書の分野はアストンに代表されるという。

　以上の区分は、ちょうど近代ヨーロッパの「言語学」の発展史を、時代的
な特徴に着目して3期に分けられるのと並行するものである。即ち、第1期
はラテン語の規範的文法の枠組を基本とした時代、第2期は言語の同系性や
共通祖語の枠組み構築の時代、第3期は近代言語学が成熟し、言語研究の方
法が変化し始めた時代である。

　本研究では、19世紀までのヨーロッパ人による日本語研究の歴史を3期に
分ける通説と、言語学史の3区分が、時間的に並行している点に着目し、両

者の区分に共通する第 1 期、第 2 期、第 3 期から、最も代表的なヨーロッパ
人研究者とその著書を選ぶ。その上で、時代背景や、各研究者を取り巻く環
境要因等の属性も含めて、各著書を分析する。

　本研究がこのような方法を採ったのは、ヨーロッパで誕生、発展し、明治
政府が欧化政策の下に輸入した「言語学」が、近代日本語の成立とその発展
に大きな影響を与えたことから、「言語学」の発展史と日本語の敬語研究史は
連動していると考えたからである。

　以上の観点に基づき、本研究が選定した各時期のヨーロッパ研究者とその
著書は次のとおりである。

　まず、第 1 期の研究者及びその著書としては、イエズス会宣教師ロドリゲ
ス（João Rodriguez, 1561?-1633）の『日本大文典』（*Arte da Lingoa de Iapam,*
1604-1608）を選定した[142]。この文典は日本人による日本語研究がいまだ古典
解釈や和歌及び手紙文作成のための部分的考究に留まっていた時代に書かれ
たものであるが、その学問的水準の高さは時代の最先端にあったともいえる
点で注目に値するものである。同書では、日本語文法の体系が、ラテン語文
法の枠組みにあてはめることによって構築されている。また、日本語の敬語
については、日本人の行動や表現のスタイルという観点からの考察も加えら
れており興味深い。

　次の第 2 期の研究者及びその著書としては、ライデン大学教授ホフマン
（Johann Joseph Hoffmann, 1805-1878）の『日本語文典』（*Japansche Spraak-
leer,* 1867[143]）を選定した。この文典はヨーロッパで隆盛を極めた比較言語学
が準拠していた科学的な分析方法を用いた日本語研究書であるが、当時の日
本は脱亜入欧の思想の下、近代言語学を輸入し始めたばかりであった。

　最後の第 3 期の研究者及びその著書としては、外交官アストン（William
George Aston, 1841-1911）と、アストンの後、彼の研究を批判的に引き継ぎ、
より研究を深めた帝国大学博言学科教授チェンバレン（Basil Hall Chamber-
lain, 1850-1935）の文典を、下記のとおり選定した。

　日本語の「話し言葉」と「書き言葉」を区別し、そのそれぞれの文典を書
いたのは、日本語研究史上、アストンが初めてであった。古田（1978 ［2010

142　1604 年までに原稿が成り、1604 年から 1608 年にかけて長崎で刊行。原本は、オックスフォー
　　ド大学ボードレイアン図書館（Bodleian Library）とクロフォード家（Earl of Crawford）（イ
　　ギリス）に伝存する二部のみが知られている。3 巻 1 冊本。
143　刊行年については諸説あり、古田（1978 ［2010 g］）で詳細な検証が行われている。

f]）は、「アストン以後のものは、それを訂正しようとするにしても、やはり彼の方向付けに従わざるをえなかった[144]」という点で、アストンの文典は西洋人のみならず日本人による研究にも大きな影響を与えたという。

　そこで、本研究においても「話し言葉」と「書き言葉」のそれぞれについて次の文法書を対象とする。即ち、「話し言葉」については、アストン『日本口語文典』（*A Short Grammar of the Japanese Spoken Language*, 1869[145]）とチェンバレン『日本語口語入門』（*A Handbook of Colloquial Japanese*, 1888[146]）、「書き言葉」については、アストン『日本文語文典』（*A Grammar of the Japanese Written Language*, 1872[147]）とチェンバレン『簡約日本文典』（*A Simplified Grammar of the Japanese Language (Modern Written Style)*, 1886[148]）（出版年は初版の年。改訂版も使用した）である。

　アストンの文典は西洋文法と国文法の融合が図られており、チェンバレンの文典は、来日したばかりの外国人が、短期間のうちに便利な日本語を身につけることを助けるサバイバル的な実用書を目指したもので、当時の言文一致運動を牽引しようとしている。

　チェンバレンは、アストンよりも知名度が高く、実際、日本語研究の学説が取り上げられるとき、アストンよりもチェンバレンの方が頻繁に言及される。その理由として考えられるのは、お雇い外国人として帝国大学博言学科の教師に就任し日本人になじみ深かったこと、日本語で書かれた文法書を著していること、日本滞在歴が長かったことなどが挙げられよう。

　本研究では、まず上記4名の時代背景、生涯、及び業績から、どのような言語観をもっていたかを考察した上で、上記の各著作を通して、日本語の敬

144　古田（1978［2010 f]）p.285。
145　1869年に出版された初版の題名は、*A Short Grammar of the Japanese Spoken Language* であった。その後、同名で、第2版（1871）、第3版（1873）と版が重ねられ、1888年に刊行された第4版では、題名からShortが削除されて、*A Grammar of the Japanese Spoken Language* という題名がつけられた。
146　チェンバレン『日本語口語入門』は4度刊行されているが、本稿で取り上げたのは、初版（1888）から7か月後に出された第2版（1889）である。第2版は、初版の序文で著者自ら訂正や助言を求めたことに応えて早速寄せられた多くの声を反映した内容になっているが、初版の利用者に不利にならないように初版の章段は変更されていない。また、第3版、第4版の理論編の増補訂正はごくわずかであると著者自身が述べていることから、文法的な考え方は第2版で一応完成されたと考えられる。
147　初版は1872年、第2版は1877年、第3版は1904年の発行である。
148　初版は1886年。1924年に J.G.McIlroy が改訂、出版したものの、表紙は *Chamberlain's Japanese Grammar* となっており、内題は原題と同じである。

語研究史におけるヨーロッパ人の敬語観を分析する。また、近世から近代の
ヨーロッパ人による敬語研究史の変遷を具体的に比較対照するため、各著作
における文末に現れる敬意表現の解釈を取り上げた。

　最後に、近世から近代までのヨーロッパ人による敬語研究と、日本人研究
者による敬語研究との関係を明らかにするため、明治期以降最も著名な国語
学者の一人であった山田孝雄（1873-1958）の提唱する敬語と人称の法則性
を取り上げ、それを当該のヨーロッパ人たちの解釈と比較する。

第3章

近世・近代ヨーロッパ人の言語観形成の背景と敬語研究

　日本語には、社会生活における上下関係を明確にし、相手との距離を調節するのに有効な言語現象がある。日本人が、この言語現象を意識的に取り上げて考察するようになって、次第に「敬語」という概念が形成され、一応の共通認識ができたのは、19世紀末、つまり明治も半ば以降のことであった。

　辻村（1968）は、日本人による日本語研究の中で、とりわけ、他の分野に比して、敬語研究の歴史が浅いことについて、次のように述べている。

　　　複雑な敬語をもつ日本人は、一方に昔から、それに対して深い関心を抱いてきたのである。とすれば、敬語に対する研究も早くから起こっていてよい道理である。しかし、実際に研究らしい研究の行われるに至ったのはごく近年のことにすぎない。（中略）ところが日本人にはなし得なかった敬語の体系的説明が、外国人の手によって、しかも江戸時代も早々のころにあざやかになしとげられている。それは、ポルトガルの宣教師ロドリゲスの（中略）『日本大文典』における記述である。（中略）これに匹敵しうる敬語論は、大正に入って山田孝雄氏の『敬語法の研究』の出るまでは全くなかったと言ってよく、まさに空前の書であったということができる。

　　　　　　　　　　　（辻村（1968）pp.319-320。下線は筆者による）

時枝（1941［2007］）にも同様の記述が見られる。

　　　国語が比較研究の対象とされず、それ自身孤立して研究されて居った明治以前に於いては、敬語は国語に於いて、自明のことと考えられた為か、（中略）敬語の学問的組織といふものは生まれなかった。敬語が国語の一特性であるといふことは、古くは本邦来訪の耶蘇宣教師によって認識され又故国に報告されもしたが、それらは江戸時代の国語研究には何等の影響をも及ぼさなかった。

（時枝（2007）pp.140-141。下線は筆者による）

「日本人にはなし得なかった」にもかかわらず、「ポルトガルの宣教師ロド
リゲス」「本邦来訪の耶蘇宣教師」によって「江戸時代も早々のころにあざや
かになしとげられ」た敬語研究とは果たしていかなるものであったのだろう
か。その背景にはどのような言語観があったのだろうか。

　前章で、ヨーロッパ人による日本語研究史と、時間的に並行している言語
学史に共通する３区分から、各区分を代表するヨーロッパ人研究者としてロ
ドリゲス、ホフマン、アストン、チェンバレンを選んだ。

　本章では、この４名の研究者がそれぞれどのような時代に生きたのか、各
人を取り巻く環境が言語観の形成にどのような影響を与えたのか、その生涯
においてどのような出来事があり、業績にどう結びついたのか、などを資料
から検討しつつ、各言語観と、それを基底とした敬語観を明らかにする。

　それによって、本研究の課題として挙げた「敬語研究史の端緒はヨーロッ
パ人による研究であること」、「いわゆる「鎖国」政策が採られている間もヨー
ロッパで途切れることなく敬語研究は続けられていたこと」が証明されるで
あろう。

1.　イエズス会宣教師ロドリゲスと『日本大文典』における敬語

　ロドリゲスの敬語研究が、「日本人の研究を凌駕している」ことを証明する
ために、辻村（1968）が体系的研究の3要件を示したのは、第１章3.1.4で述
べたとおりである[149]。

　石坂（1945）も、ロドリゲス『日本大文典』について、「廣く、深く、豊
かに而も整っている。實際的で而も體系的である[150]」と述べている。また、
土井（1971）も「ロドリゲス程広汎にして精密な観察を下し、さうして敬語
全般の知識を備へ、敬語の本質を把握して、体系立つた論述をなし得た者は
他になかつた[151]」と述べている。

　このように、多くの敬語研究の中でも、ロドリゲスの業績が突出した地位
を占めている点は異論のないところであり、まさに『日本大文典』は、日本

149　辻村（1968）p.320。
150　石坂（1944）p.107。
151　土井（1971）p.323。

語の敬語の「体系的」研究の代表といえる。

　そこで、本章ではロドリゲスが生きた時代から説き起こし、ロドリゲスの言語観が形成された背景、さらに、ロドリゲスの敬語に対する認識がどのようなものであったのかを考察していく。

1.1. 時代背景

　まず、ロドリゲスの生きた16世紀のヨーロッパにおける宗教界の動き、それに伴うイエズス会の方針、その方針に沿ったロドリゲスの日本語との出会い、さらに彼の日本語研究の進展の背景を述べる。

1.1.1. ロドリゲスが生きた16世紀のヨーロッパ

　ヨーロッパにおけるカトリック教会への批判は既に14世紀頃から見られていたものの、いわゆる宗教改革が始まったのは、1517年ルター（Martin Luther, 1483-1546）が贖宥状（免罪符）の悪弊を批判したことがきっかけであった。この宗教改革の拡大を前に、カトリック教会は教義の明確化と内部革新を行い、その勢力の立て直しを図った。世に言う対抗宗教改革である。

　イエズス会の創設が、この対抗宗教改革の産物の一つであったことは、高橋（2006）に詳しい[152]。1534年、イグナティウス・デ・ロヨラ（Ignatius de Loyola, 1491-1556）が教皇の許可を受け、フランシスコ・ザビエル（Francisco de Xavier, 1506-1552）ら同志とともに「清貧」「貞潔」「聖地エルサレム巡礼」の請願を立てて、イエズス会を結成し、厳格な規律と組織の下に世界中に積極的な宣教活動を繰り広げた。

　図6は、ザビエルの肖像画である[153]。

　特に、強固なカトリック教国であったポルトガル・スペイン両国は、「大航海時代」の世界的通商・植民活動とともに獲得した領土の住民を改宗させることによって勢力を拡大しようとし、宣教師を世界中に派遣した。

　イエズス会自体も、アフリカ・ブラジル・インド・日本・中国など全世界

152　高橋（2006）pp.45-47。
153　神戸市立博物館に所蔵されている本肖像画ザビエルは、天使が翔ぶ天界から伝わる神の愛情を受けて真っ赤に燃え上がる心臓を抱き、キリストの磔刑像を見上げている。口からは「満ち足りています」と言葉を発し、秘跡（サクラメント）を成し遂げた感謝が表されている。下部にはラテン語と万葉仮名でザビエルの名前などが記され、末尾に「漁夫環人」という署名がある。成立年代はザビエルの列福（1619）または列聖（1622）以降でイエズス会のセミナリヨで洋風画を学んだ画家が製作したと考えられる（九州国立博物館編（2017）p.30）。

図6　聖フランシスコ・ザビエル像（江戸時代17世紀）

に向けて精力的に布教活動を展開した。イエズス会の目的、すなわち、カトリックの信仰を非カトリックの人々に受容させる方法は、暴力や強制改宗によるのでなければ、彼らの理解する「ことば」による他はない。つまり、布教を成功に導く鍵は、イエズス会士と原住民との「ことば」による交流、また、それを支える現地語辞書と文法書の開発にあった。

　イエズス会が進出した地域の言語、即ちアフリカのコンゴ語・ンドンゴ語、ブラジルのトゥピ語・キリリ語、インドのコンカニ語・タミル語、日本語、中国語など、全く未知の言語を武器にするために、ラテン語の辞書・文法書を基盤にして、これらの言語を研究して、辞書と文法書を作った。

　ブラジルに派遣されたイエズス会士ジョゼ・デ・アンシエタ（José de Anchieta, 1534-1597）が、辞書も文法書もない中、トゥピ語の文法書（Arte de gramática da língua mais usada na costa do Brasil[154]）を作ったのと同様に、日本ではジョアン・ロドリゲスが『日本大文典』を完成させたわけだが、それを可能にしたのはイエズス会の組織力であった。次節では、日本におけるイエズス会の日本語研究史を述べる。

1.1.2. 在日イエズス会における日本語研究の歴史
　日本におけるキリスト教布教は、1549年、イエズス会宣教師ザビエルの来

154　Coimbra: Antonio Mariz, 1595（Biblioteca Nacional do Rio 所蔵）。

日に始まるが、前述のとおり布教には日本語の習得が必須であった。このことから布教の歴史は、そのまま日本語研究及び日本語学習の歴史に重なることになるのである。

　また、本研究が対象とするロドリゲス『日本大文典』が出版されたという事実は、日本におけるイエズス会の日本語研究、日本語習得の基盤がかなりの程度整い、軌道に乗った証左でもあろう。

　ザビエル来日からロドリゲス登場までの宣教師の日本語習得の経緯は通史的に述べられることが多いが、宇野（2005a、2005b）は、イエズス会の本部や外地の拠点に宛てた「書簡」を分析することにより、日本語習得の進展過程を宣教師の視点から概観している。それによれば、ザビエル来日から約10年で語学の問題は落ち着きを見せ始め、後進への教授や日本語研究への進展が見られたという。また、15年経過した頃には日本語を学ぶだけでなく、日本人にラテン語を教えるという段階に達し、さらに、日本語の動詞の活用に着目した文法書や辞書の編纂へと繋がっていったというのである。

　このようなイエズス会宣教師による日本語の研究が進んでいった過程で、巡察師ヴァリニャーノ（Alexandro Valignano, 1539-1606）が果たした役割は大きい。

　ヴァリニャーノは、3度にわたって来日（1579-1582、1590-1592、1597-1603）し、日本語習得に対する改革を行った。その改革が、結果的には布教

図7　Alexandro Valignano

の成功へと繋がり、17世紀半ばまでの日本における受洗者数は延べ約75万人にも上った[155]。

こうしたヴァリニャーノの功績は、彼が「適応主義」を採用したことに起因するといえる[156]。適応主義（ラテン語で accomodatio という）とは、ヨーロッパからあまりにも隔たった文明・文化を持つ地における布教において、その地の言語や習慣に積極的に順応し、また、布教の根幹である教理もその地の状況に適したものに調整していこうとする方策のことである。

ヴァリニャーノは、最初の来日で、当時の日本地区の責任者であったポルトガル人準管区長フランシスコ・カブラル（Francisco Cabral, 1530?-1609）のアジア人蔑視の姿勢が布教に悪影響を及ぼしていることを見抜き、1582年にカブラルを日本から去らせたが、これも適応主義に基づくものであった。そして、カブラルが認めなかった日本人司祭の育成こそが急務と考え、司祭育成のための教育機関を充実させた。それは1580年に有馬（現：長崎県南島原市）と安土に設立された小神学校セミナリヨ（seminario）、1581年に府内（現：大分県大分市）に設けられた大神学校コレジオ（collegio）、そして1580年に臼杵に設置されたイエズス会入会の第一段階である修練期のための施設、修練院ノビシャド（noviciado）であった。宣教師らは、これらの教育機関で、日本語力を向上させ、文典・日本語辞書・対話集を作成した。

1590年、帰国する遣欧使節を伴って行われた2度目の来日によって、日本に初めての活版印刷機が導入された。これにより、後に「キリシタン版」とよばれる書物が印刷され、宣教師の日本語教育及び日本語習得の効率は飛躍的に向上することになった。

ロドリゲスは、このように日本語教育及び学習機関の設置と教材の作成、印刷という日本語教育に画期的な進歩が見られた時代に登場したのである。

1.2. ロドリゲスの生涯と業績

まず、ロドリゲスの多彩な経歴について、クーパー（1991[157]）、池上（1993[158]）

155　五野井（1990）p.12。
156　適応主義政策は、ヴァリニャーノ一人のオリジナリティに基づいた発案ではなく、ヴァリニャーノ来日以前から在日宣教師によって実行されていた。例えば、ザビエルは、肉、魚を食することは日本の僧侶にとってつまずきとなるので、イエズス会宣教師は滞日中には絶対に肉食をしない覚悟で渡航しなければならないと主張した（髙橋（2006）pp.119-120参照）。
157　Cooper（1991）は著作全体において広い視野から日欧交渉の舞台を展望したものである。
158　Rodriguez（1993）『日本語小文典・下』所収の解説。

及び関（1997[159]）を参考にしながら概略してみたい。

　ロドリゲスは、1561年頃、イスパニア国のセリナンセレ（Sernancelhe）で生まれたが、その後成長して日本に来るまでの経歴は不明である。イエズス会は宣教師の仕事を助けるために東洋へ孤児を送っていたというが、その中の一人ではなかったかともいわれる。いずれにせよ、1575年頃にはインドに至り、1577年に日本に着いた。その後、1580年にイエズス会に入会し、豊後府内のコレジオで聖職者となるための学問を修め、1596年頃、司祭（パードレ padre[160]）に叙階された。

　ロドリゲスは日本語の習得に能力を発揮し、学習者側の立場からイエズス会の日本語学習を牽引して、10年足らずのうちに日本語で説教ができるほどに上達した。また、教授側の立場からイエズス会の日本語教育において中心的役割を果たし、『日本大文典』を刊行した。また、その日本語力を駆使しながら、当時の為政者豊臣秀吉（1537?〜1598）の通訳としてイエズス会に貢献し、日本人からは「通事伴天連[161]」の愛称で呼ばれた。

　1587（天正15）年、秀吉は、バテレン追放令[162]を発した。このときイエズス会は報復措置として、ポルトガル船に対し長崎渡航中止を勧告し、以来ポルトガル船の来航は一時途絶えた。秀吉はイエズス会とポルトガル貿易を切り離すことができないことを思い知らされ、イエズス会の布教活動を黙認せざるを得なかった。そこで、これまでの方針を一変し、イエズス会パードレ

159　関・平高編（1997）pp.12-13。

160　司祭・神父のことで、司祭職にある聖職者をいう。布教組織の指導的立場にあり、階級的にはイルマン（Irmão　助修士、パードレを補佐）の上位に位置する。

161　通事（つうず：Tçuzu）または通事（つうじ：Tçuji）は当時の通訳の意で、伴天連はポルトガル語のパードレ Padre（神父）の訛である。

162　豊臣秀吉が発令したキリスト教宣教師に国外退去などを命じた法令。秀吉は従来、キリスト教布教に好意的な態度を示していたが、キリスト教が広まり、信者の数が増えるとともに神社や寺院が破壊されることも多くなった。そこで1587（天正15）年、九州出兵の際、博多でバテレン追放令を出して、宣教師の国外追放を命じ、布教を禁止した。このとき大名のキリスト教信仰は禁止され、信仰を捨てなかった明石城主の高山右近は領地を没収された。
　しかし、一般の武士や庶民の信仰は禁止されなかった。発令の原因として（1）イエズス会の日本への領土的野心説、（2）キリシタン勢力の本願寺（＝一向一揆）的性格説、（3）キリスト教が日本の国法、伝統、宗教を否定するものであったという日本神国説、（4）ポルトガル船の博多湾への廻航拒絶、ポルトガル人の日本人奴隷売買、不品行といったポルトガル商人の失策説、（5）秀吉側近の施薬院全宗ら反キリシタン勢力による画策説、（6）キリシタン勢力の神社・仏寺破壊など過激な活動によるものとする説、（7）教会領長崎の没収を目的とする説などがあげられている。この追放令によって各地の教会などは没収、破壊されたが、宣教師は九州各地のキリシタン大名の領内に潜伏したので、「追放」は事実上空文と化した。しかしこの追放令は決して撤回されず、徳川政権の禁教令に受け継がれた。

を貿易の仲介者として利用することを考えたのである。

　次に掲げた南蛮屏風には、日本の港へ到着した南蛮船、荷揚げされた貿易品、カピタン（Capitão）一行と彼らを出迎えるイエズス会（黒い衣）とフランシスコ会（褐色の衣）の宣教師、日本人信者たちが描かれており、貿易と布教が一体となっていた南蛮貿易の実状が描かれている[163]。

　1591年、伊東マンショら少年遣欧使節を伴った巡察使ヴァリニャーノが、印度副王使節の資格で、聚楽第において秀吉に謁見したときの通事もロドリ

図8　南蛮屏風　6曲1双　上（右隻）、下（左隻）（狩野内膳筆　江戸時代　17世紀）

163　狩野内膳（1570〜1616）による（個人所蔵）。画中には南蛮寺で行われる儀礼の様子、室内に掲げられた聖母子像、南蛮人たちが身に着けるメダイなどの宗教的なモチーフがちりばめられている。また店先に中国産の絹織物や東南アジア産の物産が並べられ、船上に漆器が満載されている。仲介貿易が主体で、アジア象、アラビア馬、グレイハウンド種の洋犬など、南蛮渡来の珍獣が多く描かれている（九州国立博物館編（2017）p96-97）。

ゲスだった。以後、秀吉の深い愛顧を受け、バテレン追放令[164]や26聖人の殉教[165]等の事件にもかかわらず、秀吉の臨終間際まで、特別に目通りを許されるほどの待遇を与えられた。

　また、秀吉の死後、徳川家康（1542-1616）の天下になってからもイエズス会日本管区の財務担当者（プロクラドール procurador[166]）として最前線に立ち、家康から信頼されつつ、家康の通商代理人といった要職をも果たし、しばしば日本イエズス会の危機を救った。

　しかし、プロクラドールとしての実務能力を発揮していたことが禍して、1610年にマカオへ追放された[167]。

　マカオに移っても、身分は日本イエズス会に属していたために中国布教の任務は与えられなかったが、中国研究に励み、中国国内を旅行した。

　1620年、『日本語小文典』（*Arte breve da Lingoa Iapoa*）が編纂刊行されたが、第3巻の文体論を述べる中で、下記のとおり、中国音について考察している。これは『日本大文典』には見られないことである。

164　1587（天正15）年、豊臣秀吉が発令したキリスト教宣教師に国外退去などを命じた法令。この追放令によって各地の教会などは没収、破壊されたが、宣教師は九州各地のキリシタン大名の領内に潜伏したので、「追放」は事実上空文と化した。しかしこの追放令は決して撤回されず、徳川政権の禁教令に受け継がれた。

165　1597（慶長1）年、フランチェスコ会宣教師6人、日本人信徒17人、日本人イエズス会宣教師3人のキリシタンが豊臣秀吉の命により長崎で殉教した出来事。

166　髙橋（2006）によると、プロクラドールは長崎の他、マカオ、マラッカ、ゴア、リスボン、マドリードにも配置され、イエズス会経済圏の中枢地で実務を取り仕切っていた。長崎駐在プロクラドールの職務は、①教団の必要物資の調達と金銭の補充、②銀の保管、③各種の帳簿や出納簿の作成、④教団資産の増大と維持、⑤貿易実務全般の管理、⑥日本人のマカオ貿易に対する斡旋と仲介、⑦生糸取引価格決定への介入、⑧金品の貸与、などである（pp.169-170）。

167　ロドリゲスのマカオへの追放は、彼の通事としての活躍の効果が余りにも顕著であったため、反発を買ったことに起因する。1609年長崎に入港したポルトガル商船の船長アンドレア・ペソア（Andre Pesoa）は、日本人のマカオ渡航禁止の朱印状を得た。そのため、日本人がマカオに赴いて生糸を買い付けることができず、ポルトガル商船の特殊権益独占を公認することになったので、日本の生糸輸入商人の強い反感を招いた。かねてロドリゲス通事の威勢に反発していた長崎代官村山等安は、この情勢に乗じて、長崎奉行長谷川広高と図って、ロドリゲスの国外追放を企てた。またマカオでの日本人暴徒に対するペソアの処置に憤慨した有馬晴信の愁訴に耳を傾けた家康がペソアの殺害を命令したので、ペソアは襲撃されて商船と運命を共にして果てた。こうしてイエズス会と長崎の責任ある当事者との間は断絶し、一方的な情報に基づく家康の判断命令はすべてイエズス会を不利な立場に追いやってしまった。それを救う窮余の策として、イエズス会副管区長は、ペソアの来朝後の行動に関する責任をロドリゲス一人に帰して、家康に対し、ロドリゲスをマカオへ追放するよう申し出た。1610年3月、家康がこれを了承してこの事件は落着した（土井（1971）pp.210-211参照）。

MVITA parte das letras Sinicas entre os Japoens tem tres sortes de, *Coye*, ou tres nomes Sinicos conforme a tres Monarchias,ou Reinados celebres, que ouue na China chamadas em Japam, *Can, Go, Tŏ*. idest. *Canno yo, Gono yo, Tŏno yo*. E os Chinas os chamam, *Han, Gu, Tan*,

(Rodriguez（1620）f.74)

　日本人の間で用いられるシナの文字の大部分には、三種類の「こえ」がある。かつてシナにあった著名な三つの王朝、つまり治世にちなむシナ風の呼び名が三つあるのだ。その王朝を日本では「漢」「呉」「唐」とよぶ。それぞれ「漢の世」「呉の世」「唐の世」を意味する。シナ人はこれらを「ハン」「グ」「タン」とよぶ。

（ロドリゲス　日埜訳（1993）p.234)

　ロドリゲスは、このあと多くの実例を挙げている。例えば、「百官と呼ばれるこの国の諸官職の主な呼び名」（os nomes principaes dos officios do reino chamados, fiacquan.）の項には、下記のように「吏部」「礼部」「戸部」「兵部尚書」「刑部尚書」といった日本の官職について解説しているが、そこには必ず中国音を併記している。

Rifô. Na China agora, Lypù, Conselho de estado q despacha so officios, & propoem os apotos pera elles, examina, & despacha, & depoem por faltas.

(Rodriguez（1620）f.89v)

　「吏部（りほう）」。今日のシナにおける「リブー」。諸々の官職を発令し、それらへの適任者を推挙して、試験を課し、関係事務の処理にあたり、過失あれば罷免する国務評議会。

（ロドリゲス　日埜訳（1993）p.275)

Cofô. Na Chaina agora, Hupù, Conselho da fazenda de todo reino.

(Rodriguez（1620）f.89v)

　「戸部（こほう）」。今日のシナにおける「フブー」。全国の財政をつか

さどる評議会。

（ロドリゲス　日埜訳（1993）p.275）

Feifôxǒjo. Na China, Pimpù xanxú. Cōselho real da guerra.

（Rodriguez（1620）f.89v）

「兵部尚書（へいほうしょうじょ）」シナにおける「ピンブー・シャン
シュー」。軍事をつかさどる王室評議会。

（ロドリゲス　日埜訳（1993）p.275）

　福島（1973）によれば、ヨーロッパで初めて中国語を研究した中国のイエ
ズス会士イタリア人マテオ・リッチ（Matteo Ricci 利瑪竇、1552-1610）が
1605年に作成した漢字とローマ字とを対照させた表と、ロドリゲスが中国音
をローマ字化したものとを比べると、「一致するものもあるが、むしろ一致し
ないものの方が多い[168]」という。ロドリゲスは、『日本語小文典』作成の折
に、前例に倣わず、自らの耳で確かめて独自に日本の字音と並べて中国音を
示すことを試みたと考えられる。このことから、『日本語小文典』作成時には
既に、ロドリゲスが中国語にも上達していたことが窺われる。
　『日本語小文典』は、『日本大文典』を整理・簡約化したものとされるが、
新たに「この言語を学習し教授するについて、いちだんと適法だと思われる
方法について（Do modo que parece mais accomodado pera aprender & en-
sinar esta lingoa.）[169]」という章を巻1の中に設けている。この章には2種類
の学習法、教授法が書かれており、それは現代の日本語教育における方法や
心構えを論じる際にもそのまま通用するほど、画期的な内容である[170]。
　また、『日本教会史』（*Historia da Igreja de Japão*）は、マカオで執筆された
が、刊行されることはなく、その大部分は写本のかたちで残された。1634年、
ロドリゲスは、日本に戻ることを熱望しながらもついに叶わず、マカオで没
した。
　彼の人間性や能力について、クーパー（1991）は「実務にたけていて、宣

---

[168]　福島（1973）pp.257-258。
[169]　ロドリゲス　日埜編・訳（1993）p.32。
[170]　長谷川（2000）など、多数の論文が発表されている。

ARTE DA LINGOA DE IA
PAM COMPOSTA PELLO
Padre Ioão Rodriguez, Portugues da Cõpa-
nhia de IESV diuidida em tres
LIVROS.

COM LICENÇA DO ORDI-
NARIO, E SVPERIORES EM
Nangafaqui no Collegio de Iapão da
Companhia de IESV
Anno. 1604.

図 9　ロドリゲス『日本大文典』

教の熱意に燃えており、しかも審美眼を備えていた[171]」と評している。また、
ロドリゲス（1993）下巻の解説で、訳者の池上は、「「学者肌」のロドリゲス
という面が強調されてきたこともあって、ロドリゲスのもつもう一つの顔を
忘れがちであるが、ロドリゲスその人を理解するには見逃してならない事実
がある。それは「実務家」としてのロドリゲスである[172]」と述べている。

　実務家としてのロドリゲスのエピソードには、イエズス会が一種の圧力団
体として存在していた時代背景が見逃せない。当時、イエズス会は、布教資
金捻出のため、生糸を中心とした長崎－マカオ間貿易に関わるうちに、利潤
追求を第一とするようになり、日本の商人たちにはこれを不満に思う勢力も
あった。この長崎－マカオ間貿易の全般にわたって、日本人とポルトガル人
の仲介役として終始大きな指導力をふるったロドリゲスが、利害関係の板挟
みになって双方から嫉妬され、憎悪されるのは必定である。そうした状況下
で、時の権力者の寵愛を受けてイエズス会の利益を守り、プロクラドールと

171　クーパー（1991）p.347。
172　ロドリゲス（1993）下巻「解説」p.241。

しての職責を果たすには、キリスト教の教えどおりには事は運ばなかったか
もしれない。

　しかしながら、実務家かつ学者という二つの側面が浮き彫りになりはした
が、ロドリゲスは何よりもイエス・キリストの福音を述べ伝える使命を帯び
たキリスト者（キリシタン[173]）であったと考える。その言語観、敬語観は、
まさにキリスト教信仰を基礎としたものだったからである。

1.3.　ロドリゲスの言語観

　ロドリゲスは『日本大文典』の中で日本語文法を体系的に構築するにあた
り、アルバレス（Manoel Alvarez, 1526-1583[174]）の『ラテン語文典』（*De In-stitutione Grammatica*）の枠組みを利用した（土井（1971）、福島（1973）、熊
沢（1983）、松岡（1976）など）。雨宮編（1973）によれば、アルバレスは、
この文典の作成者名ではなく、この文典の形式を作った人の名前である[175]。

　ラテン語は、中世のカトリック教世界を支える言語であり、神学をとりま
くヨーロッパの学問の共通語である。ここでは、ラテン語の教育を受けたロ
ドリゲスの文法概念形成の背景を探るため、中世ヨーロッパにおいてラテン
語がどのような地位にあったのかという点を明らかにする。

1.3.1.　ラテン語とはどんな言語か

　ラテン語は古代のローマ人が話していた言葉である。それを「ラテン語」
というのは、ローマを含めたその南東部一帯がラティウム Latium と呼ばれて
いたので、その地名の形容詞 latinus を使って自分たちの言葉 lingua をラテン
語 lingua latina と話し手が呼んだからである。

　ラテン語そのものの歴史的事実は次のとおりである[176]。

173　「キリシタン」とは、ポルトガル語の「キリスト教の」または「キリスト教徒」を意味す
　　る Christão のことであるが、それを「キリシタン」と発音し、慣用するのは、16世紀中葉日
　　本に伝来したカトリック教にあてて用いる場合だけである。
174　表記はポルトガル語読み。ラテン語読みでは Emmanuelis Alvarie となる。ポルトガルのマ
　　ディラ島出身で1526年生まれ。1546年、20歳のときイエズス会に入会し、その人格の高潔さ
　　と賢明さの点で特に優れていたので、コインブラ学院の院長、その後リスボンの院長にも
　　なった。1582年、エボラで死去（松岡（1976）p.76参照）。
175　「この Alvarez 式の文典は今日、我が Otto の Ollendorff 式と称するものであって、十六世
　　紀中広く欧州に行われた文法書の名称である。従来東西の学者は Albarez を以て筆者とする
　　が、それは誤りであって、この文法書の名称である。故にこの文典形式の創始者とすべきで
　　ある」（雨宮編（1973）p.11）。
176　風間（2005）pp.3-19。

紀元前753年に建国された古代ローマは、初めはテヴェレ河畔の小さな町に過ぎなかったが、近隣の諸都市を攻め取り、紀元前3世紀の半ばからフェニキア人の立てた植民市カルタゴを打ち滅ぼして、シチリア、スペイン、対岸のアフリカにかけての広い地中海域を支配下に収めた。その後、共和制から帝政に変わっていく間に、ヨーロッパから小アジア、アフリカに及ぶ大帝国が築き上げられ、ローマ人の進んだ文化が各地の未開の人々に伝えられた。しかし、相次ぐ戦乱と皇帝の交代によって、この国の組織は徐々に崩壊していった。

　4世紀初め、コンスタンティヌス大帝（Gaius Flavius Valerius Constantinus, 272-337）は、乱れた社会秩序の回復を狙って、キリスト教を国の宗教として認め、それが契機となってローマ人の話していた言語はカトリック教会の公用語として認められ、同時にヨーロッパの学術上の共通語となった。

　強い軍事力と政治力によって、ローマは広い地域を征服するとともに、言葉の上でもラテン語の勢力を拡大した。その結果、為政者であるローマ人の言葉はイベリア半島からガリア、ルーマニアの住民にまで受け入れられて、ロマンス語と総称されるラテン語の子孫が誕生する。これが今日のイタリア語、スペイン語、ポルトガル語、フランス語、ルーマニア語などの源となった。

　また、ロマンス語以外のヨーロッパの言語もラテン語と深い関係にある。インド・ヨーロッパ語族と呼ばれる言語族の各語派の言語（英語、ロシア語、サンスクリット語、ヒッタイト語、ゴート語など）は、ラテン語と同じ源の言語から分化した言語である。

　本来は農民の田舎の言葉であったラテン語を、ローマの文人たちはギリシア語のように洗練されたものにしようと努力した[177]。その成果が、書き言葉として記された文語のラテン語「古典ラテン語」である。

　一方、文語と外れた形で存在した日常に話されている口語の流れが「俗ラテン語」と呼ばれる民衆の言葉であり、後のロマンス語派の諸言語の母胎になるものである。

177　ラテン語の音韻組織は比較的単純であり、文法的には名詞・動詞双方に豊富な屈折形をもっているのが特徴である。特に動詞の活用は、一見複雑にみえるが規則性がある。語尾を付加・拡張して派生語を容易に作り得る点で造語力にも乏しくはない。

1.3.2. ラテン語の地位

　中世初期の言語研究といえば、大半はラテン語文法の研究を指す。ラテン語がその地位を高めていった経緯については、ロウビンズ（1992）に詳しい[178]。

　即ち、中世期においては、教育や学問の継承を保護する役割を果たしたのは修道院、教会、後の大学であり、そこで使用される学問の言語はラテン語であった。ラテン語は教父文学の言語として、また西方（ローマ）教会の儀式・運営の言語として用いられることによって、その権威を高めていった。

　また、中世の教育は、文法、弁証（論理）、修辞の 3 学科（tribium）と、音楽、算術、幾何、天文の 4 学科（quadrivium）の「自由 7 科」を基礎に成立しており、ラテン語の文法学はあらゆる学問の基礎として 7 科の首位を占めていた。

　15、6 世紀の人文主義者によって編まれたラテン語文典では、ヴァッラ（Lorenzo Valla, 1407-1457）の『ラテン語文体論』（*Elegantiae linguae Latinae*, 1471）と、ネブリハ（Antonio de Nebrija, 1441-1522）の『ラテン語入門』（*Introductiones Latinae*, 1481）とが知られている。

　前者は、ヴァッラが古典ラテン語にない語、句、表現を批判し、古典作家の作品から数多くの例を引いて、古典ラテン語の素晴らしさを歌い上げることを目的とした理念の書である。後者は、ラテン語の基本的な形態論、統語論、正書法、韻律学、綴り方辞典によって構成された正統的な文法書である。前述のアルバレスの『ラテン語文典』は後者の流れを汲むものである。

　未知の言語を習得しなければならない宣教師にとっては、ネブリハの流れを汲むアルバレスの『ラテン語文典』を使用することで文法学が身につき、その知識を生かして、未知の言語とラテン語との翻訳における対応関係を模索したのである。

1.3.3. ロドリゲスの文法概念形成の背景

　ラテン語が、カトリック教世界を支える言語であり、かつ神学を取り巻くヨーロッパの学問の共通語であったことから、イエズス会宣教師であるロドリゲスの文法概念が、ラテン語を基礎に形成されていったことは間違いないだろう。さらに、遡ってネブリハの『ラテン語入門』（1481）からの引用も

178　ロウビンズ（1992）pp.77-78。

見られることが指摘されている[179]。

　ロドリゲスがラテン語を習得するために使用した教科書は、1572年リスボンで出版されたアルバレス『ラテン語文典』であった。家入（1974）によれば、同書は、「1572年の初版以来、ヨーロッパの各地のイエズス会系学校でラテン語教育の基本書として広く愛用され、英・独・仏・伊・西などの諸国版が刊行され、また日本・中国など新天地に布教した宣教師の手になる諸地方のラテン文典の手本」であり、イエズス会宣教師のラテン語学習のために編まれたものだったからである。

　このアルバレス『ラテン語文典』が、アジアで最初に出版された地は、日本の天草である。即ち、『天草版ラテン語文典』（以下「天草本」という）として1594年、イエズス会によって出版されたのである[180]。この天草本を原著と比べると、「アルバレスの文法書に従い、説明・註を附加しながらも、原著の抄本である[181]」ことがわかる。

　雨宮（1973）は、天草本について次のように評価している。

　　この書は当時、欧州諸国に於いて広く用いられていた Emmanuelis
　Alvarez 式のラテン語文典に我が日本語をあてはめたに過ぎない。（中略）
　この文典は340頁（170枚）のものであって、全体としては、文典としての体裁を具備していない。即ち、この書はラテン、日本、ポルトガル三ヶ国語の動詞の変化を列挙し、ラテン文法の組織により、その例証に日本語を多く挙げているに過ぎない。

　　　　　　　　　　　　　　　　　　　　　　　　（雨宮編（1973）p.11）

　文典としては高く評価されていない天草本に対し、ロドリゲス『日本大文典』について雨宮編（1973）は「Alvarez 式とは異なり、文典形式を備えている。しかし、組織はラテン文法に準拠し、これを日本語に応用したるに過ぎないのは惜しむべきである[182]」としている。

　ロドリゲスが、母語と文法構造の全く異なる未知の日本語を分析して体系

179　Zwartjes（2011）p.99。ロドリゲス『日本大文典』fol.69r. における中性動詞の性質についての説明は、Antonio de Nebrija の名を挙げた上で『ラテン語入門』（*Introductiones Latinae*, 1481）からそのまま引用している。
180　ローマのアンジェリカ図書館とポルトガルのエヴォラ図書館にある。
181　松岡（1976）p.75。
182　雨宮編（1973）p.12。

化するにあたって、アルバレス『ラテン語文典』、及びその抄本である天草本
におけるラテン語の文法体系を基本としたことは、『日本大文典』の構成にも
現れている。

　『日本大文典』は、アルバレス『ラテン語文典』及び天草本と同じく3巻か
ら成る。第1巻では名詞、代名詞と動詞の活用、品詞論を扱い、第2巻では
統語論、第3巻では日本語の文書を書くのに用いられる文体と教え方につい
て、内典・外典の文体、書き言葉に関する法則、書状の文体、数名詞、年月
日、年号などについて述べている。

　図10は、原本の巻末にある目次であるが、これを参考として3巻から成る
『日本大文典』がどのように構成されているかがわかるように、杉本（1999）
による日本語訳を続けて示した[183]。

図10　**Rodriguez**（1604-1608）**fol.239v-230r. 影印版 pp.482-483**

183　杉本（1999）pp.52-54。

第1巻

名詞と代名詞の転尾について。

存在動詞の活用について。

肯定動詞ならびに否定動詞の活用について。

書き言葉の動詞の活用について。

不完全動詞、変格動詞などについて。

アい、エい、イい、オい、ウい（Ai, ei, ij, oi, ui）に終る動詞の活用について。

動詞、候（Soro）の活用について。

品詞論（ここでは品詞の分類を簡単に取り扱い、日本語に関するいろいろな規則を指摘する）。

日本の品詞および「こゑ」と「よみ」のよみ方について。

今日まで形容名詞として通用したものを何故に動詞と呼ぶべきかということについて。

形容詞のいろいろな種類について。

単純代名詞のいろいろな階級について。

動詞のいろいろな種類と階級について。

後置詞、副詞、接続詞などについて。

助辞、格辞、数などについて。

格、性、時、法、人称などについて。

第2巻

同格構成、および主格と動詞などとの語順について。

動詞の肯定語根、否定語根の用法について。

動詞をともなう主格について。

関係句の言い表し方について。

いろいろな疑問名詞について。

形容動詞の構成について。

名詞の異位構成について。

部分名詞、比較級名詞、最上級名詞などについて。

派生代名詞について。

能動動詞などの異格構成について。

受動動詞について。

中性動詞について。

非人称動詞について。

不定法動詞について。

動詞性名詞、目的分詞、分詞などについて。

動詞のすべてに通ずる構成について。

場所に関する問い、どこに、どこから、どこを、どこへについて。

副詞について。

感動詞について。

接続詞について。

格辞について。

後置詞について。

助辞について。

否定の助辞について。

尊敬の助辞について。

本来の尊敬動詞について。

謙譲動詞について。

修辞の構成について。

ある国々特有の言い方における誤謬について。

日本語のアクセントについて。

清濁（Sumi, nigori）の用法に関する規則。

日本語の発音法。

われわれのある語を日本語の中に取り入れる方法について。

日本の和歌について。

第3巻

文書の文体について。

「こゑ」の用法に関する規則と文書の用語の規則若干。

書状の文体の論。

日本の誓紙（Xeixi）、すなわち書き物による誓約について。

書き物による願書について。

訴訟をいかに書くかということについて。

目録について。

日本の名字について。

いろいろな考え方の論。

時、年、月、日、時刻、年号などの数え方の論。

日本の時刻に該当する動物について、また羅針の方位について。

　上記『日本大文典』の構成を見ると、文法に限定されず、日本語を取り巻くあらゆる要素に次々と言及していこうとするロドリゲスの姿勢が窺える。書きたいことがあまりにも多すぎて、きちんと整理されていない印象も受けるが、杉本（1999）の言葉を借りれば「壮麗なる日本語のパノラマ」「日本語総覧[184]」という表現が最もふさわしいといえよう。

　では、ラテン語文法に日本語をあてはめる方法とは、具体的にどのようなものであったのだろうか。

　まず、アルバレス『ラテン語文典』と天草本の関係性について、Otto（2011）は、次のように述べている。

　　The Japanese Amakusa edition of the grammar of Álvares generally fol-
　　lows the same structure as the first edition of 1572, but there are some
　　significant differences: the editors of the Japanese version adapted the
　　grammar for Japanese students, offering bilingual Latin-Japanese para-
　　digms, [...]

（Otto（2011）p.100）

　　アルバレス文法の日本語天草版の編集者は、全体に、1572年のアルバレスの初版の構成に従っているが、いくつか重要な違いがある。日本語版の編集者は、ラテン語と日本語の二言語の語形変化を並べて提供し、文法を日本語学習者に合わせて改編、翻訳している。（筆者訳）

　ラテン語と日本語の語形変化（paradigms）を並列して、日本語学習者に合わせたとあるが、天草本から、名詞と動詞についての説明の仕方について具体例を取り上げてみよう。

　まず、名詞であるが、ラテン語と日本語の違いが顕著な点の一つに、性、数、格による名詞の屈折の有無がある。天草本では、それを説明するために名詞 Dominus の屈折を例に挙げて、日本語の名詞がラテン語と同様格変化するものとして説明している。天草本では名詞の格変化について単数と複数を

184　杉本（1999）p.54。

それぞれ表にしているが、そのうちの単数の格変化を示したのが表 1 である。

表 1　**Numero Singulari**

Nominatiuo[185]	Dominus	Aruji, aruiua, arujiua, ga, no, yori	主・主は、が、の、より
Genitiuo	Domini	Arujino, ga	主の、が
Datiuo	Domino	Arujini, ye	主に、へ
Accusatiuo	Domínum	Arujiuo	主を
Vocatiuo	ô Domine	Aruji, icani, aruji	主・如何に主
Ablatiuo	à Domino	Aruji yori, cara, ni	主より、から、に

（『天草版ラテン文典』（2012）影印 Liber1, 3v.　翻刻 p.7）

　ラテン語名詞は、格（主格、属格、与格、対格、呼格、奪格）、数（単数・複数）、性（男性・女性・中性）によって屈折するが、それぞれの名詞の格を、日本語の助詞に対応させ、ラテン語の主格形 dominus（主は）が、場合によって、aruji, aruiua, arujiua, ga, no, yori（あるじ、あるいは、あるじは、が、の、より）と訳されることが例示されている。これを見ると、ラテン語文法の複雑な屈折を日本語に厳格に置き換えようとしていることがわかる。実際上は、ラテン語の屈折を日本語に機械的に置き換えることは困難なことであるが、ラテン語名詞の格を「日本語名詞＋助辞」の形で一つ一つ丁寧に対応させ、忠実に翻訳しようと苦心した跡が窺える[186]。

　この表 1 とほぼ同一の表[187]が、ロドリゲス『日本大文典』の第 1 巻冒頭に Declinação pera todos os nomes substantivos, e pronomes primitivos（実質的な名詞及び原形代名詞の全部に通ずる語尾変化）として掲載されており、ロドリゲスが天草本を踏襲していることがわかる。

　但し、ロドリゲスは表に続けて「日本語の実名詞及び原形代名詞は、（中略）拉丁語のやうに格によって転尾するといふ事はなく、無転尾である。さうして格辞といふ特別の助辞があり、それを名詞に後置したものが拉丁語の諸格に相当する[188]」という注記を付け、日本語の名詞には格変化はないとい

185　表中の Nominatiuo は当時の表記であり、現在のラテン語では末尾の uo は vo になっている。
186　Rodriguez（1604-1608）fol.1r. 影印版 p.15。
187　但し、表 1 と全く同じわけではない。ロドリゲス『日本大文典』では、表 1 のラテン語部分を除いてポルトガル語に直し、対格の「Arujiuo（あるじを）」のところに「uoba, ua, ga（をば、は、が）」をつけ足している。
188　ロドリゲス 土井訳（1955）p.7。

う認識を明記している。

　次にラテン語の動詞は、人称、数、時制によって活用し、活用によって法が決まってくるが、日本語の動詞には、人称、数による活用はない。そこで法と時制に関してだけ日本語と対照させている。

　一例として、天草本から、ラテン語 amo（大切に思う）の活用例を、直説法の能動態における現在（表 2 参照）と未完了過去（表 3 参照）についてのみ挙げておく。

　日本語の時制は、現在、過去、未来しかないため、ラテン語の未完了過去（Praeteritum imperfectum）は、日本語の現在形と過去形、即ち、「大切に思う、あるいは、大切に思うた」と訳している（表 3 参照）。

　同様にパターン化した活用表を見ると、例えば、直説法の過去完了は「大切に思うてあった」、接続法の未来形は「大切に思うたらうとき」、直説法の受動態、過去完了は「大切に思われてあった」など、ラテン語文法を一定のパターンで忠実に訳している。

　ここでは規則動詞の第 1 種活用 amo の直説法、能動態のうち、現在と未完了過去の活用例を挙げるにとどめたが、英語の be 動詞にあたる sum、第 2 種活用 doceo（教える）、第 3 種活用 lego（読む）、第 4 種活用 audio（聞く）

表 2　Indicatiui modi tempus praesens

Amo	Vare	*Taixetni vomô*	大切に思う	Eu amo
Amas	Nangi			Tu amas
Amat	Are			Elle ama
Plu*raliter* Amamus	Varera			Nos amamos
Amatis	Nangira			Vos amais
Amant	Arera			Elles amão

（『天草版ラテン文典』（2012）影印 Liber 1, 17v.-18r.　翻刻 p.27）

表 3　Praeteritum imperfectum

Amabam	Vare	*Taixetnivomô*,	大切に思う・	Eu amaua
Amabas	Nangi	*Aᴿᴜɪᴜᴀ*,	大切に思うた	Tu amauas
Amabat	Are	*Taixetni vomôta*		Elle amaua
Plu*raliter* Amabamus	Varera			Nos amauamos
Amabatis	Nangira			Vos amaueis
Ambant	Arera			Elles amauam

Amas, s mutata in bam, fit amabam, sic docebam.

（『天草版ラテン文典』（2012）影印 Liber 1, 17v.-18r.　翻刻 p.27）

についても、すべて活用表を提示している。即ち、それぞれの動詞ごとに、直説法、接続法、命令法、不定法、願望法が示され、各法について能動態と受動態、各態につき、一、二、三人称と単数、複数を区別して、忠実にその活用形式に日本語をあてはめた結果、第 1 巻（fol.2-fol.69）には、「序論」と「名詞の屈折」の他は、ほとんど「動詞の活用」の表と説明だけで占められている（fol.12v から fol.62v まで）。

　天草本では活用の種類によって動詞が四つに分けられているのに対し、『日本大文典』では三つに分けられ、一つ一つの動詞がどの活用に属するかは、語根の末尾の綴字から知り得るとしている。その綴字の種類は全部で27種ある。即ち、動詞の語根が E（エ）または I（イ）に終わり、現在形で uru となる二段活用を第一種活用として16、語根が I に終わり現在形が u に終る四段活用を第二種活用として 8、語根が I に終わり現在形が ǒ、ô、ǔ となるものを第三種活用として 3、全部で27の綴字の種類があるとする[189]。熊沢（1983）は、「外国人学習者にとって日本語動詞の活用の種類を知ることは現在でもなかなか難しい問題であるが、ロドリゲスがこのような形で活用の種類を整理していることは驚嘆に値する[190]」と述べている。

　具体的には、第 1 種活用に「上ぐる[191]」、第 2 種活用に「読む[192]」、第 3 種活用に「習う[193]」を例に挙げて一定の言い回しを記載している。次ページに「動詞の活用について」の項の一部を、『日本大文典』影印版から転載した（図11参照）。活用による種類分けを規則正しく、パターン化していることが読み取れる。

　天草本と『日本大文典』を比べると、後者の方がより詳しく、言い方も豊富に示されているが、基本的な部分では共通している。

　上記のとおり、ロドリゲス『日本大文典』が、アルバレス『ラテン語文典』及び天草本と共通する記述が多く見られるのは、ロドリゲス自身がアルバレス『ラテン語文典』を教科書としてラテン語学習を徹底的に行い、さらに天草本を得て、日本語文法を構築していったためである。よって、彼の文法概念形成はラテン語の文法規範を抜きには考えられない。

189　Rodriguez（1604-1608）fol.6v. 影印版 pp.26、ロドリゲス土井訳（1955）p.28。
190　熊沢（1983）p.19。
191　Rodriguez（1604-1608）fol.7r. 影印版 pp.27、ロドリゲス土井訳（1955）p.81。
192　Rodriguez（1604-1608）fol.28v. 影印版 pp.70、ロドリゲス土井訳（1955）p.123。
193　Rodriguez（1604-1608）fol.33v. 影印版 pp.80、ロドリゲス土井訳（1955）p.141。

図 11 **Rodriguez**（1604-1608）**fol.6v-7r. 影印版 pp.26-27**

　但し、動詞の分類についても前述したとおり、4種に分けていたものを3種にしたり、品詞についてもラテン語が8品詞であるのに対し、それをそのままあてはめるのではなく、新たに二つの品詞、「助辞」と「格辞」を加えて10品詞に分類したりするなど、変更を加えている。

　結論として、全巻を通じて文法の基本的な概念はラテン語の文法体系に基づいており、前半部分は先に表で示したとおり、ラテン語の語形変化の図式に従って名詞の屈折と動詞の活用を説明するなど、ラテン語的立場が表面に強く表れている。しかし後半に進んでいくに従い、ラテン語文法を日本語にあてはめることの不適切さを悟ったのか、ラテン語文法から徐々に離れて、日本語的立場が次第に強化されている[194]。

　結局、ロドリゲスは、ラテン語文法の枠組を取り、文法体系がわかりやすくなるよう整理しようと試みながらも、日本語学習者にとってわかりにくい

---

[194]　土井（1971）も「第2巻の96丁以下になると、ラテン文典的な色彩が薄くなって、日本文典として形式内容共に整頓して充実してゐる」（p.218）と述べている。その要因の一つとして、1604年に印刷を始め、95丁のところで印刷が停滞し、1608年に96丁以降を印刷したと推定し（pp.216-217参照）、4年間、印刷が中止されている間に「ロドリゲスの脳裏に日本文法の体系が大略樹立された」（p.218）からであるとしている。

点や特に重要な点については、実際の運用に便利なように必要な個所で次々と重複を恐れず解説を付していったので、簡潔で見やすい文法書という体裁には至らなかった。

　イエズス会では、キリスト教布教のための書物、及び日本語学習に役立つ読み物を天草本を使って逐語訳し高い評価を得ている。この点について松岡（1982）は、イエズス会宣教師が天草本を使って翻訳した『天草版コンテムツス・ムンヂ』（*Contemptus Mundi,* 1596）を分析して、その訳文が「語と語の関係が自然に論理的につながり、事実上筋の通った平易な日本文になった」理由として、「ラテン語の屈折どおりに忠実に翻訳した結果」であると論じている[195]。

　しかし、ラテン語の屈折どおりに訳したら自然に論理性が出るという説明には無理があるだろう。やはり文法を理解した上で、論理的な文になるよう推敲することによって筋の通った文になると考えるのが妥当である。

　日本では伝統的に、中国から入ってきた漢文を一語ずつ日本語に対応させ、レ点や一、二点を入れて語順を直した後、こなれた日本文として自然な形に直していくという仕方を培ってきた。「あらゆる吉利支丹の作品には、日本人への感謝のことばがつづられている[196]」ことからもわかるように、キリシタン版の制作には日本人修道士（イルマン）の協力が不可欠であった。当然、協力者である日本人は長年培ってきた漢文訓読に用いた方法を、ラテン語から日本語へ翻訳する際にも役立てたと考えられる。

　ザビエルが「デウス」Deus という言葉を日本人の理解しやすいように「大日」Dainichi と言い換えたために問題が起きたように[197]、布教の当初から原語と訳語との問題は常についてまわった。宣教師にとって適切な意訳は、その使命を達する上で重要である。そうした要請を受けて、ロドリゲスは日本語理解を助ける道具として構築した文法を宣教師に提供することを目標にして『日本大文典』の執筆に取りかかったと考えられる。しかし最終的には、文法という道具を捨てて、日本語を日本語として理解していけるよう、文法だけでは説明のつかないことこそを詳しく述べようとしている。そのことは、思いつくまま、次々と Appendix（附則）を付け足していることからも窺え

195　松岡（1982）p.136。
196　杉本（1999）p.126。
197　福島（1973）pp.8-9参照。

る。そのため『日本大文典』は、前述のとおり考察や記述が重複しており、論理的で首尾一貫した明快な文法書という体裁とはいえなくなっている。しかし、17世紀の日本語の文法が、具体的な例文とともに、生き生きと記述されており、単なる文法書を超えて日本語の知識を得られる読み物としても楽しめる内容になっている。

　次節では、文法だけでは説明のつかない言語現象の最たるものである敬語について言及する。

1.4.　ロドリゲスの敬語観

　日本社会に溶け込み、あらゆる階層に向けて布教活動を展開したロドリゲスは、ラテン語の文法の枠組みを通して習得した日本語敬語に対して、どのように考えていたのだろうか。

　まずは、ロドリゲス以外のイエズス会宣教師が敬語に対して、どのような認識を持っていたかを探る。

　ロドリゲスの登場以前に既に、巡察師ヴァリニャーノ及び彼の随員であるパードレ、ロレンソ・メシア（Lourenço Mexia, 1539-1599）などイエズス会宣教師は、敬語の存在に注目し、敬語を使いこなすことこそが布教を成功させる鍵であることに気付いていた。その根拠として、ヴァリニャーノの本国への報告書や、メシアの書簡がある。

　まずヴァリニャーノがイエズス会総長あてに提出した「日本管区及び管轄事項撮要」（1583）と題する報告書がある。この報告書は全篇30章からなるが、その第2章には、日本語の特質に言及して次のような報告がなされている。

　　同一の事物を表す語に多数の種類があるのみならず、日本語の性質として、上品で、敬意を示す一種の言ひ方がある。従ってすべての人、すべての物に、同一の名詞同一の動詞を使ふことはできない。その人その物の品格に応じて、尊敬する高級な語か軽蔑する低級な語かを、それぞれに使はねばならない。

　　　　　　　　　　　　　　（ヴァリニャーノ（1965）［1973］pp.196-197）

　また、メシアによるコインブラのコレジョの院長宛ての書簡（1584年1月6日附）には次の記述が見られる。

　　大人に対するのと子供に対するのと、また目上に対するのと目下に対
　するのとで、如何に話すべきかを知り、又誰に向って話す場合にも守る
　べき礼儀を心得、それぞれの場合に使ふべき特有な動詞なり名詞なり言
　い廻しなりを会得した上でなければ、何人と雖も真に日本語を理解した
　とは言へないのである。

（柳谷編村上訳（1969）p.98）

　これ以前にも断片的とはいえ日本の言語、文字に関する記述が行われ、局
部的な問題が取り扱われた報告書はあった。しかし、考察を加え総括的に記
述したのは、ヴァリニャーノとメシアが最初であった。上記の報告や書簡が
ヨーロッパへ渡っていったことによって、日本語には礼儀、教養とともにあ
る「敬語」という言語現象が発達した言語であるということが知られるよう
になったのである。
　このようにイエズス会宣教師が、日本語の中でもとりわけ敬語を重視した
のはなぜだろうか。理由として考えられるのは、宣教師には、「聴罪師」とし
ての役割及び「説教師」としての役割を果たす必要性があったということで
ある。
　キリスト教徒が自己の罪科を告白する懺悔はカトリックにおいて最も重ん
ずるところであり、その懺悔を聴くのが聴罪師である。また、キリスト教の
教義を正しく伝え、異教徒を傾聴させるのが説教師である。土井（1971）は
各役割を果たすための敬語の必要性を次のように述べている。

　　懺悔は（中略）身分の高下教養の有無を問わず、すべての教徒のなす
　べきものであるから、各地の信徒の懺悔を通じて聞かれる日本語は、方
　言卑語から高尚な言葉遣いに至るまで、日本人として使ってゐた言葉遣
　いの広い範囲における各種の位相を包含したものであったに相違ない。
　（中略）懺悔に用ゐられるのは地域的にも階級的にも広範囲にわたる言葉
　遣いである。懺悔の中で聞かれることのあるべき方言卑語等は、宣教師
　自身使ってならないものである。雅醇な標準語こそ、宣教師のいかなる
　場合にも用いるべき言葉であった。殊に説教の用語は、純正典雅である
　ことを必要とした。宣教師においては、聴いて理解すべき言葉は広きを
　要し、自ら使用すべき言葉は純正典雅であることを必要とした。

（土井（1971）pp.14-16）

注目すべき点は、「聴罪師」及び「説教師」として習得すべき日本語の中に、敬語即ち尊敬語、謙譲語、丁寧語だけでなく、方言卑語も含めていることである。つまり宣教師は、複雑な人間関係や場面の中で、適切な表現が求められており、敬語を含む待遇表現全体を重視していたことがわかる。

　以上述べてきたように、ザビエルが来日した当初から、イエズス会宣教師によって敬語研究は進められていた。その集大成が、ロドリゲス『日本大文典』であった。ロドリゲスはどのようにして、これまでに蓄積された敬語研究を体系化したのであろうか。

　まずロドリゲスは、日本語を整理し説明する方法として、アルバレスの『ラテン語文典』の枠組みを利用した。

　そうすると日本語の中に、どうしてもラテン文法体系にあてはまらない現象があることに気付いた。当時、その言語現象を明確に分析した日本語の著書もなく、日本人の識者もおらず、もちろん「敬語」という語も存在していなかった（第１章3.1.3.「「敬語」という用語の登場」において述べたとおり、明治７年になってようやく「敬語」という語が『明六雑誌』などに登場し始めた）。そのような状況の中で、ロドリゲスは日本語の「敬語」を一体どのように捉え、言語化していったのだろうか。

　ロドリゲスは、『日本大文典』の proemio（諸言）に続く「この文典が扱うことをよりよく理解するためのいくつかの注意書き（筆者訳）」（Algũas advertencias pera mayor intelligencia do que nesta arte se trata[198]）の中で、日本語が豊富で典雅である点をまず３点挙げた。一つ目は、同一の事柄を言い表すための語が多数あって、より適切に表現できること、二つ目は、動詞と動詞、または名詞と名詞の間で作られる複合語を使って簡潔に力強く言い表すことができること、三つ目は、副詞が多数あって事物や動作の特殊な状況を適切に示せることである。そして、前述の３点とは違った別の特徴として、次の記述がなされている。

　　資料１.

　　mas no que esta lingoa se assinala, e he diversa de quantas temos noticia, he na maneira de respeitos, e cortesias que inclue nos modos de falar quasi universal- mente.

198　Rodriguez（1604-1608）影印版（1976）p.11。

（Rodriguez（1604-1608）fol. 5r. 影印版 p.13）

　しかし、この言語が目立っている点においては、そして（それは）私たちが知っているところのすべての言語とはちがうのであるが、（それは）話し方の方法のなかにほとんど普遍的に含まれる尊敬と丁重さのやり方においてである。（筆者訳）

　なお土井訳は文語調で難解な点があるので筆者が直訳した（ロドリゲス　土井訳（1955）は p.4を参照）。このあとの資料2から8についても同様である。
　ロドリゲスは、日本語の敬語を正確に言い表せるポルトガル語がないために modos de falar と表現した上で、さらに respeito と cortesia という語を使って詳しく説明しようとしている（資料1参照）。
　しかし、上の respeito と cortesia という語だけでは日本語敬語の多義的な内容、微妙な意味合いは表現しきれないことから、それをより適切に示すために、ロドリゲスは様々なポルトガル語を用いた。それは次の資料2を見ると明らかである。即ち、respeito は honra、honorativa、honradas、honram という語に置き換えられ、cortesia は humildade、humilham という語と共に用いられているのである。（資料2参照）

　資料2.
　De algvns verbos honrados de sua natureza sem particular, & de outros humildes.
　Tem esta lingoa alguns verbos que de sua natureza encluem em si certo grao de honra sem particula honorativa, os quais servem soomente pera segundas, & terceiras pessoas honradas. Outros verbos ha que tem certo grao de cortesia, & humildade dos quais usam inferiores respeito de superiores, estes honram à pessoa com quem, ou disse de quem se fala por elles, & humilham à pessoa sobre quem cayem os tais verbos, ou que delles usa.[199]

（Rodriguez（1604-1608）fol.164v. 影印版 p.332）

　その性質上、助辞を伴わない、いくつかの尊敬動詞と、その他の謙譲動詞について

この言語は、尊敬の小辞なしで、あるレベルの敬意を性質上それ自体含むいくつかの動詞がある。それら（の動詞）は、尊敬される二人称及び三人称に対してだけ使われる。他の動詞があり、あるレベルの丁寧と謙遜を含んでいて、それらを、目下の者が目上の人に関して用いるが、これら（の動詞）は聞き手に対し敬意を払い、または、それら（の動詞）によって話される人について言われるものであり、また、（これらの動詞は）このような動詞がかかる人を卑下させ、または、それらを用いる人を（卑下させる）（筆者訳[200]）

　ロドリゲスは、respeito という語に「下の者が上の者を持ち上げる」ことだけではなく、「名誉」や「品位」といった上に立つ者に特有の資質をも含めようと試み、cortesia という語に「自らがへりくだる」ことだけではなく、「慇懃」や「折り目正しい行動」、あるいは「お時儀」という具体的行動なども含めようと試みた結果、資料2に見られるように、様々な同義語を提示したのではないだろうか。

　上記の文中の cortesia と humildade とは、ほぼ同義とみてよいであろう。なぜなら、ロドリゲスが『日本大文典』に記した日本語は、室町時代の日本語であり、日本においては「丁寧語」の発達は、室町時代以降に本格化したので、ロドリゲスが cortesia と表現したものは、まだ本格化していない「丁寧」ではなくて、「謙遜」にあたると考えられるからである。

　さらに、尊敬する二人称及び三人称に対しては敬意を含む動詞を使い、自分自身については卑下して、丁寧と謙遜の意を含む動詞を使うと述べて、敬語と人称性の関係についても言及している（資料2参照）。

　また、資料3から、いろいろな敬語（varias honras）を使えることが elgancia であるとして敬語の使用条件を挙げていることがわかる。

199　引用文の中で現在使われていない綴りについて、現在使われている綴りにあてはめると次のようになる。

　　Lingoa = lingua, encluem = incluem (verb incluir) grao = grau, soomente = somente, pera = para, ha = há (verbo "haver"), cayem = caem (verbo "cair"), delles = deles
200　土井訳は文語調で難解な点があるので筆者が直訳した（ロドリゲス　土井訳 (1955) は p.590 を参照）。

資料3.

DAS PARTICULAS DE HONRA, & cortesias no falar.

Toda a elegancia desta lingoa consiste em saber usar de varias honras, & particulas que pera ißo tem dando a cada cousa seu lugar. De tres sortes podemos tratar destas honras respeitando sempre, quem fala, aquem se fala, diante de quem, & de que cousas: por que tudo isto he necessario.

（Rodriguez（1604-1608）fol. 158r. 影印版 p.319）

会話における尊敬と丁寧の助辞について

　この言語のすべてのエレガントさは、さまざまな敬語法（honras）と、そのためにある助辞を、それぞれのことにその場所を与えながら、使うことを知ることにある。これらの敬語法についての三つの種類を、常に、誰が話すか、誰に話すか、誰の前で、そして何についてかということを尊重しながら、扱うことができる。なぜならこれらすべてが必要なので。（筆者訳[201]）

　次の資料4では、「身内敬語の抑制[202]」に言及している。最上位者が「聞き手」の場合、「話題の人物」（話し手の主人「有馬修理」）に対する敬語は抑えられ、「申しまするは」というように謙譲語を用いることを説明している（資料4参照）。

資料4.

Appendix. 6.

He muy ordinario falando o criado de seu senhor, ou o filho do pay, ou a molher do marido, & ao contrario, & os parentes chegados huns dos outros com pessoas de respeito usar do verbo composto com particula humilde, Marasuru, ou dos verbos humildes: no qual modos se honra a peßoa com quem fala, & humilha a peßoa aquem pertence o tal verbo. Vt, Arima

---

201　土井訳は文語調で難解な点があるので筆者が直訳した（ロドリゲス 土井訳（1955）は p.568 を参照）。

202　現代文法用語では、話し手から見て「ウチ」に属する目上の人のことを「ソト」の人に話すとき、尊敬語を用いて表現することを「身内敬語」と呼び、敬語を用いずに表現することを「身内敬語の抑制」という。

Xuri mŏximasuruua, xenjitta gonengorono votçucai catajiquenŏ gozaru.

（Rodriguez（1604-1608）fol. 167v. 影印版 p.338）

附則6

召使いが主人についてとか、子供が父親についてとか、妻が夫について
とか、そしてその反対とか、また近い親戚同士が互いに、尊敬すべき
人と話す時は、謙遜の助詞 *Marasuru*（まらする）による複合動詞、また
は謙遜の動詞を使うのが非常に普通である。その場合、話される相手が
尊敬され、その動詞が属する者は卑下される。次のように、Arima Xuri
mŏximasuruua, xenjitta gonengorono votçucai catajiqueno gozaru（有馬修
理申しまするは、先日った（xenjitta）御懇ろのお使かたじけなうござる）
（筆者訳[203]）

また、話し手・聞き手・同席者・話題の人物のうちの誰が最上位者なのか
という視点から、その変動に伴う聞き手との相対的位置関係の変化に、常に
注意を向ける必要性を説いている。（資料5参照）。

資料5.

Appendix. 5.

Quando se refere o que diz outro, ou recado se for de peßoa honrada se
referira o recado palaura por palaura aßi como elle o disse, olhando sem-
pre a dignidade da pessoa com quem se fala pera conforme a isso usar de
palauras mais ou menos corteses, & no cabo acabar com algũa particula
humilde se for diante de gente de respeito, ou com o verbo honrado de
dizer, conforme a honra que merecer.

（Rodriguez（1604-1608）fol.167v. 影印版 p.338）

附則5

他人の言うこと、あるいは、伝言に言及する際には、もしそれが名誉
ある人の言であれば、その伝言は一語一語その人が言ったように言及さ

203　土井訳は文語調で難解な点があるので筆者が直訳した（ロドリゲス 土井訳（1955）は、
　　pp.600-601を参照）。

れるであろう。常に、話し相手の地位に注意しながら、それに従ってより丁寧だったり、それほど丁寧でない言葉を使い、そして、文の終わりに、もしそれが尊敬すべき人の前であれば、何らかの謙譲の小辞をつけたり、あるいは、値する敬語法に従って、「言う（dizer）」の尊敬の動詞を用いたりして文を終わりにするのである。（筆者訳[204]）

　資料6、7からは、話題の人物が複数いて、それらの人物間に上下の関係が存在する場合の敬語使用に、細心の注意を払う必要性を読者に説いている。即ち、マリアもキリストも、ともに貴い存在であるけれども、前者を後者より上位に遇することはできない。それゆえ、マリアの動作に「参らせ」あるいは「奉り」を付けて、キリストがマリアより上位であることを示しつつ、同時に「られ」あるいは「給ふ」によって、マリアもまた尊敬に値することが示されるのである。

　　資料6.

　　Appendix. 3.

　　Quando falamos de algũa pessoa que merece honra, mas enteruem outra muyto nobre, da que he menos nobre podemos falar por *Marasuru*, por respeito da mais nobre, & acrescentar ao *Marasuru* as particulas de honra, *Rare, I, Ari*, precedendo, *Vo*, como fica dito: aßi como quando falamos de N. Senhora, ou dos sanctos respeito de Deus, ou de pessoas nobres respeito del rey, Le. Vt, *Ague mairaxeraruru. Quimino gonaixô- ni somuqui mairaxerareôzu, &c.* Vt, *Sancta Mariaua von aruji Iesu Christouo tabi- tabi daqui mairaxerareta.*

　　　　　　　　　　（Rodriguez（1604-1608）fol.163v. 影印版 p.330）

　　附則3

　　尊敬に値する人について話す場合に、他のもっと貴い方のことが話の中に入ってくると、貴さの程度の低い人について話すのには、もっと貴い方への敬意を示して *Marasuru*（まらする）を使い、また、既に述べた

―――――――――

ように、*Marasuru*（まらする）に尊敬の助詞 *Rare*（られ）や *Vo*（お）の
ついた *Ari*（あり）を添えることができる。例えば、デウスに対してマ
リアとか聖徒たちを語り、主に対して貴族のことを語る場合などの例が
ある。例えば、*Ague mairaxeraruru*（上げ参らせらるる）*Quimino go-
naixôni somuqui mairaxe- rareôzu*、（君の御内證に背きまいらせられうず）
など。例、*Sancta Mariaua von aruji Iesu Christouo tabitabi daqui mairax-
erareta.*（サンタ・マリアは御主イエス・キリストをたびたび抱き参らせ
られた。）（筆者訳[205]）

資料 7.

Appendix. 2.

Aßi como se disse da particula Marasuru, quando falamos de duas pes-
soas, que ambas merecem honra hũa mais que outra: asomenos admitte
esta particula com a honra, Rare, ou, Tamŏ. Vt, Sancta Mariaua Iesu Chris-
touo daqui tatematçuri- tamaŏ.

(Rodriguez（1604-1608）fol.164r. 影印版 p.331)

附則 2

前述の助詞 *Marasuru*（まらする）について述べたのと同様に、二人の
人について話すのに、共に尊敬する人で、一方がもう一方より上である
場合には、少し劣る尊敬の助詞 *Rare*（られ）あるいは *Tamŏ*（給ふ）を
添えたものが使える。例えば、*Sancta Mariaua Iesu Christouo daqui
tatematçuritamŏ.*（サンタ・マリアはイエス・キリストを抱き奉り給ふ。）
（筆者訳[206]）

資料 8 は、「敬意の度合い」についての記述であるが、現代語における程度
の軽い敬語「れる・られる」の使用と類似の状況が、ロドリゲスの時代にも
存在していたことが窺われる。

---

205 土井訳は文語調で難解な点があるので筆者が直訳した（ロドリゲス 土井訳（1955）は
    pp.585-586を参照）。
206 土井訳は文語調で難解な点があるので筆者が直訳した（ロドリゲス 土井訳（1955）は p.587
    を参照）。

資料8.

Appendix. 4.

Falando de igoais, ou hum pouco inferiores ausentes, ou honrados aus-
entes a quem nam tẽm obrigaçam, usara de, *Raruru*, que he amenos honra
que lhe pode dar. Vt, *Yomareta, Cacaruru, Mŏsaruru, &c*, ou de *Xineta, Xi-
naximatta, &c.*

（Rodriguez（1604-1608）fol.167v. 影印版 p.338）

附則4

同等の人、あるいは、その場にいない自分より少し地位の下の人、あ
るいは、その場にいない地位は高いが（話し手が）恩義を感じる必要の
ない人について話す際には、*Yomareta*（読まれた）、*Cacaruru*（書かる
る）、*Mŏsaruru*（申さるる）などのように、与え得る最低の敬意を示す
Raruru（らるる）を使うか、*Xineta*（死ねた）、*Xinaximatta*（死なしまっ
た）などを使うかする。（筆者訳[207]）

　厳格な身分制が確立している封建的な中世末の時代背景を考えると、人間
関係や場面によって、どのような表現をすべきか、純粋に文法事項だけでな
く待遇の仕方も取り沙汰されたと考えられる。資料1から8を分析すると、
ロドリゲスは、常に現実的な場面を提示し、具体的に人間関係を説明して、
文法事項だけでなく場面に適切な待遇表現についても詳述している。

　こうしたロドリゲスの姿勢は、布教の現場で実際に頻繁に出会う場面に即
していかに言うべきかを具体的に知りたいという宣教師からの要望に応えた
ものである。

　上記では、敬語を相手や話題の人物の身分の高下に応じた語の使い分けに
よる尊敬、丁寧の表現であるとした例を挙げたが、ロドリゲスは対蹠的な見
下げや軽蔑表現についても言及している[208]。

207　土井訳は文語調で難解な点があるので筆者が直訳した（ロドリゲス　土井訳（1955）は
　　pp.599-600を参照）。
208　ロドリゲスは、自分自身、身分の低い者、人類一般、外国人、動物などについて話すとき、
　　聞き手が身分の低い者であれば、Cūta（食うた）、Yūta（言うた）、Iytcuquru（言いつくる）、
　　Cacasuru（書かする）など助辞を付けずに単純動詞だけを使うとする。その際は、話し手自
　　身を尊敬し、支配や優越を示しながら、聞き手を軽蔑することになるとする（Rodriguez（1604-
　　1608）fol.167r-167v. 影印版 p.338参照）。

待遇表現が重視されたのは、話し言葉以上に書き言葉においてであると考えられる。ましてやキリスト教に対する迫害がひどくなってからは、文書によって布教を行うために、達意の文章を綴るという要請に応えなければならなくなってくる。

　厳格な身分制、面子や礼儀を重んじる社会では、古文書の書き方、読み方は、一段高い言語能力として評価されていたと考えられる。人生の若いうちから、長く JSL（Japanese as a Second Language）環境下で生活してきたロドリゲスなら、敬語の問題について、話し言葉と書き言葉の両方の側面から論じる必要があることに当然気が付いていたことだろう。日本語の話し言葉と書き言葉の相違に触れ[209]、『日本大文典』第3巻「書状に於ける書き言葉の文体に関する論[210]」（Tratado do estilo da escritura das cartas）の項で、書き言葉には一つ一つの書式の「型」があったこと、即ち、起請文（Quixǒmon）・誓紙（Xeixi）・竪文（Tate-bumi）・小竪文（Cotate bumi）・折紙（Voricami）・腰状（Coxijo）・礼紙（Raixi）などの例を挙げ、それぞれの敬体や役割について説明している。また「書状の礼法全般に関する若干の注意[211]」（Algūmas advertencias acerca das cortesias das cartas em geral）の項には、書状の敬語について、敬語語彙、表現形式、書式を網羅的に示し、用法、敬意の度合いについて適切な注意を促している。

　敬語という用語が登場したのが明治に入ってからであったこと一つをとっても、待遇表現まで含めた敬語研究は、それほど長い歴史を持っていないかのように思われているが、実は既に江戸時代初期のロドリゲス『日本大文典』において分析されていたのである。『日本大文典』が言及する範囲は、まさに現代の「待遇表現」全般にわたる内容であるといえる。

　次に、敬語に対するロドリゲスの認識を考察する上で、『日本大文典』の題名の意味に注目したい。即ち、『日本大文典』の原題は、*Arte da Lingoa de Iapam* であるが、arte をポルトガル語辞典で調べると、①芸術的技法、②専門技術、③方法、こつ、などの意味がある。

　『日本大文典』の内容は、日本語の文法解説が中心ではあるが、先に述べた

209　Rodriguez（1604-1608）fol.184v. 影印版 pp.389-390、ロドリゲス（1955）p.661参照。

210　Rodriguez（1604-1608）fol.189r.-19v. 影印版 pp.381-386、ロドリゲス（1955）pp.678-684参照。

211　Rodriguez（1604-1608）fol.193r-193v. 影印版 pp.389-390、ロドリゲス（1955）pp.692-694参照。

とおり書簡文と書簡の書きかたの他、発音・文章語・方言から韻文・人名、度量衡、数の数えかた、年・四季・月・日・時刻の言いかた、年号、歴代の天皇名と即位年と在位年数などにまで多岐にわたっている。arte の意味を②や③の観点から見ると、日本での生活において日本語をいかに使うかという実践的なマニュアル書ということになる。確かに『日本大文典』の広範囲にわたる内容から考えて arte には、日本語を使うことによってより生きやすくなる、日本で送る人生の指南書の意味を込めたと考えられる。

これは30年以上、日本に滞在して権力者や市井の人々と様々な思惑をもって付き合っていく中で、「スタイルとしての敬語」を身につけたからこそなし得た業績である。スタンダードな日本語に対する確かな認識の上に、敬語に関しては知識だけでなくその使い分けまでなし得るには、JSL（Japanese as a Second Language）環境にあることが絶対の条件であったと考えられる。

全巻にわたって待遇表現、即ち日本社会への認識を語った『日本大文典』は、『文典』と名づけられてはいるが、結果として、文法論というよりも、日本語史における近代語の姿を、事実として明確に描いた貴重な言語記録となっているのである。

２．ライデン大学教授ホフマンと『日本文典』における敬語

いわゆる「鎖国」政策を採っていた幕府にとって、世界の情勢をつかむための情報をもたらしていたのはオランダだけであった。そのオランダの日本学研究の中心であるライデン大学でホフマンは日本語研究を行った[212]。そこに辿り着くまでの紆余曲折を語った伝記によれば、まさに「事実は小説よりも奇なり」という諺を地でいくものであった。

では、ホフマンの日本語研究の背景にある要素を探っていく。

2.1. 時代背景

『日本語文典』の初版がオランダ語と英語で出版された1867年という年は、日本の歴史における大転換点であった。即ち、15代将軍徳川慶喜が朝廷に大政奉還を申し出る一方、王政復古の大号令が発せられて新政府が発足し、264年続いた江戸幕府が滅亡した年なのである。新政府は、翌1868年、年号を明

212　図12は、ライデン大学所蔵ホフマンの肖像画、2017年4月27日に新たに描かれて除幕式の後、初公開された。ライデン大学名誉教授 W.J. ボート氏による撮影。

図 12　**Johann Joseph Hoffmann**

治と改め、封建的な制度を打ち破り、近代日本の出発点となる政治的社会的大改革を行った。

　『日本語文典』の表紙には、下記の記載がある。

　　　支那及び日本文学の研究に寄せられたる // 御同情に対する感謝の念より // 最上の敬意を以て // 本書を // 州知事、前蘭領印度総督 // 前植民省長官 // 法学博士 J.J.Rochussen 閣下に // 捧げまつる。// 謹しみて言す。// 著者。

（ホフマン（1968）表紙）

　ロフッセン（Jan Jacob Rochussen, 1797-1871）は、1845年から1851年までオランダ領東インド[213]（現在のインドネシア）総督を務めた人物である。後述するが、ホフマンが植民省翻訳局に勤めたのが1846年から1854年であるから、ロフッセン総督の指揮のもとで様々な文書の翻訳に携り、それがこの『日本語文典』誕生へと繋がったと考えられる。

213　オランダ語では「Nederlands-Indië」、英語では「Dutch East Indies」と表記する。戦前の日本では漢語表記の「蘭領東印度」から「蘭印」の略字がよく用いられた。

　ホフマンがオランダ領東インド総督を務めた人物に『日本語文典』を捧げた背景を理解するために、当時の世界情勢を瞥見したい。

　17世紀に隆盛を極めたオランダは、英蘭戦争をはじめ4回にわたる英仏からの挑戦を受けて没落し、18世紀末にはイギリスの圧倒的優位が確立した。イギリスで生まれた産業革命は19世紀にヨーロッパの大陸部に広がり、ヨーロッパ各国は生産した製品を販売する相手国を求めた。そこで列強各国は武力を投じてアジア諸国を植民地化する方向に転じたため、オランダ領東インド会社は1799年に多大な債務を抱えて解散、19世紀のオランダ領東インド統治はいわゆる強制栽培制度に象徴される植民地統治に変貌した。

　東アジアに目を転じれば、アヘン戦争が清の敗北に終わり、南京条約が結ばれたのが1842年である。この頃のオランダはベルギー（南部ネーデルランド）の独立（1830年）によって税収が激減[214]、深刻な財政危機に陥り、オランダ領東インドからの収入で辛うじて財政破綻を免れているという状態であった。日本国内では、モリソン号事件[215]などにより幕府内の対英緊張が高まっていた。

　幕府は、欧米の中で唯一オランダに対して貿易の権利を与える代わりに、西洋諸国の様子を報告させる「オランダ風説書[216]」の提出を義務づけた。これは鎖国体制の幕府が、世界各地の時事情報を知るための貴重な情報源であった。もちろん「唐船」や潜入した宣教師、イギリスやロシアの使節、帰還した日本人漂流民などからの情報も入ったが、それらは単発的なもので、欧米勢力についての詳しい情報が定期的に入ってきたのは「オランダ風説書」からだけであった。1842年の風説書に、アヘン戦争については追って別段に報告する旨が記され、「別段風説書」も届けられるようになった。1846年以降の「別段風説書」には、アヘン戦争にとどまらず世界中の事件や地誌の詳し

214　ベルギーは工業先進地域で人口も多かったため、その喪失は税収に大きな損失をもたらした。

215　幕府が異国船打払令（1825年）を出して鎖国体制を守り抜こうとしている中、1837年アメリカ商船モリソン号が、漂流した日本人の送還と日本との通商開始を交渉するため、江戸湾入口に来航したところを撃退された事件。モリソン号はアメリカ船籍であったが、中国駐在のイギリス貿易監督官の意を受けて日本に派遣されていた。また日本では「モリソン」を船の名ではなくイギリス人の名前だと誤解され、イギリスの脅威と見なされた。

216　三代将軍家光の末期1650年頃から始まり、欧米主要国との通商条約締結（1858）の前年まで続いた。オランダ交易船は毎年初夏の季節風に乗り、ジャワのバタビアから3、4週間かけて長崎に渡来し、秋口からの季節風に乗ってバタビアに帰るので、風説書は、半年から一年遅れの世界の情報を載せて毎年届けられた。

い報告が書かれている。

　風説書を提出するオランダ商館長と、受け取って翻訳する長崎奉行配下のオランダ通詞の間では、情報伝達の過程で、オランダ語と日本語という二つの言語がぶつかりあい、様々な情報操作や情報遮断、誤解やミスコミュニケーションがあったであろう。松方（2007）は、「言語的にも文化的にも世界観の上でもオランダの文法で書かれている情報を、いかに日本の文法に書き直して伝えるべきか、あるいは伝えてはならないのか[217]」情報操作がなされたと考え、風説書に関する事実関係を史料学的見地から実証的かつ動態的に再検討している。

　上述のような歴史的背景と、ホフマンがオランダ翻訳省に属する役人である点を鑑みると、ホフマンの日本語研究が学術的発展のためにだけ用いられるわけではなく、オランダ政府が政治的に利用するであろうことを、ホフマン自身、了承していたといわざるを得ないだろう。

2.2. ホフマンの生涯と業績

　ホフマンの生涯において、最も運命的であったのは、シーボルト（Philipp Franz Balthasar von Siebold, 1796-1866）との出会いである。古田（2004）は、ホフマンが就いていた職種と人との出会いを区切りにして、その生涯を6期に分けている。

　本研究では、存命中については（1）シーボルトと出会う前と、（2）シーボルトの助手時代、（3）植民省翻訳局時代、（4）ライデン大学正教授時代の4期に分け、さらに、（5）没後も加えて記述する。なお、日本語研究史におけるホフマンの位置を明らかにする上で特筆すべきことについては、幸田（1962）、宮永孝（1984）、杉本（1999）、吉田（2004）、ボート（2009）を参考にした。

（1）シーボルトと出会う前（1805-1830）

　ホフマンは、1805年（文化2年）、ドイツのヴェルツブルグ（Würzburg）に生まれた。下級官吏の子弟ながら十分な初等中等教育を受け、同地の大学を出たとされている。

　ライデン大学初代サンスクリット教授でホフマン伝を書いたヨハン・ヘン

217　松方（2007）p.14。

ドリック・カスパル・ケルン（Johan Hendrik Caspar Kern, 1833-1917）は、ホフマンの青春時代の日記にホーマーやキケロの引用文があると記している。このことから、ホフマンは、学生時代にギリシャ・ラテンの古典文学に親しんだものと思われる。

　卒業後、ホフマンは、天性の声を生かしてオペラ歌手の道に進んだ。このときの経験は、その後言語学者として歩んでいく上で大いに役立ったと思われる。即ち、オペラ歌手として職業上音感が磨かれたことから『日本語文典』では、多くの語にアクセントがつけられ、音韻の項にはアクセントに一項が割かれている。また、オペラ歌手であったことから、ヨーロッパ諸国を遍歴することになり、その結果、シーボルトと知り合って研究者への道が開けたのである。

（2）シーボルトの助手時代（1830-1845）

　1828年シーボルトが帰国に際し、国禁の日本地図を持ち出そうとしたことから多くの幕吏や鳴滝塾門下生が処罰されたシーボルト事件により、シーボルト自身も国外追放処分になった。1829年にシーボルトは帰国し、翌年7月、ベルギーのアントワープのホテルに泊まっていた。ホフマンはこのホテルの娯楽室で、ドイツ語にオランダ語やフランス語、マライ語を交えて話していたシーボルトの声を聞き、その訛から、自分と同郷の者であろうと推測した。しかもその話の内容から、この声の持ち主が日本で数年を過ごしたことがわかり「日本においでだったのならシーボルト博士をご存じありませんか」と問うた。この問いがきっかけとなって、シーボルトに従ってライデンに赴き、日本語研究を志すことになった。

　ホフマンは、シーボルトの専業助手として『NIPPON[218]』の編纂を手伝う傍ら、シーボルトの助手で中国人の郭成章（Kô-Tsing-Tsang, 1802–1845?[219]）から中国語の指導を受けた。次に日本人が中国語を習うために作った参考書

218　副題は次の通りである。"Archiv zur Beschreibung von Japan und dessen Neben- und Schut-zländern : Jezo mit den südlichen Kurilen, Krafto, Kooraï und den Liukiu- Inseln, nach japan-ichen und europäischen Schriften und eigenen Beobachtungen bearbeitet."（日本とその隣国、保護国－蝦夷・南千島列島・樺太・朝鮮・琉球諸島－の記録集。日本とヨーロッパの文書及び自己の観察による）

219　郭成章は、中国の広東大埔県の人で乾坤草堂主人と号し、中国語・マレー語でシーボルトを助けた。シーボルトは来日する以前のジャワ島で郭成章を知り、そのまま日本・オランダでも彼を雇った（宮崎（2007）p.52参照）。

を逆の方向から用いて日本語を習得した。その後、日本語の研究を続けながら定期的にシーボルトが出していた『NIPPON』に翻訳や論文を載せた。

『NIPPON』編纂における3人の役割分担について、古田（2004[220]）は、シーボルトが全体の構想と独文の校閲、郭成章が複製本の実際の下書き・製版、ホフマンが日本語の独訳を担当したのではないかという見解を出している。

幕府が、異国船打ち払令を撤回し薪水給与令（1842年）を発令した際、シーボルトの助手であったホフマンが、日蘭交渉に与えた影響について、興味深いエピソードがある。前述の松方（2007）を参考にして紹介しよう。

薪水給与令を受けたオランダの日本商館長ピーテル・アルバート・ビックは、幕府がオランダにそれを諸外国に通達するよう求めていると理解し、その対処の指示をオランダ領東インド政庁に求めた。ビックの報告を受けた総督のピエール・メルクスはそれを本国植民省に伝え、植民大臣ジャン・C・バウトは国王の親書を「日本の皇帝」（将軍）に宛てて送り、日本が置かれている危険な状況について警告し、危険を避けるように忠告するべきだと国王に進言した。国王はこれを裁可、親書が送付された。これに対し、日本の幕府からは「和蘭摂政大臣」宛ての漢文で書かれた返書が発給された。バウトは返書の蘭訳をシーボルトに依頼した。シーボルトは、助手のホフマンに翻訳させ、それに基づいて自らの意見をバウトに伝えた。バウトはそれを受け、薪水給与令は日本が開国へ向かって政策を転換することを意味するものではなく、排外的な体制は今後も堅持されることを確認した。そこで、オランダは性急な貿易利益拡大の追求は避けるべきであると国王へ報告し、そのとおり実行されたのである。

もしもホフマンの的確な日本語訳がなければ、オランダは薪水給与令を開国への第一歩と勘違いして対応することになり、歴史が大きく変わった可能性がある。日本学者としての顔だけでなく、国際政治に関わるホフマンの一面を示すエピソードである。

（3）植民省翻訳局時代（1846-1854）

シーボルトの助手という不安定な待遇にかねてから同情していたフランスの東洋学者スタニスラス・ジュリアン（Stanislas Julien, 1799-1873[221]）が、1846年、ホフマンをイギリスのキングスカレッジの中国学教授として推挙し

220　古田（2004）p.143。

た。オランダ政府はホフマンを引き留めるため、オランダ植民省所属中国語並びに日本語の翻訳官に任命したので、ホフマンは収入も安定し、シーボルトからも一歩離れることが可能になった。この機会に『NIPPON』の編集協力も事実上、打ち切ったようである。

　翻訳官を勤めながら日本と中国の研究を続け、日本関係の翻訳では『養蚕秘録』（仏文）（1848）、中国研究では『中国文典入門』（1846）、『中国詩抄』（1848）などの著作がある。1849年には王立学術文学芸術院（Royal Institute）の一員に任命された。

（4）ライデン大学正教授時代（1855-1878）

　1855年ライデン大学に日本語講座が置かれることになり、ホフマンが初代正教授に任命された。

　ホフマンは、オランダ商館長クルチウス（J. H. Donker Curtius, 1813-1879）との共著で、1857年『日本語文典稿本』（Proeve Eener Japansche spraak-kunst[222]）を刊行した。共著とはいっても、長崎から送られてきたクルチウスの原稿を大幅に加筆し、多量の注釈やコメントを付けて自分の学識を盛り込んだため、量と質においてこの書の主導権はホフマンにあったといえる。

　その加筆修正の様子について、筆者はオランダ、ライデン大学図書館に旧蔵の原物を手に取って調査する機会を得た（JSPS科研費　16H00015の助成を受けたことによる）。その際に撮影したものの一部を図13として掲載する。

　ライデン大学では、オランダ王立図書館やGoogleと連携して所蔵資料のデジタル化作業を実施してきており、筆者が調査した『日本語文典稿本』（Proeve eener Japansche spraakkunst）3種類のうち、特に付箋や書き込みの多いものはデジタル公開されている。そこで、デジタル公開されていないもので、ホフマンが加筆修正を多く加えている本[223]を選択した。

221　宮永（1990：791-792）によると「当時既にヨーロッパにおける中国学の大家としてゆるぎない地位と名声を得ており、指導的立場にあった」ジュリアンは、「20年の長きにわたってホフマンのより良き理解者」であり、ホフマンの「恵まれぬ境遇に栄誉を授けようと尽力し」て、ロンドンのキングス・カレッジに新設予定の中国語講座の教授に推薦した。イギリスからの招聘によって頭脳が流出するのを阻止するため、オランダ国王がホフマンをオランダ政府の日本語翻訳官に任じることになり、ホフマンは学問を続けるための時間と資力を得ることができた。

222　1857年出版（フランス語訳は1861年に出版）。

223　表紙下部にLtk.593MAATSCHAPPIJ　DEI　NEDERLANDSE　LETTERKUNDEと書かれたラベルが貼ってあるもの。

書き込まれた文字の筆跡や訂正の仕方などからホフマンの几帳面な性格が窺われる。

　こうしたホフマンによる膨大な加筆と緻密な修正は、クルチウス著の改訂版の出版という運びにはならず、ホフマン自身が1867年に出版したJapansche Spraakleer『日本語文典』に反映されることとなった。

　他の業績は、文字について書かれた『ひらがな日本の草書』(*Firagana or Japanese running handwriting*, Leiden, 1857年初版、1861年再版) と『漢字活字のカタログ』(Catalogus Chinesche matrijzen en drukletters, Leiden, 1860)、話し言葉について書かれた『蘭英和商用対話集』(Winkelgesprekken in het hollandsch, Engelsh en Japansch, Shopping-Dialogues in Dutch, English and Japanese, 1861) がある。

　1862年、ホフマンは福沢諭吉ら幕府の一行とのパリでの会談において初めて日本人と直接会った。この会談は主に筆談に頼った。翌年に来た留学生の中で、津田真一郎 (1829-1903[224])、西周助 (1829-1897[225]) らがライデンに残ることになり、彼らの協力によって、日本語の発音を細かくつけた『大学』

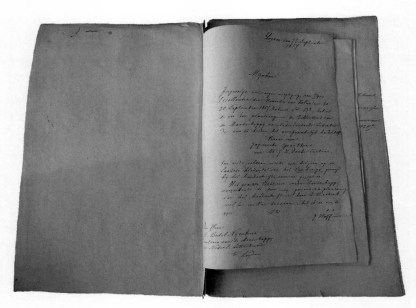

図13　『日本語文典稿本』(*Proeve Eener Japansche Spraakkunst*) 表紙の次に手作りのページを差し込んでいる部分

（*The Grand Study*, 1864）が出版された。これは、ヨーロッパ人による漢文訓読体の本格的紹介としては初めてのものである。

　ホフマンがオランダに来た日本初の留学生や軍艦廻航員の通訳をし、彼らとの接触を通して日本語学の研究を進めたことは、澤太郎左衛門（1834-1898）の日記や西周の伝記、『日本語文典[226]』からも窺える。

　また、留学生の一人である赤松則良（1841-1920）はホフマンに『雅言集覧[227]』を贈っている。これがホフマンの懇望を入れて日本に注文を出して取り寄せたものなのかどうかは判明していないが、留学生を通じて日本の書物を入手していたという事実があったことは確かである（宮永1990[228]）。

　ホフマン自身の日本語研究の集大成といえる『日本語文典』は、1867年から1877年までの間にオランダ語、英語、ドイツ語版で次々と出版された。翌78年に『日本語文典』第一補遺として『日本研究』（*Japanische Studien*, 1878）が出され、同年、ハーグ（Hague）で死去した。結局、日本を訪れることはなかった。

（5）没後

　ホフマンは、日本語とオランダ語の辞書（*Japansch–Nederlandsch woordenboek*）の草稿を残したが、出版には至らず、その原稿は、写本のままライデン大学の付属図書館の書庫に眠ったままとなった。没後、国の助成金を得た日本語専攻の弟子のセリュリエ（Lindor Serrurier, 1846-1901）によって、1881年に第1巻（頭音にAを持つ語）と第2巻（頭音にOを持つ語）が、

224　明治初期の官吏、法学者。美作国（岡山県）津山藩士。後の名前が津田真道。西周とオランダに留学、1865（慶応1）年に帰国後、開成所教授。1868（明治1）年『泰西国法論』を訳刊、明治政府の法律の整備に貢献した。同6年明六社に参加。東京学士院会員、貴族院議員。

225　幕末・明治の蘭学者、哲学者。男爵。石見国（島根県）の人。維新後は周（あまね）と名乗る。1862（文久2）年のオランダ留学後、開成所教授となる。幕命によって万国公法の翻訳を大成。維新後、明六社に参加、西欧文明の紹介に努めた。東京学士会院院長、元老院議官を歴任。主著「百一新論」「致知啓蒙」「利学」など。

226　初版英文本p.15、オランダ本pp.15-16。

227　古語用例集。石川雅望著。「い〜か」の6冊は1826年、「よ〜な」の3冊は1849年刊で、それ以降は写本で伝わったが、1887年に『増補雅言集覧』として刊行された。平安時代の仮名文学書を中心に、記紀万葉や『今昔物語集』及び『文選』などの漢籍の古訓などからも古語の用例を集めて、いろは順に配列し、ときに簡単な語釈を施す。擬古文などをつくる際の規範とするために編集されたものである。古代語の語彙のほとんどを網羅し、用例、出典も詳しく示してあって、古語の研究には有益である。

228　宮永（1990）p.806。

1892年に第3巻（頭音にBを持つ語）が、ライデン（Leiden）のE.J. Brillから刊行された。しかし、1867年に、ヘボンの『和英語林集成』が出版され、既に高い評価を得ていたので、アルファベット順に編纂し直さざるを得なくなり、完結することはなかった[229]。

多彩な研究業績を残したホフマンは、日本学者（Japanologist）と評価されたが、その基礎は言語研究にあったといえる。

その言語に対する非常に真摯な研究態度は、『日本語文典』「緒言」の冒頭の文に現れている。即ち「この（中略）日本語文典は、（中略）全くの創作であり、この種の他の作品で、現在既に存在しているものの焼き直しや模倣ではない。多年に亘る日本文学研究の結果として、日本語の書き言葉、または、書物の言葉の姿を、日本の古代に存したままに、その輪郭を画くとともに、その現在のありのままの姿をも画いた[230]」と記述されている。

さらにホフマンは、中国語や朝鮮語にも通じていた。『NIPPON』の中に、日鮮関係の歴史などを取り上げた論文も載せている。『日本語文典』「緒論」においても、日本語と中国語との関係を論じ、日本語研究と中国語研究との一体化の必要を説いている。こうした研究態度は、日本語の研究をするに際しても、中国、朝鮮を含む東アジア全体の中で捉えることを可能にした。『NIPPON』に寄せた論文についても、その対象は歴史、言語、宗教、さらに植物学、山繭、磁器の製造、暦、天地会（中国の秘密結社）についてまで幅広い分野に及んでいる。

雨宮（1973）は『日本語文典』について「その組織的な点、その提示的な卓見を有する点に於いて空前の名著である。また後年公表されたアストンの『日本文語文典』（*Grammar of Japanese Written Language*）や、チェンバレンの『日本語口語入門』（*Colloquial Japanese*）などの先駆をなしたことに於ても大いに注意すべきものがある。（中略）この文典はただに後年の泰西諸学者の研究に貢献、刺激を与えたに止まらず、現今、本邦知名の学者にも非情な影響啓発を与えた」と評価している[231]。

ホフマンの碑文には「彼は日本語と日本文学の研究の礎を築いた人物であり、その業績により学問史の年譜に永遠に彼の名をとどめるであろう」と書

229　三澤（1972）に、ホフマンの日蘭辞典の編纂の事情が詳しく述べられている。
230　ホフマン（1968）「緒言」
231　雨宮（1973）p.29。

かれているという[232]。その短い文言に、ホフマンの業績が象徴的に表わされているといえよう。

　上述のとおり、ホフマンは『*NIPPON*』に日朝関係の歴史などを取り上げた論文を載せたり、『日本語文典』において日本語研究と中国語研究との一体化の必要を説いたりしていることから、日本語研究を東アジア全体の中で捉えようとしたことがわかる。

2.3. ホフマンの言語観

　ヨーロッパ人であるホフマンが、その文法概念を形成した背景には、ロドリゲスと同様、根底にはラテン語の文法体系があり、その影響は免れないだろう。但し、ロドリゲスから250年以上の時間がたち、近世から近代へと時代が推移していることから、ホフマンの日本語についての文法概念形成を分析するには、ラテン語文法の影響だけでなく、歴史的視点を持つ必要がある。

　実際、ホフマンが日本語習得にあたって、先達であるロドリゲスやコリャードの残した文法書を参考にしたことは『日本語文典』に多くの引用をしている点から疑いない。しかし、日本語に対峙する姿勢については、彼らとは一線を画している。筆者はそのことを示すホフマンのメモ書きをオランダ、ユトレヒト大学図書館で発見した。図14は、同図書館において未整理のまま保存されている紙片の中から現物を取り出し撮影したものである（JSPS 科研費16H00015の助成を受けたことによる）。

　ホフマンの筆跡でオランダ語で書かれた上記のメモをテキスト化すると次のようになる[233]。

　　In eene uitvoerige beoordeling van de Jap. grammatikas van Rodriguez
　en Collado zal ik niet treden. Wie het Jap. zoo maghtig is, dat hij een boek
　in die taal leest en een gesprek daarin voert［解読不可能］, zal *kunnen* be-
　grijpen wat beiden van hun standpunt uit bedoelen. Wie nog geen Jap
　kent, ~~zal~~ *heeft* het van Rodr.[iguez] en Coll.[ado] *niet geleerd* ~~nimmer leeren~~
　en zal het nimmer leeren. Rodr.[iguez]　gr. kan onmogelijk het *1* Resultaat

---

232　富田（1992）p.517。
233　下線、文字の上の線は、ホフマン自身によって書かれた。一番下の紙片のみ鉛筆書き、それ以外はペン書きである。ホフマン手書きのオランダ語について、ホフマン研究者 Steven Hagers 氏の解読に感謝する。

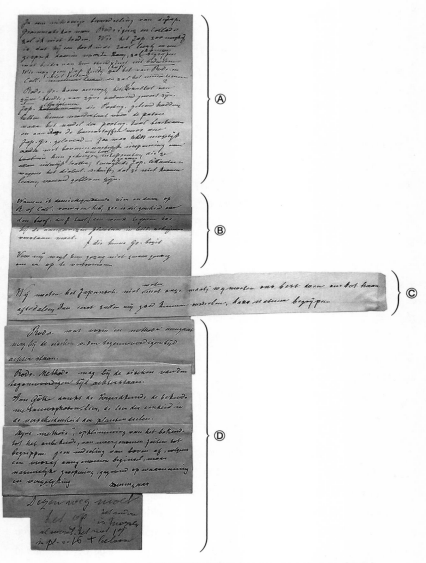

図14　ユトレヒト大学図書館所蔵のホフマンによるメモ（全体）

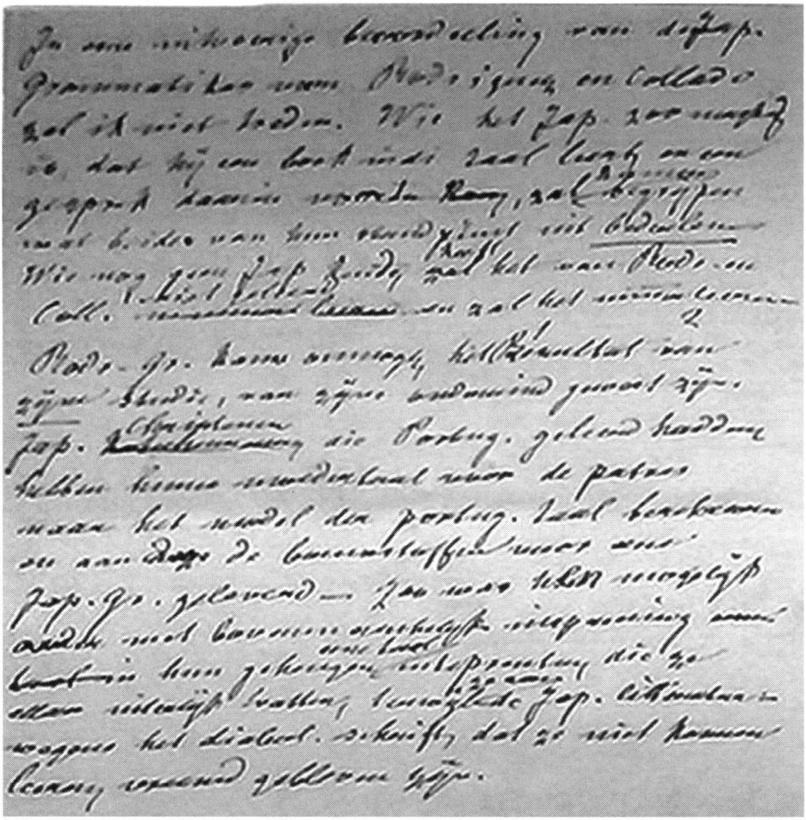

図15　ユトレヒト大学図書館所蔵のホフマンによるメモⒶの部分

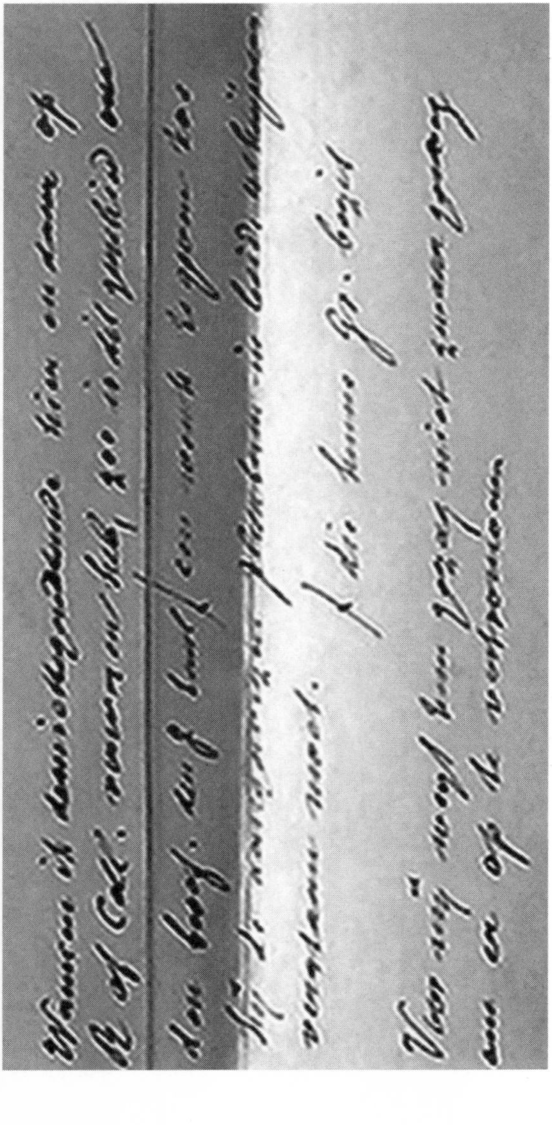

図16　ユトレヒト大学図書館所蔵のホフマンによるメモⒷの部分

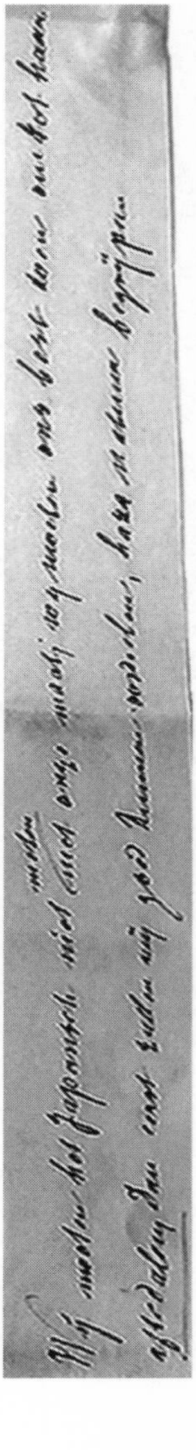

図17　ユトレヒト大学図書館所蔵のホフマンによるメモⒸの部分

124

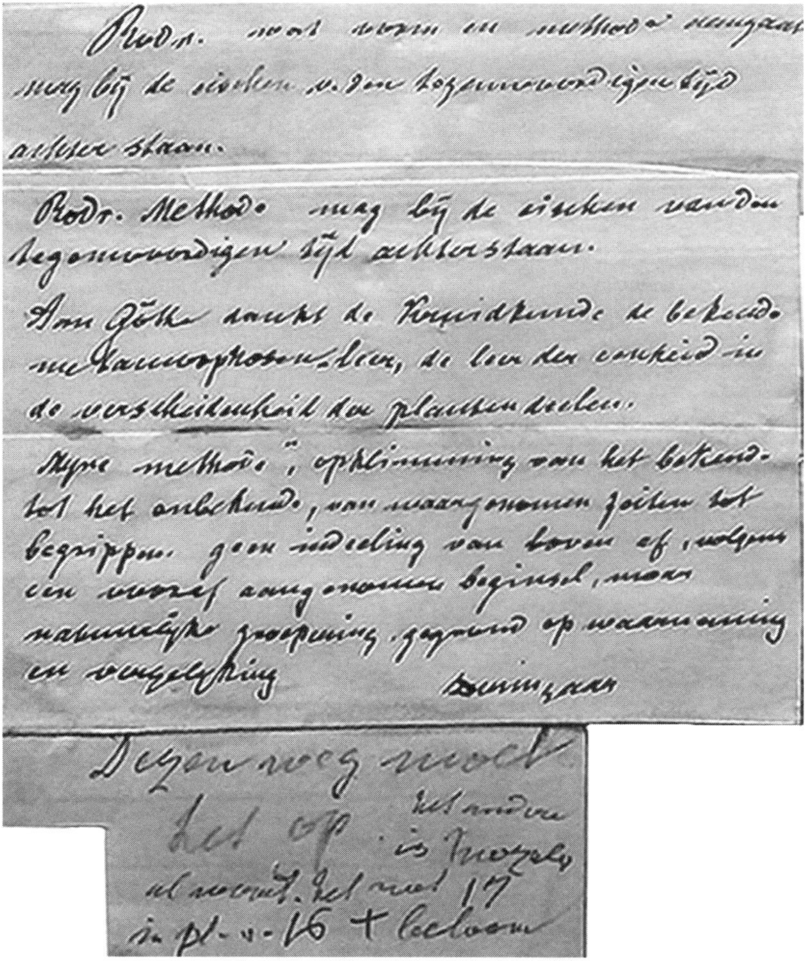

図18　ユトレヒト大学図書館所蔵のホフマンによるメモⒹの部分

2 van zijne studie, van zijne ondervind geweest zijn. Jap. ［解読不可能］

Christenen die Portug. geleerd hadden hebben hunne moedertaal voor de patres naar het model der portug. taal beschreven en aan deze de bouwstoffen voor eene Jap. gr. geleverd – Zoo was hen mogelijk met bovenmenschelijke inspanning ［解読不可能］［解読不可能］ in hun geheugen *eene taal* inteprenten die ze alleen uiterlijk 'vatten', onmogelijk *ze aan* de Jap. litteratuur wegens het dialect. schrift, dat ze niet konnen leeren, vreemd gebleven zijn.

Wanneer ik desniettegenstaande hier en daar op R. of Coll.[ado] verwezen heb, zoo is dit geschied om

----

den beoef. der J. taal† een wenk te geven hoe hij de aangewezen plaatsen in beide schrijvers verstaan moet.

　　　　　†die hunne gr. bezit

Voor mij weegt hun gezag niet zwaar genoeg om er op te vertrouwen

----

Wij moeten het Japansch niet *meten* met onze maat, wij moeten ons best doen om tot haar aftedalen. Dan eerst zullen wij goed kunnen oordeelen, hare natuur begrijpen

----

Rodr.[iguez] wat vorm en methode aangaat mag bij de eischen v. den tegenwoordigen tijd achter staan.

Rodr.[iguez] Methode mag bij de eischen van den tegenwoordigen tijd achterstaan.

Aan Göthe[= Goethe] dankt de Kruidkunde de bekende metamorphosen-leer, de leer der eenheid in de verscheidenheid der plantendeelen.

Mijne methode ", opklimming van het bekende tot het onbekende, van waargenomen feiten tot begrippen, geen indeeling van boven af, volgens

een vooraf aangenomen beginsel, maar natuurlijke groepeering, gegrond
op waarneming en vergelijking 　　　　　　　　［解読不可能］

Dezen weg moet het op. het andere is ［解読不可能］ al ［解読不可能］
(vergeefs?) het ［解読不可能］ 17 in pl. v. 16 + beloom

　ホフマン作成の上記のメモは、各々違うときに書かれた 7 枚の小さな紙を
糊付けすることによって一つの手稿として成立している。このメモの最初の
部分を読むと、日本語研究の先達者であるロドリゲス及びコリャードが著し
た文法書についてホフマンがそれほど高くは評価していなかったことがわか
る。
　キリスト教布教を目的とする日本語習得のための研究を評価できない理由
として、ホフマンは方言を話す日本語母語話者からの情報をもとにしている
からだと述べている。当時の日本社会において下層階級に属する方言使用者
は書き言葉についての知識がなく、汎用性のある日本語の例文には使えない
と考えたのであろう。
　キリスト教布教者の立場に立てば、「聴罪師」及び「説教師」としての役割
を果たす必要性から下品だとされる方言卑語、あらゆる位相にわたる日本語
こそが習得すべき価値を持っていると捉えられていたのは前述のとおりであ
る。日本語研究の目的の違いが、例文の作り方に正反対の考え方をもたらし
たといえよう。
　最後の部分で、ホフマンは日本語研究についての展望を次のように述べて
いる。

　　我々は、我々の基準で日本人を評価してはならない。我々は、彼らの
　基準に合わせるよう最善を尽くさなければならない。そうしたときだけ、
　我々は日本人をよく判断し、その性質を理解するだろう。（筆者訳）

　ホフマンは、日本語文法構築のために西洋文法をそのままあてはめるので
はなく、日本語の母語話者の基準に合わせる必要があることを早い段階で自
覚していたことが確認できる。

2.3.1. 言語研究におけるダーウィン「進化論」の影響

　ホフマンの生きた時代において特筆すべきは、1859年にダーウィン（Charles Darwin, 1809-1882）によって『種の起源』（*On the Origin of Species*）が出版されたことである。彼が唱えた自然淘汰の進化論は、生物学者のみならず、社会全体にも大きな影響を与えた。

　進化論登場前の時代に生きたロドリゲスは宣教師でもあり、人類が神に対して罪を犯したために神が人類に罰を下すよう言語を分裂させたという有名な「バベルの塔」の伝説（旧約聖書、創世記第11章）を堅く信じていたことであろう。しかし、科学としての言語学が誕生、確立した19世紀に生きたホフマンなら、当然、ダーウィンが動植物に適用した進化の理論を言語の歴史に適用したことは想像に難くない。

　筆者のこの考えは、次の小林（1933）の記述からも裏付けられると思われる。

　　類には語族、種には方言、変種には小方言、個体には個人の話しぶりが応じ、言語の領域に於いても漸次的文化による発生や生存競争による保身の現象が適用されていると彼は考えている。彼の方法論は、言語学にとっては重要なもので彼の考えには主観的要素を多分に混じへていたが、言語史の発展をば在来のような考え方以外にも考える可能性もあるということを示した点で価値あるものである。

（小林（1933）p.70）

　上記引用文における「彼」とは、比較言語学者のシュライヒャー（August Schleicher, 1821-1868）を指している。シュライヒャーは、神学を学んだ後、印欧語（特にスラヴ語）を専攻し、印欧語族の比較文法を大成して以後の言語学に大きな影響を残したドイツの言語学者である。シュライヒャーは、言語は生物に準えられ競争を経て変化していくものであるとし、1853年、言語を生物と同じ手法で分類した上で系統樹にしてまとめた。このシュライヒャーの言語系統樹説は後の印欧語研究に決定的な影響を与え、ダーウィンの進化論によって補強されて、現代まで続く比較言語学の基本的な考えとなっている。

　ここで、再度、前掲のユトレヒト大学図書館で発見したホフマンのメモを分析しよう。ホフマンはこのメモにゲーテの「植物変容論」を取り上げてい

る。メモの最後の部分には次のように書かれている。

　　　ゲーテは、変容（植物の一部分の多様性の中の一致の理論）について、
　　植物学に有名な説を打ち立てた。私の方法、それは、既知のものから未
　　知のものへ、認められた事実から初期に採用された概念（上からの分類
　　ではなく、認識と比較に基づく自然なグループ化以外の概念）へ這い上
　　がっていくためには、この方法でやっていくべきだ。（筆者訳）

「植物変容論」は、自然現象の観察に重きを置いて原理・法則を追究し「形
態学」（Morphologie）を創始したゲーテ（Johann Wolfgang Goethe, 1746-
1832）が、1790 年に刊行した *Versuch die Metamorphose der Pflanzen zu erk-
lären*『植物のメタモルフォーゼ試論』と題する書物の中で、展開した理論で
ある。
　同書には、植物を構成する諸器官はすべて葉（blatt と呼ぶ基本組織）が変
形（メタモルフォーゼ）したものであるという考え方が記されている。ホフ
マンが、特に共鳴して 7 枚の紙片にメモをしたと考えられる部分をゲーテ
（2009）の中から 2 か所挙げておこう。

　　　植物は（中略）いつも同一の諸器官が多様な使命をもって、しばしば
　　変化した形態で、自然の指令を成就するのである。茎において葉として
　　拡張し、最高に多種多様な形態をとった同一の器官が、萼において収縮
　　し、花弁においてまた拡張し、生殖器官において収縮し、最後に果実に
　　おいて拡張するのである。

　　　　　　　　　　　　　　　　　　　　　　　　（ゲーテ（2009）p.198）

　　　われわれは、発芽し開花する植物の一見異なっている諸器官をすべて、
　　唯一の器官、すなわち葉から説明しようとしてきた。普通葉はどの結節
　　からも発達してくる。同様に、その種子をしっかり内部に閉じ込めてお
　　くのが常である果実をも、あえて葉の形態から導き出そうとした。

　　　　　　　　　　　　　　　　　　　　　　　　（ゲーテ（2009）p.199）

　ホフマンは、言語学を他の科学の分野にもあてはめ、言語も生物の系統図
のように分類が可能であり、進化論に基づいて変化して生き延びたり淘汰さ

れたりし、特定の部分がすべての働きに繋がる作用があるというように、非常に大局的な言語観を持っていたと考えられるのではないか。

　ホフマンが言語研究を続けたのが、シュライヒャーの系統樹、ダーウィンの進化論、そしてゲーテの植物変容論と19世紀を席巻する革新的な理論が次々と打ち立てられていく環境下であったことは特筆すべきことだろう。ホフマンによる近代日本語の書き言葉の文法の構築、体系化は、ロドリゲスの時代の日本語研究とは根本的に違っていることが明確である。この点については、次に登場するシュタインタールとともに、ホフマンの文法概念形成の背景の項で詳しく述べる。

2.3.2. シュタインタールの言語研究による影響

　上述した、シュライヒャー、ダーウィン、ゲーテの理論の影響以外にも、ホフマンの日本語研究の背景として看過できないのは、19世紀前半から、ヨーロッパにおいては日本語への関心が高まったということである。その背景について、杉本（1999）は、「ヨーロッパで中国語研究が盛んになったことや、日本語をウラル・アルタイ語、とりわけアルタイ語族の一つとして満州語や蒙古語と日本語を比較考察する方法がかなりすすんでいた[234]」という。また、1825年、ランドレスによってロドリゲス『日本小文典』のフランス語訳がパリで出版されたことも、広く関心を呼ぶきっかけとなった。

　ホフマンが系統論を常に意識していたことは、『日本語文典』の冒頭から日本語と中国語との関係から説き起こしている点からも窺われる。「一般的の性質から言えば、日本語と蒙古語・満州語とは、確かに同族関係にあるといえる。しかし、日本語の発達という面から言うと全く独自なもの[235]」であるという書き始めには比較言語学、及び東洋学の影響が見られる。

　このように、ホフマンの日本語研究の根底にある研究方法と思想に比較言語学の影響が見られるというのは、『日本語文典』「第七章　動詞」の冒頭に次の語句が引用されていることからも裏付けられる。

　　Man begreift nichts, dessen Entstehung man nicht einsieht. ─Steinthal─

234　杉本（1999）p.409。
235　ホフマン（1968）p.1。

　何事もその起源を洞察しないでは、何も把握できない。―シュタイン
タール―（筆者訳）

　ホフマンは比較言語学者シュタインタール（Hermann Steinthal, 1823-
1899[236]）に心酔していたといわれている。比較言語学を用いての日本語研究
は、日本語の根源、生い立ちを探索し、究明することを必須とする。そこで
ホフマンが用いた資料は、日本語の原典、即ち、日本の古典漢籍（漢文訓読
資料）であり、これら原典の内容を理解するために、源順『和名鈔』、谷川士
清『和訓栞』、寺島良安『和漢三才図会』などが参考文献として用いられた。
　ライデン大学図書館には、ホフマンが日本語研究に用いた日本書籍が保存
されている。筆者は、奥田（2013[237]）に記載されたホフマン旧蔵書目録試案
に沿って全書籍を確認した。それらの書籍のページ余白部分にホフマン自身
の筆跡と見られる書き込みが多数ある。一例として谷川士清著『和訓栞前編』
改装9冊のうちの第1冊、見返し部分[238]と「あ」の部の一部を撮影したもの
を図19、図20に掲載する。
　『和訓栞』は古今の和語の意味や成立ちを論じた辞書で、ホフマンが日本語
研究の最大の拠り所とした辞書であるとされているだけあって本の上部余白
に学習の跡が見受けられる。他の蔵書についても同様の書き込みが多数あり、

236　ドイツの言語学者、哲学者。1850年、ベルリン大学で言語学と神学の講師に任命された。
　　フンボルト（Wilhelm von Humboldt, 1767-1835）の弟子。1852年から1855年までパリに駐在
　　して中国研究に専念し、1863年、ベルリン大学の助教授に任命された。1872年から、旧約聖
　　書の歴史や宗教哲学におけるプライベート講師もした。フンボルトを継ぎ、言語哲学的な研
　　究を行い、心理学的な方法を言語研究に導入し、諸言語を構造的タイプによって分類した。
　　当時、ドイツ、フランスの心理学界を支配していたヘルバルト（Joh Friedrich Herbart, 1776-
　　1841）の経験的心理学の感化を受け、この経験心理学派の解説によって、抽象的なフンボル
　　トの学説を、具体的に平明化し、「言語の分類」 *Die Classifikation der Sprachen, dargestellt als*
　　die Entwickelung der Sprachidee"（1850）、「文法及び論理学と心理学」 *Grammatik Logic und*
　　Psychologie"（1855）、「心理学及び言語学序説」 *"Einleitung in die Psychologie und Sprachwis-*
　　senschaft"（ib. 1871; 2d ed. 1881）等の著書を残した。その中の *"Grammatik Logic und Psy-*
　　chologie"（1855）には、言語はその発展の中においてのみ捉えられるものであるから「言語
　　を論理学と結びつけることは全く不可能であり、それは心理学とのみ結びつくものである
　　（p.217）」と述べられている。ヴント（Wilhelm Wundt）、ラーツァルス（Moritz Lazarus）と
　　共に「民族心理学」（Völkerpsychologie）を創始し、社会心理学の先駆となった。
237　奥田（2013）pp.119-143。
238　見返しには "Dr. J. Hoffmann at Leyden with compliments of Guido F. Verbeek Nagasaki. 1Nov.
　　1861.By the kindness of L.de Vogel. Esq." とインク書きがある。ホフマンは贈呈を受けた本に
　　はその旨を記載している。

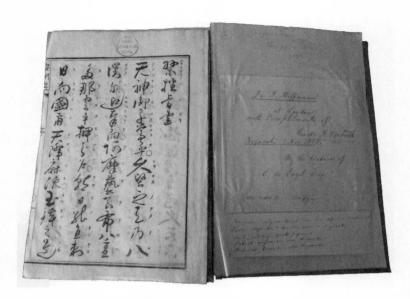

図19　谷川士清『和訓栞』前編　第1冊　表紙見返し部分

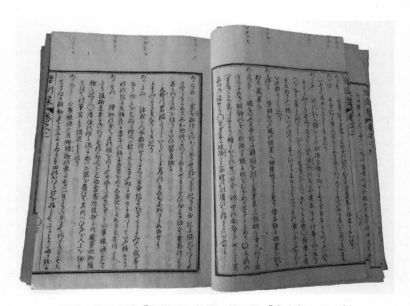

図20　谷川士清『和訓栞』前編　第2冊「安之部」の一部

ホフマンの言語学習には書込みの方法が採られていたことがわかる[239]。

2.3.3. ホフマンの文法概念形成の背景

　上記のとおり、18世紀の比較言語学の時代から19世紀のより科学的な言語学へと移行する言語学発展の時代に生きたホフマンの日本語文法概念の形成過程は、本質的にロドリゲスとは全く異なる。ホフマンの文法概念がロドリゲスのそれと大きく違う要因は、シュライヒャーの系統樹、ダーウィンの進化論、ゲーテの植物変容論、言語学という学問分野の発達、日蘭交流の中で手に入れた資料、JFL（Japanese as a Foreign Language）環境における制約、キリスト教を払拭した研究動機などが考えられる。

　では、具体的にホフマンの文法概念がどのようなものであったのかについて明らかにするために、まずは『日本語文典』の構成を見てみよう。

Preface

Contents

Introduction

Etymology, nature and inflection of words

Chapter Ⅰ Nouns

Chapter Ⅱ Pronouns

Chapter Ⅲ The Adjective

Chapter Ⅳ Numerals

Chapter Ⅴ Adverbs

Chapter Ⅵ Words expressive of relation (postpositions)

Chapter Ⅶ The Verb

Appendix

Distinctive Verb and Verbal Forms Expressive of Courtesy

Chapter Ⅷ Conjunctions

Appendix

239　『和訓栞』の前編は、1860年前後に長崎のオランダ領事館に勤務したフォーヘル（Lois Cornelis Jan Albert de Vogel）がオランダ系アメリカ人宣教師のフルベッキ（Guido Fridolin Verbeck, 1830-1898）から預かり1861年にホフマンに届けられた。中編は、1860年代後半から1870年前後に、やはり来日したオランダ人によって届けられたものと思われるが、複数の可能性があり、特定できていない（奥田（2012））。

　日本語の文法に関するホフマン自らの考えは、1857年、クルチウスの『日本語文典稿本』が刊行される際、その補説において既に発表しているが、その10年後に出版された『日本語文典』では、さらに考えを深め、整理する時間が十分にあったわけである。この間、ホフマンの文法概念に影響を与えたこととして考えられるのは、オランダに来た日本人と直接面談できたこと、及びブラウンの会話集が出版されたことが挙げられるだろう。

　前者については、「諸言」で「本書はまた話し言葉についての著者の観察をも含んでいる。これは著者が1862年以来、仏国、英国、特に和蘭において日本人と交際したことが、この観察をなす幾多の機会を与えたのである」と述べられている。これは前述した西周助や榎本釜次郎（1836-1908，後の榎本武揚）など幕末の和蘭伝修生や遣欧使節団の随行員などを指している。

　後者については、同じく「諸言」で次のように述べている。

　S.R. BROWN 氏は1863年、最高の貢献である Colloquial Japanese, or Con- versational Sentences and Díalogues in English and Japanese を公にしたが、その Introductory remarks on the grammar は私の方法に基礎を置いているだけでなく、少しの例外はあるが、その全範囲にわたり、私

の方法に従っている。

（Hoffmann（1868）「緒言」より　筆者訳）

　ホフマンは、自らの日本語分析方法が、諸学者によって太鼓判を押された
ことに自信を得て、その後の文典編纂における方針をゆるぎないものとした
と考えられる。

　「緒論」には、日本語と中国語との関係、日本語研究に中国語研究の必要な
こと、書記体系の考察、漢文漢語の日本への伝来、中国語の書記体系の日本
語への応用、日本独自の文字体系（片仮名・平仮名）、日本語の音韻組織、表
記上の記号、子音の観察、アクセントとリズム、一般的な平仮名のこと、書
き言葉、話し言葉、品詞、日本語の配列構成など、多岐にわたって述べられ
ている。

　「品詞論」において8品詞に分類し、それぞれに1章を割いているが、特に
第7章「動詞」に関する記述が全体の6割を占めている。それは「動詞」の
章に、助動詞や敬語等を含めたためである。

　ロドリゲスが名詞について、性、数、格による屈折のない日本語を説明す
るために名詞 Dominus の屈折の表を例に挙げたことは前述した。ホフマンは
「われわれの語尾変化（declension）に従って排列すると次のように制限され
る」として下のように記述している。

Nominative (subject) and vocative……

Accusative…………………………… ヲ wo

Genitive……………………………… ガ ga (pronounced nga,na), among
inexact writers often カ ka

Qualitative…………………………… ノ no, old-japanese also ナ na and ツ
stu, originally tu.

Dative and terminative……………… ヘ ve, he or エ ye, e（wards）
ニ ni（in, at）, ト to（to）.

Index of the relation of the place,
Means and Instrument……………… ニ ni, テ te.
ニテ nite デ de（pron. nde）

Ablative……………………………… ヨリ yori, カラ kara（out, from）.

（Hoffmann（1868）p.61）

（訳文）

主格（主語）と呼格……………………

対格（直接目的語）…………………… ヲ wo

属格………………………………………… ガ ga（発音 nga, na）、正確でない
著述家は度度カ ka と書く。

性質的属格……………………………… ノ no、古代日本語もまたナ na 及
びツ tsu、本来は tu

与格と方向指示………………………… ヘ ve、he またはエ ye, e（…の方
へ）ニ ni（…において、…で）ト
to（…まで）

場所の関係の指示

位格・方法・手段の指示……………… ニ ni、テ te
ニテ nite、デ de（発音 nde）

奪格………………………………………… ヨリ yori、カラ kara（…から）

（ホフマン（1968）p.74-75）

ホフマンもロドリゲスと同様、名詞を格変化としてまとめている。やはり、ヨーロッパ人である以上、ラテン語の影響をすっかり取り去ってしまうことは無理なのだろう。

しかし、明らかにロドリゲスと違う点は、シュタインタールの影響を受けている点である。即ち、属格「ガ」について「主語を示すものではない」（Ga, no index of the subject.[240]）と述べた上で、ハとガの違いを説明するため、「雪が降る」と「雪は降る」を例に挙げ、前者は「雪の落ちてくることがある」という意味だが、後者は、「雪についていえば、雪は降りつつある」という意味で、雪は、雪の述語「降る」にかかる限定としている[241]。

The degrading of the subject to attributive genitive of the predicate is a phenomenon, that commonly occurs in the Altaic languages, and in the Chinese also, plays an impor- tant part.

（Hoffmann（1868）p.65）

---

240 Hoffmann（1868）p.64。
241 Hoffmann（1868）p.65。

　　主語がその資格を失い、述語の連体的な属格となるのは、アルタイ語
　　族では普通に現れる現象であって、中国語においても重要な役割を果た
　　している。（筆者訳）

　ここで注目すべきは、上記引用文中の that commonly occurs in the Altaic
languages の後に、脚注 Steinthal, *Charakteristik*, p.186（シュタインタール『言
語諸構造』186頁）が付されていることである。*Charakteristik* とは、シュタ
インタールの著書『言語構造の主要類型の特徴』（*Charakteristik der
hauptsächlichsten Typen des Sprachbaues,* 1861）を指している。同書186頁には
「どんなアルタイ系言語も主格を持たない」（Keine altaische Sprache hat einen
Nominativ）という記述があり、ホフマンは、このシュタインタールの考え方
に基づいていることがわかる。つまり、『日本語文典』においては日本語の文
法的な分析に、比較言語学の方法を応用しているのであり、この点がロドリ
ゲスと決定的に異なる点である。
　さらに、発音についての注意書きがなされ、特に、鼻濁音に注目している
ことが窺われる。
　次に動詞であるが、態（Voices）として、意味、機能から、自動詞、他動
詞、作為動詞の三つに分け、それぞれを肯定動詞形と否定動詞形の二つに分
けている（§64）。§68では「総ての動詞根は e または i で終る。（中略）e に
終る幹母音無変化のものと、i に終る幹母音変化のものとであり、ある者は e
に終わる規則活用、i に終わる不規則活用と呼ぶ[242]」と述べ、動詞を３種に分
けている。日本語の古典文法における活用名をあてはめ、§86においてホフ
マンが例として挙げた動詞をあてはめると下記の表４になる。
　表４に記載した３種の動詞の例「開ける」「見る」「行く」の変化形一覧表
の一部を表５にして次に挙げる（§86参照）。
　表５は、さらに、直説法、終止形、名詞形と連体形、過去、未来と続いて
いる。
　語根形を表示する方式はロドリゲスを受け継いでいるが、ロドリゲスが法
や時制、態などの項目ごとに動詞の変化を示したのに対し、ホフマンは命令、
方向指示、譲歩形といった、意味や機能ごとに変化を示している。
　語根「開け」の命令形に、「開けよ」「開けい」「開けろ」とバリエーション

242　ホフマン（1968）p.270。

があるからといって、そのまま「行き」にもあてはめて「行けよ」「行けい」「行けろ」と機械的にあてはめたところが、ロドリゲスと違い、JFL（Japanese as a Foreign Language）環境で研究したホフマンの弱点であったことがわかる。

表4　動詞の種類と例

屈折動詞（幹母音変化活用）	語根がi（イ）に終わる→四段活用	行く
無屈折動詞（幹母音無変化活用）	語根がe（エ）に終わる→下二段活用	開ける
	語根がi（イ）に終わる→上一段活用	見る

（筆者作成）

表5　「開ける」「見る」「行く」の変化形一覧表

	nondeflecting conjugation.		deflecting conjugation.
	ROOT-FORM, declinable.		
	AKE, open	MI, see	YUKI, go
Imperative=Vocative	ake, open.		yuke, go!
	ake yo,	miyo, see	yuke yo,
	ake i		yukei,
	ake ro	miro	yukero,
Terminative	ake ni, to opening, to open	mini, to seeing, to see	yukini, to going, to go,
Instrumental. Modal(Gerund)	akete, by opening	mite, by seeing, seeing	yukite (yuite), by going, going.
Isolated	akete va	mite va	yukite va
	akete wa,	mite wa	yukite wa
	as one opens	as one sees.	as one goes.
Concentive	akete mó	mite mó, though one sees	yukitemó, though one goes.
	though one opens		
With suffixes definitive of time	aketekara	mite kara,	yukite kara
	aketeyori	mite yori,	yukite yori
	aketenotsi	mite notsi	yukite notsi
	ahter the opening	after the seeing	after the going.
Local, isolated	akeba		yukeba
Concersive	akedomo		yukedomo
	though one opens		though one goes

（Hoffmann（1868）p.233）

2.4.　ホフマンの敬語観

　ホフマンの日本語敬語に対する見解で、最も印象的に表現されていると思われるのは、『日本語文典』第7章、Appendix（付録）Distinctive Verbs and Verbal Forms Expressive of Courtesy（礼譲を表わす独特な動詞と動詞形式）にある次の文章である。ここでホフマンは、オランダ語版で hoffelijkeheid、英語版で courtesy と表される事象（下線を引いた箇所）が、特権階級から下層階級まで「法律で決められたかのように」浸透している国民を「地球上（中略）見出す事ができない」と驚いている（資料9参照、上からオランダ語版、英語版、その日本語訳の順に記載した）。

　資料9.

　§111. De hoffelijkheid in taal en schrift bepaalt zich in Japan niet tot de bevoorrechte hoogere kringen der maatschappij; sinds eeuwen in vaste vormen gegoten en, men kan er bijvoegen, door de wet geijkt, is zij tót de laagste klassen der maatschappij doorgedrongen en verspreidt over de zamenleving een waas van wederkeerige achting, die wel bij geen ander volk der aarde in gelijke mate zal teruggevonden worden.

（Hoffmann（1868）p.311, 下線は筆者による）

　§111. Courtesy in language and writing is, in Japan, not confined to the priveleged classes of society; cast ages ago in distinct forms and, we may add, stamped by the law, it has penetrated to the lowest grades of society and spread over social intercourse a gloss of reciprocal respect, which is indeed not to be found among any other people on the globe.

（Hoffmann（1868）p.311, 下線は筆者による）

　§111.　日本の詞や文字による礼譲は、日本の社会の特権階級のみ局限されたものではなく、過去の総ての時代を通じ、はっきりした形に作り上げられ、言うならば、法律で決められたかのように、社会の最下層階級にも浸透し、社交の上に、相互尊敬という潤いをばら撒いたのである。まことにこれ、日本語独特なもので、地球上他のどのような国民の間にも同じ程度のものを見出す事ができないのである。

（ホフマン（1968）p.437。下線は筆者による）

具体的には、『日本語文典』第2章代名詞の項で、敬語使用の際の拠り所を、オランダ語版、英語版のいずれでも etiquette という語で示している。本来、etiquette はフランス語であるから、オランダ語、英語にとって外来語である（資料10参照）。

　資料10.

　§8 [...] en de <u>etiquette</u> heeft, met het oog op de beteekenis der hoedanigheidwoorden, te beslissen, welke persoon met het eene of andere van deze woorden bedoeld is. De etiquette onderscheidt alleen tusschen het ik en het niet-ik, vernendert het eerste, verheft het andere. Het is dus de beteekenis, die bij deze klasse van woorden het eerst in aanmerking komt, alvorens het gebruik, dat de etiquette er van maakt, wordt aangewezen.

（Hoffmann（1867), p.73, 下線は筆者による）

　§8 [...] in the third person, and <u>etiquette</u>, having in view the meaning of words expressive of quality, has to determine, which person, by one or another of these words is intended. <u>Etiquette</u> distinguishes only between the "I", and the "not-I", it abases the one, and exalts the other. Thus, it is the meaning, which in this sort of words comes first under notice, before the sse, that etiquette makes of it, is indicated.

（Hoffmann（1868）複刻版、東洋文庫、p.73。下線は筆者による）

　§8（前略）第三人称であるものも、<u>礼儀作法</u>に依って、性質を表す言葉の意味を考え、どの人称を用い、これらの言葉のうち、どんな言葉を使って表わすかを決めねばならない。礼儀作法は「我」と「我に非ざる者」とを区別するだけで、ある者を軽卑し、他の者を称揚する。斯くして<u>礼儀作法</u>が作り出した使用法が示される前に、これらの性質を表わす言葉のうちで先ず注意されたのはその意味であった。

（ホフマン（1968）p.92。下線は筆者による）

　また respect（英）は、オランダ語版では achting が使われ、courtly（英）は、オランダ語版では hoffelijke が使われている。オランダ語の hoff は「庭園」という意味から「宮廷」を指す。つまり「礼儀正しさ」「尊敬」は、宮廷

での作法と関連付けられよう（資料11参照）。

資料11.

§67. Persoon en getal komen bij het verbum niet in aanmerking, dewijl de grammatische onderscheiding van drie personen (ik, gij, hij) even als die van enkelvoud en meervoud aan de taal vreemd gebleven zijn. (Zie blz. 73 en 53).

In de plaats eener grammatische onderscheiding treedt eene qualificerende, in't oog vallend door de keuze van het werkwoord, waardoor de spreker zijn eigen zijn of handelen van dat wan een ander person onderscheidt, maar in 't oog vallend vooral daardoor, dat hij het augmentatieve voorzetsel *On* of *O*, dat op het veld der pronomina eene zoo drukke rol vervult (zie blz. 75), ook aan het werkwoord toevoegt, zoodra de werking die het uitdrukt,van een' anderen person, dien hij <u>achting</u> toedraagt, uitgaat of, is het een toestand, aan dezen toegekend wordt. Het gemis eener grammatische onderscheiding van drie personen wordt door de wijze hoe een <u>hoffelijke</u> spreker zijn eigen zijn of doen en dat van anderen qualificeert, ruimschoots vergoed.

In een Aanhangsel tot dit Hoofdstuk is de wijze, waarop de hoffelijkheid zich uit in werkwoorden, nader toegelicht.

（Hoffmann（1867）p.198, 下線は筆者による）

§67. Person and number are not noticed in the verb, where the grammatical distinction of three person (I, thou, he) as well as that of singular and plural, have remained foreign to the language. (see pp.73 and 53).

Instead of a grammatical distinction, a qualifying one steps in, noticeable by the choice of the verb, by which the speaker distinguishes his own being or acting from that of another person, but particularly noticeable, because he adds the augmentative prefix *On* or *O*, which plays so important a part in the domain of the pronouns (see p.75), to the verb also, as soon as the action that it expresses, proceeds from a person, to whom he bears <u>respect</u>, or is a condition imputed to that person. The want of a grammatical distinction of three persons is fully made good by the manner in which a courtly speaker qualifies his own being or acting and that of another.

The way in which courtesy expresses itself in the verbs, is further explained in an Appendix to this chapter.

（Hoffmann（1868）複刻版、東洋文庫、p.198。下線は筆者による）

§67. 動詞では、人称と数とは注意されない。単数と複数との区別と同じように日本語では、文法上三つの人称（私・君・彼）の区別も全く関係のないもののように考えられてきた。（73頁と53頁参照）

この文法上の区別の代わりに、意味を限定する方法が登場する。まず注目されるのは、動詞を選ぶ事に依る方法で、話者はこれで自分の存在や動作を外の人のそれらと区別する。特に注目すべき事は、話者は言葉の意味を増大させる接頭辞 on（おん）または o（お）を加える事である。これらの接頭辞は、代名詞の範囲では重要な役割を演ずるのであるが（p.75参照）、動詞の場合もそうであって、その動詞の表わす動作が、話者の尊敬している人に依って始められるとか、またはその人に負うところが多いとかいうような状態になっていると、直ぐに重要な役割を演ずるのである。文法以上三つの人称の区別の欠如は、礼儀正しい話者が、自分自身の存在や行動を、外の人のそれらと区別して限定表現する作法に依って、全く補われるのである。

動詞において、礼譲がどのように表現されるか、その方法に就いては、本章の資料（§111）において詳しく説明する。

（ホフマン（1968）p.269、下線は筆者による）

さらに、資料12（緒論から抜粋）から *ataksa* という語彙を遊女が用いる一人称として認識していることがわかる。

この一人称「あたクさ」について、ホフマンがどこで知り得たのか、書かれていない。引用文献の記載がないので、推測の域を出ないが、遊女の一人称が話題となったとき、シーボルトが、正式な妻ではなく、日本滞在中限定のパートナーであった「おたきさん」の話をしたのかもしれない。シーボルトの発音では、「おたきさん」の「お」が「あ」に、「き」が「く」に聞こえ、「ん」は聞き取れなかったのではないだろうか。即ち、シーボルトが「おたきさん」と発音し、それをホフマンは「あたクさ」と聞き取ったのではないか。それがなぜ一人称とホフマンが認識したのかはわからないが、ここにも、JFL

環境での研究の限界が痛感される。

　　資料12.

　　[...] tot het verkeer met het beschaafde gedeelte der natie, waarmede de vreemdeling zich toch stellig op ééne lijn zal willen plaatsen, opent hej zich den toegang alleen door de algemeene beschaafde spreektaal, en naar deze dient hij om te zein. Hij zal dan, om een voorbeeld op te nemen, voor "ik" het woord *watákusi* gebruiken, even als de gentleman en de koopman van *Yédo*, en niet, in plaats daarvan, het "*wátski*" of "*wasi*", van den kruijer of het "*watási*" en "*watái*" van eene disnstmeid overnemen, of zich in een uit de wijk *Yosihara* overgewaaid "*ataksa*" verheugen.

(Hoffmann（1867）p.40)

　　[...] to intercourse with the well educated part of the nation, with whom the foreigner will certainly wish to place himself on a level, he gains admittance only by means of the general polite spoken language, and for this he must look about him. To take an instance, he will then use the word *watákusi* for "I", just as the gentleman and merchant of *Yédo*, and not accept the porter's "*wátski*" or "*wasi*", or a servant-maid's "*watási*" or "*watái*" instead, or please himself with the *ataksa* from the district of *Yosihara*.

(Hoffmann（1867）p.40)

　　よく教育された人達―外国人はこれらの人達と同じレベルに彼ら自身を置き度いと願っているのは確かである―と交際するには、一般的なまた丁寧な言葉によってのみ許されるのであるから、この為には、慎重に周囲に気を配らなければならない。そうすれば、例えば、江戸の紳士や商人などの言うように、自分のことに*watákusi*（わたくし）という言葉を使い、かつぎ人夫のwatski（わチき）またはwasi（わし）、下女のwatasi（わたし）またはwatai（わたい）などは用いないだろうし、吉原からの*ataksa*（あたクさ）を使って喜ぶような事はしないだろう。

（ホフマン（1968）pp.47-48)

資料13の下線部には、「1862年、和蘭で筆者はこの規則の若干の例外を知っ

た」という脚注がつけられている。この脚注の意味は、「西洋以外には、文化
の進んだ礼儀正しい国はないと思っていたが、例外として西洋ではない日本
という国があった。このことは1862年、パリで福沢諭吉ら幕府の一行との会
談[243]によって知りえたことだ」という認識を示したものである。

　　資料13.
[...] de spreektaal is meer omslagtig en wijlooopig; het natuurlijk gevolg
van de haar opgelede taak om de regels der wellevendheid, welke den
vorm van het gezellig verkeer onder de verschillende standen der
maatschappij bepalen, na te komen.

　　Deze regels eischen van iedereen eerbiedige beleefdheid jegens zijne
meerderen, naauwgezette hoffelijkheid jegens zijnsgelijken. Bij een volk,
dat, zoo als het japansche, bij de Westershe tatiën den naam ban het meest
geciviliseere en hoffelijkste van den aardbodem verworven heft, staat te
verwachten, dat ook zijne conversatietaal dit karakter uitdrukt, en, dit is
zoo: de gemeenzame spreektaal is eene aaneenschakeling van beleefd-
heidsvormen en gaat zelfs zoo ver, dat iemand, die er niet onder groot ge-
bragt is, haar niet, op zijn zachtst uitgedrukt, van overdrijving vrijspreken
zal.

　　　　　　　　　　　　　(Hoffmann (1867) pp.40-41, 下線は筆者による)

[...] the conversational is more circumstantial and diffuse; the natural con-
sequence of the task laid on it of coming up to the rules of good-breeding,
which prescribe the form of social intercourse in the different ranks of so-
ciety.

　　These rules require from every one respectful politeness to his superi-
ors, strict courtesy to his equals. From a people that, like the Japanese, has
obtained among the Western nations the reputation of being the most civi-
lized and most courteous on the earth, it is to be expected that its conver-
sational language should express that character, and this is the case: the
language familiarly spoken is a concatenation of courtly expressions and

---

243　ホフマンにとって、初めて日本人と直接会った記念すべき会談で、主に筆談に頼った。

goes even so far, that a person, who has not been brought up with it, will not, to use the mildest expression, acquit it of exaggeration.

　　　　　　　　　　　　（Hoffmann（1867）p.40, 下線は筆者による）

　会話の言葉は、その場次第のものであり、散漫なものである。これは、それぞれに異なった社交に定められている躾という規則に従わねばならない会話の言葉の任務として、自然の結果であると言える。
　　この躾という規則はあらゆる人に、長上に対する尊敬深き丁寧と、同位の者に対する厳格な礼譲とを要求する。また、西洋諸国の間にあって、最も文化の進んだ国民、地球上で最も礼儀正しき国民、― 日本人のような ― なら、その会話の言葉がその国民の品性を表現すべきであるという事が期待される。そしてそれは実際にあてはまる事である。親しく話された言葉は丁寧な言葉の連鎖である。なお進んで、こうした言葉に依って躾けられなかった人は最も温和な言葉を使おうとしないだろうと言っても誇張ではあるまい。

　　　　　　　　　　　（ホフマン（1968）p.48、下線は筆者による）

　遣欧使節団の随員、市川清流[244]は、ホフマンについて、その随行記「尾蠅欧行漫録」の中で次のように書いている。

　「年齢五十有餘、此ノ人漢籍ヲ学ビ、又頗ル日本ノ語ヲ解ス、近来著作日本文典筆談及一二説話ス、靴ヲ隔テテ痒ヲ掻クノ思ヒハ免レザレドモ（中略）、又此人余ニ短翰ヲ贈ル、其文ニ曰、大日本御使和蘭国ニ参ル時、「ホフマン」ハ日本友ダチニ和蘭ノ贈リ物ヲアゲマショウト望ミマス」

　　　　　　　　　　　　（宮永（1984）pp.131-132）

　JFL（Japanese as a Foreign Language）環境で学習したハンディが窺われる文章である。しかし、「文法事項としての敬語」を駆使している点、漢籍の素養があったことなどが読み取れる。
　また、資料14には、受動態での表現が尊敬を表すことになることが述べら

244　1861（文久１）年、松平康直の従者として文久遣欧使節の一員となる。1863（文久３）年１月帰国し、ヨーロッパでの見聞をまとめ『尾蠅欧行漫録』として公刊。

れている。

資料14.

§112 Ter voldoening aan den eisch, die den pesoon buiten den spreker
niet als zelfhandelend en dus niet als onmiddellijk met minderen in aan-
rakeng komende voorstelt, wordt, gelijk gezegd is, de bedrijvende vorm
van het praedicaatsww. eenvoudig vervangen door den passieben vorm,
zonder — en hierin is het eigenaardige der uitdrukking gelegen, — ee-
nige wijziging in de constructie van den oorspronkelijk actieven zin te
brengen (verg. §90, 2).

(Hoffmann（1868）p.312)

§112 to satisfy the demand, which represents the person beyond the
speaker not as acting himself and thus as not immediately coming in con-
tact with persons of lower station, the active form of the predicate verb is,
as it has been said, simply superseded by the passive form, without —
and here is the peculiarity oh the expression, — introducing any modifi-
cation in the construction of the original active proposition meaning (com-
pare § 90, 2.)

(Hoffmann（1868）p.312)

§112　話者以外の人が、自分自身で動作するのでないように、また、
下位の者と直接関係を持たないように表現しようとする要求を満足させ
るためには、既に述べたように、述部動詞の能動形が受動形に取って代
わられるだけで―ここに表現の特徴がある。―もとの能動的な文の構成
には、何等の変化も加えられない。（§90.2と比較せよ。）

(ホフマン（1968）p.438)

ホフマンは、一度も来日することなく、シーボルトが収集した資料と、後
年は数名の日本人留学生らとの交流の中から、言語学者として客観的な観察
眼で日本語を分析した。それはダーウィンの進化論を言語学に応用し、言語
も生物と同様に生成、発展するものと捉え、日本語敬語を文法の観点から科
学的に分析する方法である。つまり、その研究対象は「文法事項としての敬

語」であったといえる。

　それは、例えば、1862年日本の外交使節団がロッテルダムに着いたとき、歓迎会場の庭にホフマンによって建てられた旗に「よく御出」と書かれてあったというエピソード[245]からも裏付けられる。オランダ語の Welkom を訳したものであるが、日本語で日常生活を送る機会がなかったことから滑稽な訳になりつつも、相手への敬意から「御」を使っている点などは、文法研究を中心に日本語を観察したことが窺われる。

３．外交官アストンと『日本口語文典』『日本文語文典』における敬語

　19世紀までのヨーロッパ人による日本語敬語研究の事例としてロドリゲス『日本大文典』、ホフマン『日本語文典』について詳しく述べてきたが、彼らを含め、当時のヨーロッパ人は皆、日本語を分析する際、西洋文法の枠組みを日本語にあてはめるところから始めた。

　しかし、アストンだけは、漫然と従来の手法をあてはめるのではなく、来日後、師事した国学者から学んだ日本人の伝統的な研究を取り入れ、西洋文法と国文法を融合させて日本語研究を進めた。その研究は、西洋第一のスタイルではなく、江戸時代の国学者による国学的スタイルを柔軟に取り入れた内容となり、それまでのヨーロッパ人による日本語研究史の流れを変えたといわれる（古田1974［2010c］・1978［2010d］、杉本1999、吉田2007・2008）。

　本章では、その経緯を明らかにし、アストンが、これまでのロドリゲスやホフマンによる研究の集積の方向性に画期的な転換をもたらしたことを論証する。

3.1.　時代背景

　1868年、徳川幕府から明治新政府に政権が移り、外交交渉の主体も入れ替わった。その４年前、幕府が瓦解し始めるまさに大混乱の中、アストンは来日した。

　アストンが日本に滞在した1864年から1889年までの25年間は、黒船来航から始まる変革の時代から、明治維新によって誕生した新政府による創業の時代を経て、立憲政治、富国強兵、近代化をめざす新しい日本の建設の時代ま

245　市川（1992）p.95。

図 21　William George Aston

で、すべてが目まぐるしく変化した期間である。その期間、通訳官、外交官として、国と国の間で互いに異なる論理や思惑がぶつかり合う外交交渉に臨んできたのである。外交文書の作成には「一方の当事国の言語の既存の語彙や構文法ではうまく表現できなかった内容を、新たな語彙や構文法を加えることによって表現しなければならない必要も生じてくる。ここにその言語の近代化の契機が存する[246]」という。まさに日本語の近代化に職務として関わった通訳官、外交官であるアストンの言語観は、この時代だからこそその特徴を反映したものとなったと考えられる。

3.2. アストンの生涯と業績

　関・平高編（1997）は、日本語に出会って研究に取り組んだ西洋人について時系列に言及する中で、アストンを「イギリスにおける学究の徒・外交官」という題を付して取り上げている[247]。これは外交官という社会的属性が彼の日本語研究の土台であったことを表している。

246　清水（2013）「はじめに」より。
247　関・平高編（1997）pp.118-119。

　福井（1934［1981a］）は、国学者「堀秀成[248]」の項の中でアストンを取り上げている[249]。明治維新直後、急速に海外の文物が流入してきた反動で一部に保守的傾向が強まり、「古風の洋學者が洋式反動の文典を講説したり出板する[250]」勢力が台頭した。アストンが師と仰いだ堀秀成（1819-1887）はその中心であり、「洋式風の語學を嫌[251]」っていたという。アストンの研究姿勢に堀秀成の影響があることを念頭においておく必要があるだろう。

　幕末、明治の激動の時代を日本で過ごしたアストンの生涯と業績については、関・平高編（1997）、コータッツィ・ダニエルズ編（1998）、杉本（1999）、楠家（2005）を参考にして概観を述べる。

　1841年にアイルランドに生まれたアストンは、1859年に地元のクイーンズカレッジ（Queen's College）に入学して言語学を学び、古典学の成績優秀者として金牌を授与され、近代言語学の修学により文学士、及び文学修士の学位を取得した。このように青年期に研究者に必要な基礎学力をしっかり身につけたからこそ、後に「単なる外交官、通訳ではなく、（中略）宣教師たちによる実用性一点張りとは異な[252]」る日本語研究を行うことができたと考えられる。

　1864年、イギリスの日本公使館通訳生（Student Interpreter）として来日し、領事館の業務が遂行できるよう日本語習得に励んだ結果、1869年には『日本口語文典』、1872年には『日本文語文典』を公刊するに至った。

　1875年から1882年まで江戸公使館書記官補を務め、同時に1880年から1883年まで兵庫領事代理となった。1884年、朝鮮国総領事に転じ、その年の12月ソウルで開催された晩餐会に出席中、いわゆる甲申政変[253]に遭遇したが無事に会場を脱出した。1886年、再び日本に赴任し東京公使館付日本語書記官となった。外交官として日韓を行き来したアストンは幕末明治期の対日・対韓

248　楠家（2005）、吉田（2007）によれば、アストンは、国学者の堀秀成に学んだ。堀秀成は、幕末から明治にかけて活躍した国学者・神官。主に音義説の研究にあたった。伊勢神宮や金毘羅宮に招かれ神道の隆盛に努めた。『日本語学階梯』『日本語格全図』『音義本末孝』をはじめ、神道や言語学関係の著述は百余種に及ぶ。
249　福井（1934［1981a］）pp.174-181。
250　福井（1934［1981a］）pp.175。
251　福井（1934［1981a］）pp.176。
252　杉田（1999）p.577。
253　1884年（甲申の年）朝鮮の独立と政治改革をめざして日本の援助を頼む独立党（開化派）が、閔妃一派（事大党）に対しソウルで起こしたクーデター。清軍の軍事介入により失敗した。

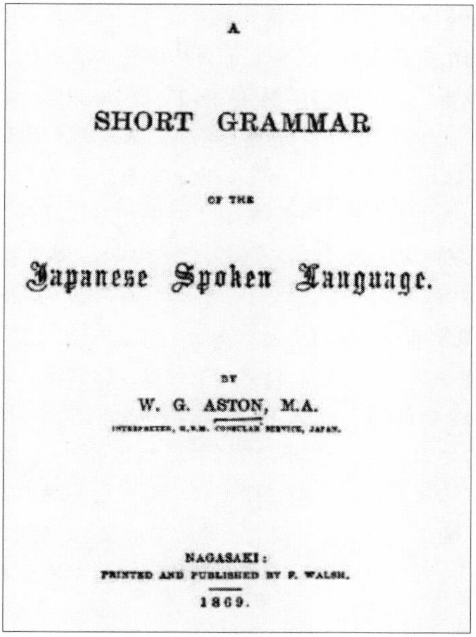
A

SHORT GRAMMAR

OF THE

Japanese Spoken Language.

BY

W. G. ASTON, M.A.

INTERPRETER, H.B.M. CONSULAR SERVICE, JAPAN.

NAGASAKI:

PRINTED AND PUBLISHED BY F. WALSH.

1869.

図22　アストン『日本語口語文典』初版本

交渉にあたり功績を残す一方、日本語と朝鮮語の両方に習熟し、日本学者としてもその名声を馳せた。

1889年に帰国した後も日本研究に没頭し、1896年『日本書紀』を英訳した。同書は現在も刊行されており海外の日本研究者に利用されている。1899年に刊行した『日本文学史』は、同年にイタリア語、1902年にフランス語、1908年に日本語に翻訳された。1905年に出版された『神道』が最後の著作となり、1911年に亡くなった。

死後、9,500冊から成る膨大なコレクションがケンブリッジ大学図書館に譲渡されたが、その範囲は詩歌、小説、歴史、神道、地誌、戯曲など広い分野に及び、日本語と日本文学関係の著述は後世に大きな影響を与えた。

3.3.　アストンの言語観

アストンがなぜ西洋文法と国文法を融合させることに思い至ったのか、その研究姿勢に、当時の時代背景やアストンの経歴が絡んでいることを示唆するものはあるが、西洋における言語学の成立、発展の歴史との関係に注目し

たものはない。未知の言語を体系的に研究していく場合、必ず時代の制約や研究者の立場、当該学問分野の成熟度などが複雑に絡んでいる点を考慮して資料を読み解いていくという本研究の方針に従い、アストンの日本語研究に対する功績についても、それらの要素を総合的に考慮して客観的に評価していく。

3.3.1.　近代文法論への問題提起

　19世紀はヨーロッパ中心の言語観が支配的な時代であり、動詞の活用、品詞の分類、語順の法則、時制など、印欧語全体の文法形式が言語解釈の基準とされていた。そのため未知の言語を分析する際には、印欧語についての近代文法の理論をあてはめることが暗黙の前提となっていた。

　しかし、アストンが来日した頃には、比較言語学という学問は「印欧語」という資料に恵まれたからこそ育ったのであって、そこで得られた方法が、はたして日本語のような言語タイプも資料的にもまったく違った条件にある言語に適用できるのだろうかという疑念が生まれていた。

　語の体系としても文法としても錯雑・未熟な「日本語」を国家主導による言語政策によって改良できるとして「博言学」の導入を推奨した帝国大学総長、加藤弘之（1836-1916）に対し、西周は「加藤弘之先生博言学議案ノ議」において、「文法」を興す課題と「博言学」は直接の関係はなく、印欧比較言語学という枠組みは一つの仮説であって、その枠組みに膠着語としての語族をあてはめられるのかどうか疑問だ、と批判した[254]。

　1886年、帝国大学開設に伴い博言学科が設置された際、チェンバレンが招聘され、官学アカデミズムとしての言語学の基礎が築かれた。アストンの日本語研究の時期はチェンバレンよりも前の段階に位置しており、イギリス外交官という立場上日本における行動や考え方の自由度は高いと考えられる。また、アストンはチェンバレンと違って明治政府に雇われた学者ではないので、明治政府の推進する官学アカデミズムに縛られず、江戸時代の言語学的な業績を積極的に取り入れる柔軟さを持つことができたのだろう。

　では、なぜアストンは江戸時代の日本語研究にまで目を向けることができたのであろうか。

　アストンは多くの国学者と交流しており、特にアーネスト・サトウの日本

254　西（1880）［吉田編（1974）］pp.65-70。

語教師であった古河藩士で国学者の堀秀成から、日本語の手ほどきを受けて
いた。

　こうした環境から日本古来の歌や言語を研究してきた国学の伝統を取り入
れることが可能になり、古典文語のシンタクス（構文法）を歴史的に説明し
ようと試みたのではないか。

3.3.2. 西洋文法からの脱却

　アストンが日本語の文法概念を形成していく過程で注目すべきは、日本の
伝統的な文法を従来の西洋文法の中に取り入れた点である。具体的にどのよ
うに取り入れたのかを、『日本文語文典』及び『日本口語文典』をもとに考察
したい。

　まずアストンの文法概念全体を把握するため、『日本文語文典』初版と最終
版となった第3版を比較しながら、どのような構成になっているかを見てみ
よう。

　下記は、初版と第3版の目次である。

『日本文語文典』初版（1872）

Introductory Remarks

Chapter

I.　　Writing, *Shindaiji*, *Kana* and *Mana*, *Katakana*, *Hiragana*, Pro-
　　　nunciation, Accent, Letter-changes, the *Nigori*

II.　　Classification of words

III.　Uninflected Principal words. Noun, Pronoun, Numeral, Adjec-
　　　tive, Adverb, Interjection

IV.　Inflected Principal words, Office of Inflection, Table of Inflec-
　　　tions, Principal parts of Verb, Conjugations, Irregular Verbs,
　　　Conjugation of Adjectives, Derivative Verbs, (Transitive, Intran-
　　　sitive, Causative, and Passive Verbs), Compound Verbs, Deriva-
　　　tive Adjectives, Compound Adjectives

V.　　Uninflected Teniwoha suffixed to Nouns

VI.　Uninflected Teniwoha added to Verbs and Adjectives

VII.　Inflected Teniwoha

VIII.　Auxiliary Verbs.

IX.　Syntax, Order of Words in a Sentence, *Kakari teniwoha*,
　　　Kenyōgen
　　　Chrestomathy
　　　List of Japanese treatises on Grammar
　　　Index of Japanese words

『日本文語文典』第3版（1904）

Introductory Remarks

Chapter

I.　　Writing, Pronunciation, Accent, Letter-changes

II.　　Classification of words

III.　Uninflected Principal words (Na). Noun, Pronoun, Numeral
　　　Adjective, Adverb, Conjunction, Interjection

IV.　Inflected Principal Words (Kotoba). Conjugations, Derivative
　　　Verbs, Compound Verbs, Derivative Adjectives, Compound Ad-
　　　jectives

V.　　Uninflected Teniwoha suffixed to Na

VI.　Uninflected Teniwoha added to Kotoba

VII.　Inflected Teniwoha

VIII. Humble and Honorific Verbs, Auxiliary Verbs. Verbs used as
　　　Adverbs and Conjunctions.

IX.　Syntax

X.　　Prosody
　　　Appendix, Specimens of Japanese
　　　Index

　初版の本文は全9章で115頁であるのに対し、第3版の本文は全10章で198
頁、初版より83頁増えている。第3版で改めて加えられた第10章 Prosody に
は、和歌や文学作品について論じられており、アストンが日本語に精通して
いたことがわかる。
　また、初版には、本文中にも国学者による著作が散見されるが[255]、巻末に

255　例えば、42頁には The Kotoba no Kayoi-chi という記述があるが、これは本居春庭『詞の通
　　路』を指している。

は「国文法に関する論文一覧」（List of Japanese treatises on Grammar[256]）として国学文献25点が論評とともに掲載されている。このリストには富士谷成章『かさし抄』『あゆひ抄』や本居宣長『てにをは紐鏡』『詞玉緒』など、江戸時代の国学者の日本語文法に関する文献が並び、アストンが日本の江戸期の国学者たちの国語研究を参照したことがわかる。第3版では、このリストがなくなり、その代わりに巻末に「付録」（Chrestomathy）として文章と詩歌9点[257]の日本語テキストがローマ字表記、英訳と並べて掲載されている。日本語だけでなく、日本文学の研究も進めていたアストンの成果が現れているといえよう。

　では具体的に「品詞分類」と「動詞の活用」「形容詞の活用」を分析して、国学者による伝統的な日本語研究を継承していると考えられる点を見てみよう。

（1）品詞分類についての考え方

　アストンは『日本文語文典』第3版、第2章「品詞分類」（Classification of words）において、日本語の品詞分類について次のように述べている。

　　　Japanese grammarians divide words into three classes, viz — Na Koto-ba and Teniwoha. This classification accords well with the structure of the Japanese language.（Aston（1904）p.39）

　　　日本の文法家は語を「名、詞、テニヲハ」の三つに分類しており、これは日本語の構造にかなっている。（筆者訳）

　17世紀初頭のロドリゲスが『日本大文典』「日本語の品詞について」の項で「日本人は品詞を三つに分ける」と述べ、19世紀初頭のホフマンが、谷川士清『和訓栞[258]』の名詞、動詞、テニヲハの3分類を紹介しながら、どちら

256　Aston（1869）p.113-p.115。
257　『古事記』、『古事記』の和歌、『万葉集』、『竹取物語』、本居宣長『玉霰』、滝沢馬琴『八犬伝』、「民撰議員設立建白」、外務卿寺島宗則がイギリス公使パークスにあてた外交文書、松田敬蔵なる人物が竹中良介に書いた手紙文の9点の一部を載せている。
258　ホフマンが谷川士清の『和訓栞』を基礎的資料として最も参考にしていたことは、新村（1969［1972］）から明らかにされている。『倭訓栞』とも書く。

　もそれを不満として西洋文法の品詞分類を採用したのに対し、アストンは、鈴木重胤『詞の捷径』を参照して、原則的に日本古来の３分類を採用した。

　この鈴木の説は、①言（ゲン）②詞（コトバ）③辞（テニヲハ）の３分類をした富樫広陰『詞の玉橋』（1826）を引き継いだものである（中川2003[259]）。但し、アストンは富樫及び鈴木の３分類をそのまま受け入れるのではなく、活用するか、しないかによる下位分類を「名」（na）と「詞」（kotoba）には行って「テニヲハ」（teniwoha）には行わないのはよくないとして、日本の伝統的な３分類を採用した上で変更を加え４分類とし、西洋文法における各品詞は、それぞれ、この４分類に含まれるとした。『日本文語文典』初版に記されたアストンのこの考え方を筆者は表６にまとめた。アストンは表６中の（1）を i-kotoba、（2）を hataraki-kotoba として説明した。

　表６の左側「アストンによる日本語の品詞分類」における（1）（2）（3）（4）を、杉本（1999）では、それぞれ「不屈折自立語」「屈折自立語」「不屈折従属語」「屈折従属語」と訳している[260]。そのため、アストンが西洋文法の範疇に入れたと考えられる諸言語、例えば英語、ドイツ語、フランス語、スペイン語、イタリア語などでは、名詞、代名詞は、性・数・格によって屈折するのに、アストンがそれらを（1）不屈折自立語に含めるのはおかしいではないかという疑問が出てくる。

　そもそも「屈折」（inflection）という概念は、「曲用」（declension）と「活用」（conjugation）とに分けられる。「曲用」とは、名詞、代名詞、形容詞、冠詞等が性・数・格によって形を変えていくことである。「活用」とは、動詞、助動詞が法・時・態・数・人称などによって形を変えていくことである。例えば、cat という名詞の複数が cats になるのが「曲用」、play という動詞が主語や時制によって plays や played になるのが「活用」である。

　アストンは、uninflected principal words（na）という語を、曲用はするが活用はしないという意味で記したものと考えられる。よって、「不屈折自立語[261]」と訳すると誤解が生じるので、「活用しない主要語[262]」の方が適当であるといえるだろう。

259　中川（2003）pp.375-397。
260　杉本（1999）pp.592-593。
261　杉本（1999）p.592。
262　古田1978［2010e］p.290。

表6　アストンによる日本語の品詞分類とそれぞれに含まれる西洋文法用語

アストンによる日本語の品詞分類	相当する西洋文法用語
(1) Uninflected Principal words（na） 　　活用しない主要語（名）	noun 名詞 pronoun 代名詞 numeral adjective 数の形容詞 conjunctions 接続詞 interjection 間投詞 adverbs 副詞
(2) Inflected Principal words（kotoba） 　　活用する主要語（詞）	verbs 動詞 adjective 形容詞
(3) Uninflected Subordinate words（teniwoha） 　　活用しない従属語	particles 小辞詞 preposition 前置詞 suffixes 接尾辞
(4) Inflected Subordinate words（teniwoha） 　　活用する従属語	auxiliary verbs 助動詞

（「アストンによる日本語の品詞分類」（表の左側）の日本語訳は古田（1978 [2010f]）p.290による。「相当する西洋文法用語」（表の右側）の日本語訳は筆者による。表は筆者作成。）

　また、『日本文語文典』第3版では、テニヲハについて、活用するかしないかという基準で分類するのではなく、どういう性質の語に接続するかという観点から分類している。次の表7は、アストンが第3版の3章、4章、5章に記したテニヲハの接続の形態を、活用するか、しないか、接続する語がナかコトバかによって分けて、筆者がまとめたものである（Aston（1904）pp.106-160参照）。

　表6及び表7を見てもわかるとおり、アストンは国学者の伝統的な品詞分類を前面に出した上で、西洋文法での品詞がどう対応するかを示して、これまでのヨーロッパ人がしてきた日本語の処理の仕方を転換している。

　オランダ語文法を適用した鶴峯戊申（1788-1859[263]）『語学究理九品九格総括図式』（1830）では9品詞[264]、中根淑『日本文典』（1876）では8品詞[265]、田中義廉『小學日本文典』（1874）では7品詞[266]、というように、西洋文典の品詞分類を日本語に適用する仕方が流行する中で、アストンはそうした流

---

[263]　豊後の人。京都で和歌・歴算を学び、大阪で教え、後江戸に出て、徳川斉昭の知遇を受け、水戸藩士となった。
[264]　古田（1959 [2010a]）p.108参照。
[265]　古田（1959 [2010a]）p.250参照。
[266]　古田（1959 [2010b]）p.255参照。

表 7　アストンによるテニヲハの接続形態

テニヲハの分類	接続の形態
Uninflected teniwoha suffixed to na ナに接続する活用しないテニヲハ	・ Case Suffixes（格を示す接尾辞） 　　Genitive（属格）ノ・ガ・ツ 　　Dative, Locative, Instrumental（供与、位置、手段）ニ・ニテ・ヘ・ガリ・マデ 　　Accusative（対格）ヲ 　　Vocative（与格）ヨ・ヤ・ヤヨ 　　Ablative（奪格）ヨリ・カラ ・ Plural suffixes（複数接尾辞） 　　ラ・ドモ・タチ・ガタ・バラ・ナド・シウ（衆）・トウ（等） ・ Other suffixes（その他の接尾辞） 　　ハ・モ・カ・カナ・ヤ・ナン・ゾ・コソ・ト・ズツ・ダニ・スラ・サヘ・シ・ノミ・バカリ・ガチ・ナガラ・ダテラ
Uninflected teniwoha suffixed to kotoba コトバに接続する活用しないテニヲハ	・ Uninflected teniwoha added to the adverbial form（副詞形につくもの）ニ・ハ・モ・ト・ナガラ・ガテラ・ツツ・ナ…ソ・ヨなど。 ・ Uninflected teniwoha added to conclusive form（終止形につくもの）ラシ・ト・ヤ・カシ・モ・ヨ・ナ ・ Uninflected teniwoha added to attributive of substantive form（連体形につくもの）ヲ・ニ・カラ・カ・アク・ケク ・ Uninflected teniwoha added to negative base（否定語基（＝未然形）につくもの）バ・サラバ・ジ・デ・ナム ・ Uninflected teniwoha added to perfect（完了（＝已然形）につくもの）バ・ド・ヤ・バ
Inflected teniwoha 活用するテニヲハ	・ Inflected teniwoha added to adverbial form（副詞につくもの）ツル・タル・ヌル・ケル・シ ・ Inflected teniwoha added to conclusive form（終止形つくもの）ナル・メル・ラン・ベキ・マジキ ・ Inflected teniwoha added to attributive form（連体形につくもの）→なし。 ・ Inflected teniwoha added to negative base（否定語基（＝未然形）につくもの）ヌ・ザル・ン・ム・ンズル・マシ ・ Inflected teniwoha added to perfect（完了（＝已然形）につくもの）ル

（筆者作成）

れに逆行して、江戸時代の国語学者の見解を取り入れた。その上で自らの見解を打ち出した点は、理論分析の結果、十分考察した自信の表れといえよう。杉本（1999）は、日本語の分類を、屈折ではなく、語を中心に分類し直したアストンの仕方を、「さながら富士谷成章の分類を見るように精緻である[267]」と評価している。

（2）動詞の活用についての考え方

　イエズス会宣教師ロドリゲスによる日本語の動詞の活用表は、ラテン語の文法規範を崩すことなく、日本語にあてはめていく方法であった。即ち、まず動詞を肯定形と否定形に分け、次にそれぞれを九つの法（直説法・接続法・命令法・不定法・願望法など）に分け、さらにそれぞれの法の中を六つの時制（現在・完了過去・未来・未完了過去・大過去・完全未来）に分け、繰り返しになろうとも項目ごとにあてはめて細かな表を作って、動詞の変化を示した。

　ホフマンは、ロドリゲスと同様に語根形を表示した上で、命令、方向指示、譲歩形といった、意味や機能ごとに動詞の変化を示した。

　一方、アストンは、まず、下記の表8のように、活用の仕方の違いによって、動詞を、規則動詞と不規則動詞に分け、前者については、古典文法でいう四段活用を第1種活用、下二段、上二段活用を第2種活用、上一段活用を第3種活用と称し、後者についてはラ行変格活用に「アリ」、カ行変格活用に「キ」、サ行変格活用に「シ」、ナ行変格活用に「イニ」を挙げて、下一段活用を除くすべての活用を挙げる。

　次の表8は、アストンが作成した『日本文語文典』の初版30頁掲載の表の一部（動詞の部分）に、日本語訳を付けたものである。

　現代の学校教育文法では「貸す」の語根は kas- であるが、アストンは kasi- としている。これは過去や丁寧を表わすとき kasi- から派生されると考えたのであろう。

　表8の左端の列に書かれている、Root or Adverb（語根または副詞）とは、古典文法における連用形である。同様に、Conclusive Form or Verb（断言形または動詞）とは終止形、Attributive or Substantive Form（従属形または実詞形）とは連体形、Base for Negative and Future Forms（否定形と未来形と

267　杉本（1999）p.595。

表8　アストンによる規則動詞の語形変化の一例

| | Regular.　規則活用 | | | Irregular.　不規則活用 | | | |
	Conjugation I 貸し lend 四段活用	Conjugation II 食べ eat 下二段 でき can 上二段	Conjugation III 見 see 上一段	あり be ラ変	き come カ変	し do サ変	いに go away ナ変
Root or Adverb 語根または副詞	kashi 連用形	tabe deki	mi	ari	ki	shi	ini
Conclusive Form or Verb 断言形または動詞	kasu 終止形	tabu deku	miru	ari	ku	su	inu
Attributive or Substantive Form 従属形または 実詞形	kasu 連体形	taburu dekuru	miru	aru	kuru	suru	inuru
Base for Negative and Future Forms. 否定形と未来形 との語基	kasa 未然形	tabe deki	mi	ara	ko	se	ina
Perfect 完了	kase 已然形	tabure dekure	mire	are	kure	sure	ine or inure

（Aston（1872）p.30参照。日本語訳は古田（1978［2010f］）p.300による。表は筆者作成。）

の語基）とは未然形、Perfect（完了）とは已然形である。アストンは、この表の後に続く本文の中で、それぞれ、鈴木重胤『詞の捷径』においては「續用言・連用言」「截断言・絶断言」「続体言」「將然言」「既然言」という言葉で称されているとして、漢字で記載している[268]。また、活用の形についても江戸期の国学者の成果を取り入れており、動詞の活用の捉え方についても西洋文法から脱却する試みが見られる。

　『日本文語文典』では、動詞の活用形を整理するために、ここまでの分析で終わっているが、『日本口語文典』において、アストンは、動詞の活用ごとにそれに接続している語を合わせ、それが西洋文法の何という文法用語に対応しているかを示している。さらに法や時制を示して、対応する日本語の言い方を示すという方法を採っている。

　次に、『日本口語文典』第4版に記載された「貸す」（kasu[269]）の活用ごとに接続する語と、西洋文法との対応、時、否定、条件、命令など様々な表現法を示す語尾（terminations）の一覧表の一部を挙げておく（表9）。

268　アストンは『日本文語文典』第3版においても初版と同じ表を載せているが、そこでは zoku-yo-gen、ren-yo-gen、zoku-tai-gen というように漢字からローマ字の表記に変更されている。
269　Aston（1888）p.44参照。

表9　「貸す」の各活用形に接続する語と西洋文法との対応

CONJYUGATION Ⅰ（活用Ⅰ）Kasu, to lend（貸す）

Stem	kashi, lend.	
Past Participle（過去分詞）	kashi	te, having lent or lending.
Past Tense（過去時制）	〃	ta,（he）lent or has lent.
Conditional of do.（条件文）	〃	tareba, if or when（he）lent, or has lent.
Hypothetical of do.（仮定文）	〃	taraba, if（he）had lent.
Probable Past（見込みのある過去）	〃	tarō,（he）probably lent.
Alternative Form（どちらかを選ぶ形）	〃	tari, at one time lending.
Concessive Past（譲歩の過去）	〃	taredo, though（he）lent.
Desiderative Adj.（願望の形容詞）	〃	tai,（he）wishes to lend.
Polite Form（礼儀正しい形）	〃	masū,（he）lends.
Negative Base	Kasa	
Negative of pres. Indic.（否定の現在　直説法）	Kasa nū,（he）dose not lend.	
Negative past（否定の過去）	〃	nanda,（he）did not lend.
Neg. Conditional（否定の条件）	〃	neba, if（he）dose not lend.
Neg. Hypothetical（否定の仮定）	〃	zuba, if（he）were not to lend.
Neg. Concessive（否定の譲歩）	〃	nedo, though（he）dose not lend.
Neg. Participle（否定の分詞）	〃	de or zu, not lending.
Hypothetical（仮定）	〃	ba, if（he）were to lend.
Neg. Adjective（否定の形容詞）	〃	nai,（he）dose not lend.
Future（未来）	Kasū,（he）will lend.	

（Aston（1888）p.44参照。日本語訳は筆者による。表は筆者作成。）

　　ここでは語幹setem[270]がkasi- と kasa- の場合のみを挙げたが、この後、kasu-
や kase- が続き、さらに taberu, kuru, suru, masu と同様のパターンで続けて
いる。

　　『日本文語文典』では語形変化に注目するのみであるが、『日本口語文典』
では、実用性を重視して、自然な文章として成り立ち、記憶しやすいように
工夫されていることがわかる。

（3）形容詞の活用についての考え方

　　形容詞についても、『日本文語文典』初版30頁掲載の表において、good と
bad を例に挙げて、動詞と同様の仕方で、活用形から二つに分けている。表

270　アストンは『日本文語文典』初版では root（語根）、『日本口語文典』第4版では stem（語
　　幹）を使っているが、杉本（1999）は「この〈語根・語幹〉の用語概念はあいまいである」
　　と述べている（p.584）。

表10　アストンによる形容詞の語形変化の一例

	Conjugation Ⅰ　yo, good	Conjugation Ⅱ　ashi, bad
Root or Adverb. 語根または副詞	yoku　連用形	ashiku
Conclusive Form or Verb. 断言形または動詞	yoshi　終止形	ashi
Attributive or Substantive Form. 従属形または実詞形	yoki　連体形	ashiki
Base for Neg. and Future Forms. 否定形と未来形との語基	yoku　未然形	ashiku
Perfect. 完了	yokere　已然形	ashikere

（Aston（1872）p.30参照。日本語訳は古田（1978 ［2010f］）p.300による。表は筆者作成。）

表 11　語幹（stem）Hiro の活用に接続する語と、西洋文法との対応、様々な表現法を示す語尾（terminations）の一覧表

Stem（語幹）	Hiro	Wide
Predicate, Adverb or Indefinite Form （述部、副詞または不明確な形）	Hiroku or hirō 　hiroku te 　hiroku te wa 　hiroku te mo 　hiroku ba 　　or 　hirokumba 　hiroku nai 　hirok'atta 　hirok'arō	Wide; widely 　being wide 　if wide 　even though wide 　if it should be wide 　is not wide 　was wide 　will be wide
Attributive and Verbal Form （名詞修飾語と口語形）	Hiroi	Wide (before a noun); is wide
Conditional（条件）	Hirokereba	If it be wide
Concessive（譲歩）	Hirokeredo	Though it is or be wide
Abstract Noun 抽象名詞	Hirosa	Width

（Aston（1888）p.93参照。日本語訳は筆者による。表は筆者作成。）

10は、アストン作成の Table of inflections の一部（形容詞の部分）に、日本語訳を付けたものである。

　動詞と同様、『日本口語文典』初版で、Hiroi（広い）を例に挙げて、形容

詞の各活用ごとにそれに接続している語を合わせ、それが西洋文法のどれに対応しているかを示し、さらに法や時制に対応する日本語の表現を示している。図11は、『日本口語文典』第4版のHiroiの活用表である[271]。

表11から合理的な説明がつかないことも見受けられる。例えば「広く、広う」を、述部（predicate）であると同時に、副詞（adverb）であるとも設定しておきながら、その英訳は、前者についてはwide、後者についてはwidelyと区別する点、口語形（Verbal Form）を「広い」とするのに対し、述部（Predicate）を「広く、広う」と区別する点などである。しかし、形容詞の活用の中に、「広さ」という抽象名詞（Abstract noun）を入れている点は、語幹hiroに繋がる語形を同じカテゴリーに入れて、効率よく覚えようとする非母語話者ならではの工夫が見られるところであると考えられる。

（4）フンボルトの言語研究による影響

「文献学」は、言語の研究を通して文化や文明の理解に到達しようとする人文的研究である。ヨーロッパで比較言語学の創始者として知られるボップ（Franz Bopp, 1791-1867）やグリム（Jakob Grimm, 1785-1863）は自分たちを「文献学者」とみなしていた。

しかし、比較言語学が学問として自立していく過程で、それは文献学に従属する学問ではなく、高い「科学性」を誇る学問であると主張されるようになった。特に青年文法学派（Junggrammatiker）[272]は、自分たちの方法論[273]が、厳密さにおいて自然科学に比肩することを強調し、それまで言語研究において支配的だった「文献学者」を認めなくなった。

このような「科学的言語学」と「人文的文献学」の対立の構図については長（1998）に詳しい[274]。これと同じ構図の争いが、明治期の日本に持ち込まれたことについて、イ＝ヨンスク（2009）は次のように述べている。

> 上田万年が留学した時のドイツの言語学は、まさに青年文法学派が学会をリードしている状況にあった。こうして上田万年は、「言語学対文献

271　Aston（1888）p.93参照。
272　1870年代後半からドイツのライプチヒ大学を中心にして、印欧比較言語学の分野で活躍した新進の研究者グループ。
273　「音韻法則に例外なし」というスローガンを掲げて学界に登場し、音韻変化は規則的に行われ、例外と見られる現象も類推によって説明できると主張した。
274　長（1998）pp.225-248。

学」という構図をそのまま日本に持ち帰り「近代的国語学対伝統的国学」
という構図に当てはめたのである。

（イ＝ヨンスク（2009）p.168）

　ドイツと同様に、明治維新後の日本においても、「日本語という言語を対象
にすえた近代言語学」対「他の目的のために、日本語という言語を手段とし
て研究する伝統的文献学」という対立が始まった。その中で、国学者、堀秀
成に師事し、江戸時代の国学を学んできたアストンは、西洋文法一辺倒では
なく、伝統的国文法を融合させるという着地点を提示したと考えられる。ア
ストンのこの柔軟な思考はどこから出てきたのであろうか。
　そこには19世紀ドイツの言語学者フンボルト（Wilhelm von Humboldt,
1767-1835）の影響があると考えられる。
　フンボルトは、すべての言語を「屈折語」「膠着語」「孤立語」の三つの語
族に分類する形態的類型論を提唱した。当時その理論の枠組みの中で、「性、
数、格」の三つの文法要件を満たす印欧語に代表される屈折語が、膠着語や
孤立語よりも理想の言語により近く、優れているという発想が出てきた。
　しかし、フンボルト自身は、『ジャワ島におけるカヴィ語について』の『序
論[275]』（以下『カヴィ語序論』という）の第35節で、次のとおり、屈折語優位
の発想を明確に否定している。

　　何らかの言語―それがたとえ粗野な蛮人の言語であろうとも―に対し
　て、劣った言語であるという断罪を下すことなど、余人はともかく、私
　には到底できない芸当である。こんな判断を下すことを、私は、固有の
　天賦の素質を備えた人間性の尊厳を汚すものと考えるばかりでなく、言
　語に対する思索と経験によって得られる正しい言語観のどんなものとも
　背馳すると断ずるであろう。

（亀山（1978）p.246）

275　『序論』はフンボルトの死後1836年に弟のアレクサンダー（Alexander von Humboldt, 1769-
　　1859）が中心となって独立した作品として『人間の言語構造の相違性と、人間の精神的展開
　　に及ぼすその影響について』という標題で、ベルリンのアカデミーから上梓された（本書で
　　引用する章節区分はアカデミー版による）。亀山（1978）は「序論と名付けられてはいても、
　　内容的にはまとまった言語哲学の論考とみなしてよい」という。

163

このように、フンボルトはそれぞれの言語にはその言語を母語とする人間の尊厳が宿っていると考えていた。だからこそ、言語の特性に応じた文法区分、類語（単語の分類）を認め、品詞分類の多様性を認めているのである（山梨・有馬編2003）。

フンボルトが日本語について言及した3本の論文のうち「メキシコで発行された一冊の日本語文法書についての覚書[276]」（1825）にある記述について、亀山（1978）は「スペインやポルトガルの神父たちの記した日本文典が、ラテン語文法の例に倣って書かれている欠点を指摘し、ラテン語の文法概念を、日本語その他の異質なアジアの言語に投影して考えることの危険を警告している[277]」と述べている。ここでいう「スペインやポルトガルの神父たち」とは、前述のロドリゲスの他、コリャード、オヤングレンを指している[278]。

19世紀に誕生、発展した比較言語学の考え方を実践しているアストンは、当然、比較言語学者の代表であるシュタインタールの著書から学んだと考えられる。シュタインタールは、その師フンボルトを継ぎ、言語哲学的な研究を行ったのであるから、アストンがフンボルトの言語哲学に影響を受けたことは時代的にも自然であるといえよう。よって、膠着語である日本語の分析に伝統の国学の手法を取り入れるというアストンの柔軟な思考は、このフンボルトの考え方が基礎にあると考えられる。

こうして、アストンの登場によって、ヨーロッパ人が印欧語の文法やカテゴリーを用いて日本語を理解し分析しようと試みていた時代は終焉を告げたといえる。日本語が内包する論理性を把握しようとして、ヨーロッパ人が国学に真剣に取り組んだものとして、『日本文語文典』は画期的な文法書といっていいだろう。

ここで、西洋の言語学史と連動していた日本語研究史は、独自の歴史を築く第一歩を踏み出したといえる。そして、その後のチェンバレンの文法書をはじめとする日本語文典の方向性を決定づけるものとなったのである。

276　ロドリゲス『日本小文典』のランドレスによる仏訳に付せられた論文で、翌1826年にパリの「アジア学報」に発表された。「メキシコで発行された一冊の日本語文法書」とは、弟の自然科学者アレクサンダーがアメリカ大陸の学術調査中に入手し、兄に進呈したオヤングレン『日本文典』を指す。

277　亀山（1978）p.250。

278　1632年に『日本文典』（*Ars Grammaticae Iaponicae linguae*）を著したドミニコ会のコリャード、1738年に『日本文典』（*Arte de la Lengua Japona*）を著したフランシスコ会のオヤングレンのことである。

3.4.　アストンの敬語観

　アストンの『日本文語文典』は1872年に出版、1877年に第2版、1904年に第3版が刊行されている。本稿では、1877年に出された第2版を取り上げる。同書の第8章 Humble and Honorific Verbs. Auxiliary Verbs. Verbs used as Adverbs and Conjunctions には、次のような記述がある。

> The absence in the Japanese language of any grammatical distinction of person has been already remarked. This want is partly supplied by the extensive use of humble and honorific words and particle, the former being chiefly characteristic of the first person, and the latter of the second.
>
> （Aston（1877）p.173）

> 　　日本語には人称の文法的区別がないということは、既に認識されている。この人称の欠如は、部分的に、謙譲語、尊敬語、及び小辞の広範な使用によって補われている。謙譲語は、主に、一人称の特色であり、尊敬語は二人称の特質である。（筆者訳）

　アストンは、上記のように『日本文語文典』で、日本語文法の人称の欠如を補うものとして、尊敬語及び謙譲語を人称と関連付けて説いている。

　さらに、アストンは、『日本口語文典』第4版でも敬語について詳述している。『日本口語文典』の初版は1869年に出版され、第2版（1871）、第3版（1873）と版を重ねるが、1889年に刊行された第4版において、新たに敬語についてまとまった記述をした第12章 Honorific and Humble Forms が加えられた。

　この第12章には、163節から172節まで、尊敬と謙譲の表現形式が10項目に分けて整然と述べられている。（簡単な概要は古田（1974［2010d］）においても言及されている）。下掲は原文から引用した部分である。

§163

It may be taken that the honorific forms are chiefly appropriated to verbs, nouns, and pronouns in the second person, though they are also used in speaking respectfully of absent persons. The humble forms belong to the first person, and the polite termination *masu* is used indiscriminately with all three perons.

　　尊敬形は、その場にいない人々について敬意をこめて語る時にも用いられるが、主として二人称における動詞・名詞・代名詞に適合されると考えていいだろう。謙譲形は、一人称に属し、丁寧の接尾辞「ます」は、3種の人称すべてに区別なく用いられる。（筆者訳）

§163

It will be seen below that there is a considerable variety of honorific and humble expressions, varying according to the rank of the person addressed. But even in speaking to the same person, forms, the neglect of which on a first introduction or on other formal occasions would be a gross breach of decorum, [...]. Women use honorifics more than men, [...]

　　話し相手の階層（rank）によって変わる尊敬と謙譲の表現にかなりの多様性があるということが以下でわかるであろう。しかし同一人物に話すときでさえ、場面、最初の紹介場面あるいは他の公式場面を軽視することは、全く礼儀違反になるだろう。（中略）女性は男性より敬語を多く使用する（後略）（筆者訳）

　163節は、「尊敬」が二人称、三人称に用いられ、「謙譲」が一人称に用いられること、敬語は話し相手の階層によって異なり、同一人物に話すときでも場合によって異なること、女性は男性より敬語を多く使用することなど、敬語の概説が述べられている。
　164節では、「尊敬」、「謙譲」は、1）特別の尊敬あるいは謙譲の名詞、2）代名詞、動詞、尊敬の接頭辞、3）尊敬の接尾辞によって示されること、尊敬と謙譲における名詞（165節）、動詞（166節）、尊敬における接頭辞（167節）、接尾辞（168節）が順次述べられている。
　そして169節では「尊敬」や「謙譲」の表現に語の組み合わせ（照応）が見られることを述べ、その一例として、「おいでなされませ」を分解して説明している。

§169

The above modes of expressing respect or humility are generally found in combination. Thus the phrase *o ide nasaremase* includes the honorific particle *o*, the special verbs *ideru* instead of *iku* or *kuru*, and *nasaru* for *suru*, and the potential form *nasareru* for *nasaru*.

(Aston（1888）169節、p.175)

　　尊敬あるいは謙譲の上記の様式は、一般に組み合わせされている。例えば、「オイデナサレマセ」という句には尊敬の小辞「オ」、「イク・クル」の代わりの「イデル」、「スル」の代わりの「ナサル」という特別の動詞、そして「ナサル」の可能形である「ナサレル」が含まれているのである。（筆者訳）

　アストンは単に敬語という言語現象に注目しただけでなく、話す場合と書く場合の両方向から観察し、両者が乖離から一致へと移行していく過渡期のその変化について詳しい解説を書いている。それはJSL（Japanese as a Second Language）環境にあったからこそ、可能になったことである。また、敬語を多角的に捉えることができたのは、ヨーロッパの言語学と江戸時代に遡る国学の両方の知識があったからだといえよう。

4．帝国大学博言学科教授チェンバレンと『日本語口語入門』『簡約日本文典』における敬語

　本節で扱うチェンバレンの知名度は、前節で詳述したアストンのそれよりも高い。その理由として考えられるのは、①お雇い外国人として帝国大学博言学科の教授に就任したこと、②日本語で書かれた文法書を著していること、③日本での滞在期間が長かったこと、などが挙げられるであろう。

　両者が日本語の研究者として活躍した期間は、10年ほどしか前後していないが、アストンの研究が非常に画期的なものであっただけに、チェンバレンとしては、常に、アストンの研究を意識し、批判的な検証を経て、独自の方針を打ち出すという姿勢をとった。

　本節では、開国後、社会情勢も人々の意識も、そして言語生活もめまぐるしく変化していた明治時代、アストンを引き継いだチェンバレンが、日本語

図23　Basil Hall Chamberlain

研究史にどのような業績を刻んだのかを究明する。

4.1.　時代背景

　開国後、これまで入国が難しかった外国人は、宣教師[279]、外交官[280]などの様々な身分で、それぞれの思惑をもって積極的に来日した。一方、明治政府は、欧米の学問を躍起になって輸入し、近代国家へ変貌を遂げることをめざして様々な分野でお雇い外国人を招聘し、その専門知識を吸収しようとした。

　帝国大学総長、加藤弘之は、官僚的な立場からヨーロッパの学知を導入し、言語学を制度として整備する必要性を次のように論じている。

　　　西洋近来博言学ノ一科盛ニ開ケ遠ク人類言語ノ淵源ヨリ凡地球上文野諸人種ノ言語ノ起源沿革及ヒ其種類性質等ニ至ル迄概シテ深討索究スルヲ旨トス。今我邦語ヲ修正シ文法ヲ設定セント欲セハ須ク先ツ此博言学

279　ヘボン（J.C.Hepburn）はアメリカからの宣教師・医師として来日し、『和英語林集成』を編集し、ヘボン式ローマ字綴りを発案した。バチェラー（J. Batchelor）はイギリスの宣教師として1877年に来日し、『アイヌ・英・和辞典』を編纂した。
280　アーネスト・サトウ（E.M. Satow）はイギリスの公使として1895年来日し、『日本語会話篇』『日本耶蘇会刊行書誌』などを著した。

ニ依テ博ク東西ニ洋諸国語ノ大体ニ通シ其長短得失等ヲ究メ而後始テ之
ニ着手セサル可ラス。

（加藤（1880）［吉田編1974］p.63）

　語の体系としても文法としても錯雑・未熟な「日本語」を国家主導による
言語政策によって改良できるとして「博言学」の導入を推奨した加藤の方針
に従って1886年、帝国大学開設に伴い博言学科が設置された際、チェンバレ
ンが招聘されて、官学アカデミズムとしての言語学の基礎が築かれた。

4.2.　チェンバレンの生涯と業績

　チェンバレンの生涯と業績について楠家（1986）、杉本（1999）、関（1997）、
Yuzo Ota（1998）を参考にして、概観を述べる。

　チェンバレンは、1850年ポーツマス（イングランド）近郊のサウスシー
（Southsea）の名門の家柄に生まれた。母親による熱心な幼児教育が、後に言
語学者として活躍する下地を作ったと考えられるが、彼が8歳の時に他界し
た。そこで弟二人とともに父方の祖母のいるフランスのベルサイユで暮らす
ことになった。リスボン生まれの祖母はイギリス人の父とドイツ出身のデン
マーク人の母を持ち、夫の赴任地ブラジルで子どもを生み、帰国後もヨーロッ
パ各地で暮らしてきた人で、その家庭環境は国際的であった。周囲では英語、
フランス語、ドイツ語の3か国語が話されており、チェンバレン兄弟には文
学者、政治家等の著名人が家庭教師として付けられた。こうした家庭環境か
らチェンバレンは「小は偏狭な愛国心から大は国際主義までを否定して、コ
スモポリタニズム（世界主義）こそが最良の思想である」と考えるようにな
り、個人や国家という枠を超えて、もっと広い視野に立った価値観をもつこ
とを目ざすようになった。

　当時イギリスの貴族の間では、子息を大学に入れるかわりに国際人となる
ようヨーロッパ大陸を長期間旅行させることが流行っており、チェンバレン
も18歳の1年間をスペインで過ごした。帰国後、病弱ゆえに大学進学を断念
してベアリング銀行に就職したが、さらに健康が悪化したため銀行を辞め、
3年間、冬は親戚のいるマルタで過ごし、冬以外はイタリア、ギリシャ、ス
イス、ドイツに療養の旅をした。しかし健康回復は思わしくなく医者のすす
めにより日本を訪れることとなった。

　訪問地としてなぜ日本が選ばれたのか、それは外祖父キャプテン・バジル・

ホール[281]（Captain Basil Hall, 1788-1844）が、幕藩体制に組み入れられていた琉球[282]にイギリス人として初めて訪れた人物であったことと関係があると考えられる。

外祖父は1814年イギリス軍艦ライラ（Lyra）号の艦長に任ぜられ、1816年から1817年にかけて中国、朝鮮、琉球を巡航した。そのときの見聞に基づいて書かれた *Account of a Voyage of Discovery to the West Coast of Corea, and the Great Loo-Choo Island in the japan sea*（『朝鮮・琉球航海記』1818年）には、琉球住民が友好的で礼儀正しく接してくれたことなど琉球滞在中の記述に大半の頁が割かれている。同書はロンドンで再版を重ね、オランダ語、フランス語、ドイツ語、イタリア語にも翻訳されてヨーロッパに琉球事情を広めた。孫のチェンバレンが幼い時から同書を目にした可能性は極めて高く、日本を身近に感じていたと考えられる。

1873年、日本に到着して間もなく、熱病のために横浜のホテルで臥せっていたチェンバレンは、英国公使館に移されて駐日公使パークス（Harry Smith Parkes, 1828-1885）の世話になった。その後東京の芝にある曹洞宗の寺に落ち着き、そこの寺僧の紹介で元浜松藩士族荒木蕃の私雇外国人となって英語を教える一方で、国学に詳しい荒木から日本語と日本古典を学んだ。こうした環境は、チェンバレンに、日本語を西洋文法の物差しで捉えるのではなく、日本語を日本語のままで習得する、いわゆるダイレクトメソッドによる日本語習得を可能にしたといえるだろう。

イギリスの制度を参考にしていた日本の海軍は、イギリス人のお雇外国人を多数採用しており、1874年、チェンバレンはその一人に選ばれ、海軍兵学寮の英語教師となった。チェンバレンが選ばれた理由として、外祖父の功績が評価されたこと、前述のパークスの推薦があったことが考えられる。その後、眼病で一時帰英したのち、1881年再度来日、4月に海軍兵学校の教師となった。

1886年、帝国大学令が公布され、日本古典や日本語の研究において、その業績が高く評価されたチェンバレンは、ロンドンで知り合った文部大臣森有

281　ベイジル・ホールと記述されることも多い。

282　1609年薩摩の武力征服により琉球王国は薩摩の保護国となったが、薩摩は、対中国貿易という経済的利権を利用するため、あえて王国の完全解体をせず、中国との冊封・交易関係を維持させた。琉球は外見上、明・清に朝貢する独立国でありながら、実質上は外交権を奪われ薩摩の属国という日中両属の形態をとっていた（照屋（2000）p.2）。

礼（1847-1889）に招聘されて、帝国大学[283]の教授として招聘され、比較言語学と日本語学を担当した。こうしてお雇外国人という立場から、明治政府の推進する官学アカデミズムとしての言語学の基礎を築くことに貢献したのであるが、この点については、一足早く来日したイギリス外交官アストンが官学アカデミズムに縛られなかった点と対照的な側面である。

　チェンバレンが言語の歴史的変化とその要因を常に考慮する研究姿勢であったことは、弟子の一人である岡倉由三郎（1868-1936）の次の記述から窺われる。

　　　日本語についても、その古来の各時代の言葉づかひを自在に駆使せられ、源氏や枕草子のことば、または、それ以前の奈良朝のことば、さては降って鎌倉室町のことば、そのいづれでも、対話の者の挑みに応じて正しく使ひわけられるが故に、我が国学の大家たちも、唯舌を巻いて感服のほかは無いのだ、と、それはそれは大評判。

（岡倉（1935）pp.39-42）

　チェンバレンは、母語話者を感服させる日本語能力を以て、アイヌ語や琉球語の研究も行い、『古事記』の英訳も手掛けた。また、近代言語学の方法論を日本に導入し、日本の言語学、国語学の育ての親といわれ、後の国語学者上田万年（1867-1937）や芳賀矢一（1867-1927）らを育てた。

　近代言語学の方法論を日本に導入し、日本の言語学、国語学の育ての親といわれたチェンバレンの代表作には、『日本事物誌』（1890）、『日本口語入門』（1888）、『文字のしるべ』（1899）がある。

　1911年最終的に隠棲の地となるジュネーブに向けて日本を去るまで、何回かの帰欧をはさんで日本滞在は40年間に及んだ。語学関係ではアイヌ語や琉球語の研究を行い、文学の領域では『古事記』の英訳でも知られる。

4.3.　チェンバレンの言語観

　チェンバレンが来日した時期はちょうど、在日の非母語話者の間でこれま

283　1877年東京開成学校と東京医学校が合併して「東京大学」が誕生した。1886年帝国大学令の公布により「帝国大学」に、さらに1897年京都帝国大学の設立とともに「東京帝国大学」に改称された。1947年「大学基準」の制定を機に新制の国立大学となり現在の「東京大学」となった。

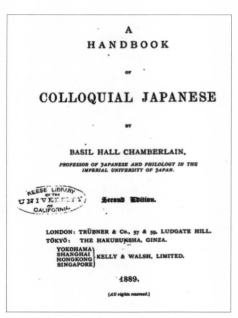

図24　チェンバレン『日本語口語入門』

でベールに包まれて明らかにされていなかった日本の実態を研究しようとい
う機運が最も高まっていたときであった。特に来日前年の1872年、日本に関
する研究の成果を交換できる場をつくろうと様々な背景の人物が横浜に集まっ
て、日本アジア協会（The Asiatic Society of Japan[284]）が設立されたことは、
その後のチェンバレンの研究の姿勢に大きな影響を与えたと考えられる。日
本アジア協会は、その会員の9割近くが英米人で、有力会員には外交官と宣
教師が多かった。例えば、外交官にはサトウ、アストン、パークス、宣教師
にはブラウン、ヘボン、サイル（Edward Syle, 1817-1890）などが挙げられ
る。チェンバレンは、1874年に入会し、彼らと切磋琢磨しながら研究成果を
あげていった。

284　王立アジア協会（Royal Asiatic Society）のイギリス派の人々は、カルカッタ、ロンドン、
　　香港、上海で支部が設立されたのをきっかけに横浜にも支部を作ろうとした。これに対し、
　　同会のアメリカ派の人々はイギリスの伝統に従うことを嫌って Royal Asiatic Society の支部を
　　名乗ることに反対し、The Asiatic Society of Japan を正式の名称とすることで決着した（楠家
　　（1986）pp.118-119参照）。

　楠家（1986）には、草創期の『日本アジア協会紀要[285]』の特色として、①日本内部への旅行報告が多いこと、②イギリス人外交官による日本研究の大部分は公使パークスの奨励によるもので、イギリスの対日政策遂行上の貴重な参考資料となったこと、③近代気象学、近代植物学に貴重なデータを提供したこと、が挙げられている。

　その背景として楠家（1986）によると、①については、1874年以降「研究調査」と「病気療養」という条件付きで外国人は日本内部を旅行できるようになったため、②については、琉球処分、廃藩置県、廃仏毀釈、千島樺太交換問題、廃刀令などに関してイギリス公使館が高い関心を寄せていたため、③についてはヘボンの気象観測やサヴァティエ（Paul Amédée Ludovic Savatier, 1830-1891）の植物新種に関する報告などがあったため、と述べられている[286]。

4.3.1.「話し言葉」についての考え方

　アストン以来、日本語の研究は「話し言葉」と「書き言葉」を区別して行うことが常識となっていたが、「話し言葉」についてチェンバレンはどのような認識をもっていたのだろうか。アストンの『日本口語文典』には原題にSpoken という単語が用いられているのに対し、チェンバレンの『日本語口語入門』には原題に Colloquial という単語が用いられていることについて検討したい。

　下記は、Aston（1869）の序文である。

　　This book is intended for the use of merchants and others who wish to acquire a Colloquial knowledge of the Japanese language. [...] Few Japanese books are written in the Colloquial idiom, the grammar of which is very different to that of the written language.

（Aston（1869）Preface）

285　『日本アジア協会紀要』の第1巻、第2巻には、サトウ「琉球覚書」、「日本の地理」、「伊勢神道」、アストン「19世紀初頭の日露関係」、「日本語系統論」、エドキンス「日本語の性質」、ワトソン「ケンペルの『日本誌』」、マクラッティ「日本刀について」ブラトン「日本の建設技術」、グリフィス「日本の子供の遊び」といった題目が並んでいる。
286　楠家（1986）pp.121-122

本書は、日本語の Colloquial な知識を得ようと思う貿易商をはじめとする人々の使用に供するものである。（中略）日本語では話し言葉の文法は書き言葉の文法とは大きく異なっているのに、日本語の話し言葉で書かれた書物はほとんどない。（筆者訳）

　上記の序文を読むと、アストンは「話し言葉」と「書き言葉」は文法上の違いはあるが、それぞれの習得の必要性については、どちらかがより重要であるとは考えておらず、対等な習得の必要性を説いている。
　一方、チェンバレンは「話し言葉」と「書き言葉」の関係性をどのように考えていたのだろうか。下記の『簡約日本文典』preface の引用から考える。

　　The spoken or colloquial dialect is that to which foreign-government officials, merchants, missionaries, and others, who are brought into daily relations with the Japanese must devote their first efforts. The next step should be to acquire the written language, [...].

（Chamberlain（1886）p.1）

　　Spoken あるいは Colloquial 言語は、領事、貿易商、宣教師、その他の人々が日本人と日常の交際をするために、まず最初に努力する必要のあるものである。その次の段階は the written language を習得することである（後略）。（筆者訳）

　チェンバレンは、colloquial と spoken を同義に使用している。チェンバレンはアストンと違って、まず「話し言葉」、次に「書き言葉」の順で学習することを勧めている。これは、チェンバレンの関心が、来日する外国人向けの実践書の作成にあったために、まずは話し言葉の習得を勧めたと考えられるが、時代背景の影響もあったのではないだろうか。即ち、明治前期という同じ括りの中でも、アストンの頃より約10年後のチェンバレンの頃には、日本語学習の重点が、「書き言葉」から「話し言葉」へと変化していたのである。こう考えれば、当時の言文一致運動の発展の歴史とも重なる。
　次に、チェンバレンは、「手引き」を意味する Handbook という語を題名に使用して、来日した外国人が短期間のうちに便利な日本語を身につけることを助けるサバイバル的な実用書を目指した。これは、アストンが、その著書

の題名に A Short Grammar という語を使用したのにかかわらず、第 4 版でわ
ざわざ Short を削除したことからもわかるように、日本語を基本からきちん
と学び、日本人に引けをとることなく渡り合えるよう高度な日本語の習得を
目標としたことと対極にある。

　では、チェンバレンが「話し言葉」についてどのような文法概念を持って
いたか把握するため、『日本語口語入門』(1889)第 2 版の構成をみてみよう。

　同書は、文法編と理論編に分かれており、次のような構成になっている。
かっこ内はチェンバレン・大久保編・訳(1999)による。

Theoretical part, or grammar（理論編（文法））
Chapter.
- I.　Introductory remarks（序言）
- II.　Pronunciation and Letter-changes（発音と文字の変化）
- III.　The Noun（名詞）
- IV.　The Pronoun（代名詞）
- V.　The Postposition（後置詞）
- VI.　The Numeral（数詞）
- VII.　The Adjective（形容詞）
- VIII.The Verbs（動詞）
- IX.　The verb（concluded）（動詞（結び））
- X.　Adverb, Interjection, and Conjunction.（副詞　間投詞　接続詞）
　　　　Special Phraseology.（特殊語法）
- XI.　Honorifics（敬語）
- XII.　Syntax（構文法）

Practical part or reader 応用編（読本）
- §445　Anglo-Japanese Vocabulary of over 1300 Useful Words（実用英和単語集1300余）
- §446　Short Phrases in Constant Use（常用句集）
- §447　Additional Useful Phrases（常用句補遺）
- §448　Easy Questions and Answers（やさしい問答）
- §449　Proverbs（ことわざ）
- §450　Fragments of Conversation（会話断章集）

　理論編では、序論、発音と文字の変化の後、品詞別に述べていき、応用編
では常用句、問答、ことわざ、いろいろな場面での会話、おもしろい小話、
落語家、三遊亭圓朝によって創作された怪談噺『牡丹燈記』、狂歌、都々逸な
ども挙げていて興味深い。学習者が、文法事項ばかりで退屈しないよう、理
論編で基礎を押さえたら、応用編にチャレンジして達成感を得るように工夫
し、その後また、理論編に戻るように、序論で勧めている。ローマ字表記な
ので、当時の発音も判明する。
　この本について国語学者保科孝一（1872-1955）は下記のように述べてい
る。

　　チェ氏の口語文典もその発表された当時は、これを顧みる人がほとん
　どなかったようであるが、日清戦役後、言文一致を以て文体の標準とせ
　よとゆう運動が起きて来た。しかして、口語文典が急速に作り上げられ
　たについては、チェ氏の口語文典がよって力があるので、これによって
　口語法も文語法と同様に組み立て得るとゆう確信をあたえた。

　　　　　　　　　　　　　　　　　　　（保科（1934）pp.328-330）

　1894年から95年にかけて日清戦争があり、その後盛り上がった言文一致運
動の推進力として『日本語口語入門』が果たした役割が大きかったことが窺
われる。

4.3.2.「書き言葉」についての考え方

　アストンは『日本文語文典』、チェンバレンは『簡約日本語文典』と、それぞれ「書き言葉」に絞った文法書を出しているが、前者の題名が *A Grammar* という語で始められているのに対し、後者の題名は、*A Simplified Grammar* のように simplified という語がわざわざ挿入されている。

　加藤（1990）は「アストンは『口語文典』を実用文典、『文語文典』を理論文典と位置付けた[287]」と指摘しているが、理論文典としての役割を考えるなら簡略化は適当ではない。『日本文語文典』初版（1872）の本文中には、国学者による著作が散見され、巻末に List of Japanese treatises on Grammar として国学文献25点が掲載されていることからも、アストンの執筆の姿勢がわかる。

　それに対して、チェンバレンは、『簡約日本語文典』の序文で、アストンの論考を賞賛しつつも、アストンの「書き言葉」に関する研究について、次のような批判を加えている（尚、同書の初版は1886年であるが、本研究では、1924年に J. G. McIlroy が改訂、出版したものを参照した）。

　　Most persons have neither time nor inclination <u>to investigate the Japanese classics</u> or <u>to carry on philological research</u>. Their concern is with the language as commonly written now; and they <u>weary of searching through the pages of a learned work for the everyday forms which alone to them are useful</u>. The object of the present book is to put before such persons, in as simple and practicable a manner as possible, just so much as will enable them to read contemporary literature. All <u>forms that are obsolete or purely classical</u> have been omitted. Theoretical discussions have been dispensed with, save in a few instances where a knowledge of theory is, for a foreigner, the only road to correct practice.

　　（Chamberlain（1886）Rev. ed. by McIlroy（1924）p.1, 下線は筆者による）

　　大部分の人々は<u>日本の古典を調査</u>したり、<u>文献学的な究明</u>を実行したりする時間も趣向ももっていない。人々の関心は、現在普通に書かれている言葉に対してである。そして、彼らは<u>学術書のページを繰って自分</u>

287　加藤（1990）p.105。

たちにだけ有用な日常の形式を探すのにうんざりしているのである。この小冊子の目的はそのような人々に、できるだけ簡単かつ実際的な方法で、彼らが現代文学を読むことができるようになるのに必要なものを提示することである。廃れていたり、純粋に古典的であったりする形式は、すべて省かれている。理論的な議論は、理論的知識が外国人にとって実践を正す唯一の道である若干の場合を除き、省略した。（筆者訳。下線は筆者による）

　下線部は、明らかにチェンバレンがアストンの『日本文語文典』の学術的な記述を批判していると考えられる部分である。即ち、アストンは、上代や平安時代の言葉についても触れているが、チェンバレンは、アストンの書き言葉に関する研究を、日本の古典や文献学的な究明とみなし、ページを繰って自分たちにだけ有用な日常の形式を探すのはうんざりだから、廃れていたり、純粋に古典的であったりする形式は、すべて省いた文法書を提示する旨を述べて、アストンの学術的な文語文法研究を批判しているのである。

　これは、両者の著作の性格にも影響し、アストンが国学文献を参考にして基本からきちんと学ぶことを念頭に書いているのに対し、チェンバレンは話し言葉と書き言葉が乖離している時代に来日した外国人に、近代文語文法を示して「書き言葉の文体」に関する実用書を目指していることがわかる。

　では、チェンバレンが「書き言葉」に対して、どのような文法概念を持っていたか、把握するため、『簡約日本文典』の構成をみてみよう（日本語訳は筆者による）。

Introduction（序論）
Chapter.
 I. The Phonetic System（音声組織）
     Alphabet and Pronunciation（アルファベットと発音）
     Letter-Changes（文字の変化）
 II. The Noun（名詞）
     The Substantive Properly So Called（実名詞、正確に言う場合）
     Nouns Used as Adjectives and Adverbs（形容詞や副詞として
     使われる名詞）
 III. The Pronoun（代名詞）

Personal Pronouns（人称代名詞）

Reflexive Pronouns（再帰代名詞）

Indefinite Pronouns（不定代名詞）

Relative Pronouns（関係代名詞）

IV.　The Numeral（数詞）

The Cardinal Numbers（主要な数字）

Auxiliary Numerals（補助的な数字）

Ordinal Numbers（序数）

V.　The Particle（小辞）

VI.　The Postposition（後置詞）

The Simple Postposition（単純後置詞）

The Compound Postposition（複合後置詞）

VII.　The Adjective（形容詞）

Primary Adjective Forms（主要な形容詞形）

Tense and Mood（時制とムード）

Comparison of Adjectives（形容詞の比較）

Paradigm of Adjectives（形容詞の語形変化表）

VIII.　The Verbs（動詞）

Introductory Remarks（前置きの注意）

Conjugation of Verbs（動詞の活用）

Remarks on the Conjugations（活用上の注意）

Unusual Verbal Forms（珍しい動詞形）

Irregular Verbs（不規則動詞）

Passive and Potential Verbs（受け身と可能の動詞）

Certain Intransitive Verbs（特定の自動詞）

Causative Verbs（使役動詞）

Compound Verbs（複合動詞）

Ornamental Verbs（装飾的な動詞）

Verbs "to be"（存在動詞）

Verbs Used as Other Parts of Speech（その他の話し言葉として使われる動詞）

IX.　The Epistolary Style（書簡の形式）

A Peculiar Conjugation of Verbs and Adjectives（動詞と形容詞

に特有の活用）

Epistolary Conjugation（手紙の活用）

A Peculiar Phraseology（特有の表現法）

X.　　Syntax（構文法）

XI.　　Determination of the Mood and Tense（ムードと時制の決定）

Alphabetical List of Inflections of the Verb and Adjective（動詞と形容詞の屈折のアルファベット順のリスト）

Index（索引）

　チェンバレンは、序論において、書物、新聞、広告、はがき、駅や汽船乗船場などの掲示を理解するには、文語がいかに大切かについて語っていることから、口語文典と同様に文語文典においても実用性をめざしていることがわかる。

　杉本（1999）は、「西欧言語学、特に音声言語優先で文字ことば、書きことばを第二次的にとらえ認識しているソシュールなどの立場と異なる[288]」として、チェンバレンが口語優先の弊に陥っていない点を高く評価している。

　アストンもチェンバレンも、口語も文語も等しく大切であるとしている点は同じであるが、アストンが理論や学術的研究の姿勢を維持したのに対し、チェンバレンは実用に供することを第一目的としていることが明らかになった。

　開国によって西欧からの学問が流入し、近代的な人間の思想や感情を、自由に十分に表現できる近代口語文体を確立させることが喫緊の問題となった明治期は、活躍の時期がアストンからチェンバレンへ、わずか10年程度の差であったが、世の中の流れが大きく変化した激動の時代であったのである。

4.4.　チェンバレンの敬語観

　チェンバレン『日本語口語入門』第11章 Honorifics（敬語）は、次の文章で始まる。

　§392

　No language in the world is more saturated with honorific idioms than

---

288　杉本（1999）p.603

Japanese. These idioms affect, not only the vocabulary, but the very grammar itself.

(Chamberlain（1889）§392, p.494)

　世界の言語の中で日本語ほど敬語表現に満ち溢れているものはない。これは語彙ばかりでなく文法そのものにまで影響を及ぼしている。

（チェンバレン　大久保編・訳（1999）p.211)

　チェンバレンも、他の外国人と同じく日本語敬語に注目している。そして日本語が非常に敬語の発達した言語であることを指摘した上で、日本語を話すには敬語習得が絶対の条件であると述べている。このように敬語を道具として捉えた上で、敬語がいかなる場合に用いられ、いかなる場合に用いられないかという使用上の観点に立ち、敬語を使用するときの考慮すべき要件（consideration）を下記の通り 4 点掲げている。

　I　Honorific forms are used in speaking of the actions or possessions of the person addressed, while depreciatory or humble forms are used in speaking of oneself. In other words, what we should style the first person is self-depreciatory, and the second person complementary.

(Chamberlain（1889）p.238)

　尊敬形は聞き手の動作や所有物について話すときに用いられる。一方、卑下あるいは謙譲形は自分のことを話す場合に用いられる。言い換えれば我々が一人称と呼ぶものが謙譲語であり、二人称と呼ぶものと補完的な関係にある。（筆者訳）

　II　In speaking of others (what we should call the third person), honorifics are only used if the person spoken of is superior in rank to the person spoken to, or if he is present, and, though not a superior, at least an equal, or assumed to be such for courtesy's sake.

(Chamberlain（1889）p.238)

　他の人について話す場合（英語でいえば三人称）、尊敬語を使うのはそ

の人物が聞き手よりも目上である場合か、あるいは当該人物がその場にいて、聞き手よりも上位にないとしても、少なくとも聞き手と同等あるいは礼儀上同等とみなされる場合のみである。（筆者訳）

III　There are gradations in the use of honorifics, according to the greater or lesser respect meant to be paid to the person spoken to or of.

(Chamberlain（1889）p.238)

敬語の使い方には、聞き手又は話題の人物に払われる尊敬の度合いに応じて段階がある。（筆者訳）

IV　Honorifics have a tendency to lose their original signification, and to sink into mere marks of a courteous style of speech. Sometimes they become absolutely meaningless.

(Chamberlain（1889）p.238)

敬語は元の意味を失い、儀礼的な話し方の単なる標識になってしまう傾向がある。時には全く意味を持たなくなることがある。（筆者訳）

使用要件 I は、西欧諸語において文法概念としての「人称」が動詞の形態を決定する「主格の絶対的優位の原則」に直接関わるものである。チェンバレンは西欧諸語における「人称」の振る舞いを日本語にもあてはめたと考えられ、母語の言語構造から全く影響を受けずに未知の言語の文法を構築することができなかった証左といえる。

　使用要件 II は、第三者に対して敬語を使用する際に話し手が考慮するのは、話し手自身とその第三者の関係性ではなく、話し手がその第三者と聞き手の関係性をどのように見ているか、ということに言及するものである。ここで注意すべきは、チェンバレンが当該の第三者が発話場面にいる場合とそうでない場合を区別している点である。第三者がその場にいないときには、第三者が聞き手より上位にあれば尊敬語が使用されるが、第三者がその場にいるときには、その第三者が聞き手の上位になくても、同等あるいは礼儀上同等と見なされるならば尊敬語が使用されるとしている点である。

　使用要件 III は、敬語の使用には、聞き手や話題の人物に対して払われる敬

182

意の多少に応じた度合いが存在することを指摘している。この点は、アストンの著書 *A Short Grammar of the Japanese Spoken Language, Second Edition*.163節において、敬語は話し相手の階層（rank）によって異なることを述べた部分と共通している。

　使用要件Ⅳで述べられている「全く意味を持たなくなる傾向」について、同じ第11章の「おかしな敬語表現」§400の中で言及している。ここでチェンバレンは、「おばけ」「おぼん」「おちゃ」「おでき」などの例を挙げ、「聞き手に対する尊敬の気持ちが全くなくて、特に婦人や下層の人にはたくさんある」という「お」について、次のように述べている。

　　　These are examples of the tendency of honorifics to become meaning-
　　　less.

　　　　　　　　　　　　　　　　　　　　　　（Chamberlain（1889）p.242）

　　　これらは尊敬語が無意味になる傾向を示す例である。

　　　　　　　　　　　　　　　　　　　　　　　　　　　　　　（筆者訳）

　チェンバレンは、「時には非のうち所のない丁重な物言いの陰に遠回しな非難の意味を込めて、敬語が皮肉な意味に使われることがある。例えば『牡丹灯籠』第二章冒頭近くで作者円朝は、山本士丈という医者を an honorable chatter-box and an honorable quack（お太鼓医者のおしゃべり）！と言っている[289]」と驚きを表している。これは敬語が決して尊敬、謙譲、丁寧だけに使われるのではなく、丁寧さを表すとされる接頭辞「お」がその丁寧さ表示の機能を失いそれが付加された語の一部となることがあること、そのような場合には、「お」が付加された語は敬意とは対極にあるような場面でも使用されることになることを見抜いているのである。

　第11章 HONORIFIC AND HUMBLE VERBS の項に書かれている動詞普通体の尊敬体と謙譲体との対応関係を表12にまとめた。この表は、現代の敬語教科書に掲載されている表とほとんど同じであることがわかる。

　『日本語口語入門』には、動詞についての尊敬体の形式、謙譲体の形式だけでなく、名詞における尊敬体形式及び謙譲体形式の対応関係についても言及

289　チェンバレン（1999）p.215

表12　尊敬表現、謙譲表現によって別の動詞を使う場合

動詞普通体 plain verb	尊敬体 honorific	謙譲体 humble
アウ to meet	オアイナサル	オメニカカル
イク to go	オイデナサル、オイデニナル、イラッシャル	マイル、アガル、マカル
イル、オル to be	オイデナサル、イラッシャル	イル、オル
イウ to say	オッシャル	モーシアゲル
カリル to borrow	オカリナサル	ハイシャクスル
キク to hear	オキキナサル	ウケタマワル
クル to come	オイデナサル、イラッシャル	マイル、アガル、マカル
ミル to see	ゴランニナル	ハイケンスル
ミセル to show	オミセナサル	オメニカカル
スル to do	ナサル、アソバス	スル
タベル to eat	（メシ）アガル	イタダク、チョーダイスル
ウケル to receive	オウケナサル	イタダク、チョーダイスル
ヤル to give	クダサル、クレル（丁寧さが低い）	アゲル、シンジョースル

(Chamberlain（1889）pp.216-217参照、筆者作成)

している。例えば、「妻」（wife）について、尊敬体は、下層では「オカミサン」、中流では「ゴシンゾ」「サイクン」、上流では「オクサマ」、謙譲体は、「サイ」「カナイ」、文語専用の謙譲体としては「グサイ」（my wife）となることが丁寧に解説されている。

　チェンバレンが一足早く来日したアストンの研究を常に批判的に取り入れてきたことは前述したとおりであるが、さらに遡ってロドリゲスやホフマンの著書も十分検討して先行研究として自らの研究に取り入れていることは、名詞に接続する敬語の助辞「御」の使い方の解説を、それぞれ比べてみてもわかる（敬語の要件の踏襲については後述する）。

　ロドリゲスは尊敬の助辞に関して、ラテン語の Tuus（汝の）、Suus（彼の）、ポルトガル語の Teu（汝の）、Seu（彼の）に相当する尊敬の所有代名詞の代わりに使われるものとして Guio（御）、Go（御）という助辞を挙げ、その例として「貴下の命令」を意味する Guioy（御意）、「主君への奉仕」を意味する Gofôcô（御奉公）、「貴下の手紙」を意味する Von fumi、「キリストの言葉」を意味する Micotoba を挙げている。これは、尊敬の助辞が名詞に接続する場合、その助辞がラテン語やポルトガル語の二人称、三人称の所有代名詞の役割を事実上果たしていることを指摘している[290]。

　ホフマンは、接頭語「御」を扱ったところで On、O にあたる漢字「御」を

184

楷書の他に草体を7種も挙げている[291]。このように文字の種類にまで言及したのは、敬語法として文字による礼譲も重視したためであろう。文字の印刷技術にこだわりをもって製本に臨んだことが窺われる。

　アストンは所有格に立っていない二人称への敬意の例として O negai（お願い）、O saki ye（御先へ）、Go henji（ご返事）、Go burei（ご無礼）などを挙げて、敬意の対象の関わり方を明確にしている。但し、美化語との区別についての説明があいまいである[292]。

　このようにロドリゲス、ホフマン、アストンはそれぞれ「御」の使い方について注意を向けている点が違っているが、二人称への敬意という点では一致している。チェンバレンも同様に、二人称への敬意表現と捉えているが、新たな知見として特筆すべきは、curious honorific idioms（おかしな敬語表現）として指摘した中に、「オ　ヤスー　ゴザイマス（O yasū gozaimasŭ）」「ゴ　ブサタ　イタシマシタ（Go busata itashimashita）」「ゴ　ブレイ　モーシアゲマシタ（Go　burei　moshi-agemashita）」「オ　ジャマ　イタシマシタ」における O（オ）の性質について記述している点である。

　まるで自敬表現のように見える「お」だが、私の品物の安いこと、あなたに対して私がしてしまった無沙汰、無礼、邪魔までが「あなた自身のような立派なお方に関係があるために一種の光栄の照り返しを受けるのだ[293]」という考え方に立って、二人称への敬意表現であるという解釈している点が新たな知見といえるだろう。

　名詞に接続する敬語の助辞「御」は、敬語表現の中でも最初に目につきやすい部分であるから、当然4人とも言及しているが、それぞれ解釈に違いがあり、チェンバレンはそれらを消化した上で新たな考え方を提示したのである。

5．小括

　本章では、近世から近代にわたる日本語敬語研究史において、非母語話者の代表とされる研究者ロドリゲス、ホフマン、アストン、チェンバレンの各

290　Rodriguez（1604-1608）fol.158v. 影印版 p.320、ロドリゲス（1955）p.569参照。

291　ホフマン（1968）p.94。

292　Aston（1888）167節、p.171参照。

293　チェンバレン　大久保編・訳（1999）p.213。

文法書を、本研究の対象として選定し、その内容を検討してきた。即ち、ロドリゲスの『日本大文典』、ホフマンの『日本語文典』、アストンとチェンバレンは、話し言葉についてはそれぞれ『日本口語文典』と『日本語口語入門』、書き言葉についてはそれぞれ『日本文語文典』と『簡約日本文典』である。

　これらの資料には、各著者を取り巻く環境、即ち、それぞれの社会的な立場や当時の時代背景などのフィルターがかかっており、そのフィルターを考慮しながら分析して初めて彼らの言語観、さらには敬語観の本質を読み取ることができた。

　ロドリゲスの場合は、日本に初めてキリスト教をもたらしたザビエルに続いて来日した初期のイエズス会宣教師であり、白紙の状態から日本語研究に取り組まねばならないという環境にあったこと、布教という日本語習得に対する強い動機を持っていたこと、権力者から庶民まであらゆる階級の人々と接したこと、イエズス会内部で日本語教育だけでなく経済的側面をも支える要職についたことなど、様々な要因が複雑に絡み合って言語観が形成され、『日本大文典』に反映されていた。

　ホフマンの場合は、時代が既に19世紀に入り、言語学という学問分野が確立していたこと、オペラ歌手として通用するだけの聴覚の発達と音韻への興味を持っていたこと、シーボルトとの偶然の出会いからその助手となって日本語研究に取り組むきっかけを得たこと、日本を取り巻く社会情勢から来日の機会が得られなかったこと、オランダ植民省の日本語翻訳官を務めたこと、ライデン大学教授に任命されたこと、日本からの留学生から生の日本語を聞くことができたことなど、偶然の事件や巡りあわせの影響が『日本語文典』に見られた。

　アストン及びチェンバレンの場合は、幕末から明治にかけて、国際社会においても日本社会においても変化の激しかった時代に、約10年前後して来日した二人のイギリス人が、日本語を習得し、文法書を書いていく過程を、多角的に比較しつつ、言語観や敬語観の形成に及ぼした要因を探った。

　即ち、アストンについては、外交官として日本で活躍するだけでなく朝鮮にも滞在したこと、かつ、日本研究者としてもその能力を発揮したこと、国学者との交際から江戸時代の伝統的な国学の素養を身につけたこと、ホフマンの時代からさらに言語学は発展を遂げていた時代であったことなどが挙げられる。

　チェンバレンについては、お雇い外国人として帝国大学博言学科の教授に

就任し、最新の言語学の知識を教え子に伝授したこと、アストンの研究内容を批判的に取り入れることができる立場にあったことが挙げられる。

　アストンとチェンバレンの両者に共通している点は、日本アジア協会が設立され、アストンが入会した翌年にチェンバレンも入会し、ちょうど日本研究が最も盛んであった時期に、多くの非母語話者の日本研究者と切磋琢磨したことである。

　非母語話者によってなされる日本語についての解釈や指摘には、文法書を漫然と眺めていては見出せない独特で斬新な視点があり、それこそが「ソト」からの視点として本研究が注目する点である。

　本章では、ロドリゲス、ホフマン、アストン、チェンバレン、各人を取り巻く「環境」を切り口に、彼らの言語観や敬語観に影響を及ぼした要因を一つずつ探っていき、なぜ、そのような解釈や指摘がなされたのかを明らかにした。

　そして全体として、ロドリゲスから始まった敬語研究が、日本において埋もれてしまってもヨーロッパにおいては生き続けてホフマンに影響を与え、さらに日本の開国前後にアストン、チェンバレンによって、再び日本へもたらされたことを論証した。

　次章では、具体的に「文末に現れる敬意表現」について、非母語話者がどう解釈し、どのように記述したかを調べ、その相違点と共通点を明らかにして、なぜそのような結果になったのかを考察する。

第4章

近世・近代ヨーロッパ人から見た文末に
現れる敬意表現

　本研究第2章において国内外の各資料を幅広く分析した結果、敬語研究史の初期の段階から体系的といえる研究は、いわゆるキリシタン資料、オランダ語による資料、英語（英国）による資料の中にあることが明らかになった。それらの研究の中から、近代ヨーロッパの「言語学」の発展史を3期に分ける本研究の立場、及びヨーロッパ人による日本語研究の歴史を3期に分ける通説によって、各期における代表的人物、ロドリゲス、ホフマン、アストン、チェンバレンと、それぞれの敬語に関する記述のある著書を研究対象として選定した。

　第2章で選定した4名のヨーロッパ人の時代的背景、研究環境等の属性を探り、それぞれの著書から敬語に関する記述を取り出して分析した第3章において、彼らの各敬語観が明らかになった。

　では、そうした敬語観は、具体的に文法書にどのように反映されているのだろうか。敬語観の違いは、解釈の違いとなって現れているのだろうか。本研究において選定した4人の非母語話者が、全員言及している敬語表現を一つの事例として取り上げて比較検討すれば、それぞれの解釈における共通点、相違点が明確になるだろう。

　本章では、各人の敬語研究の内容、とりわけ、文末に現れる敬意表現、特に存在動詞「あり」の敬体の捉え方の違いに着目して、それぞれが敬語をどのように解釈したかを具体的に比較検討する。

1．文末に現れる敬意表現に注目する理由

　本研究が対象とする近世・近代ヨーロッパ人による敬語研究が扱う範囲は広く、敬語に関する記述は、名詞、代名詞、動詞など複数の品詞の解説の中で取り扱われるのみならず、「敬語」あるいは「待遇表現」といった独立した章が設けられている場合もある。例えば、尊敬の接頭辞「お」と「ご」の使い方や、普通名詞に対する特別な尊敬語や謙譲語（例えば「息子」が「御子

息」や「愚息」に変化すること）、一般動詞に対する尊敬動詞と謙譲動詞（「食べる」が「召し上がる」や「頂く」に変化すること）など、様々な分野で文法解説がなされている。

　その中で本研究が特に文末に現れる敬意表現である存在動詞「あり」に絞って分析する理由は、ロドリゲス、ホフマン、アストン、チェンバレンの全員が、各著作の中で文末にくる存在動詞「あり」の敬体の意味や使用方法の解釈を、それぞれ明確に打ち出しているからである。

　言語学的アプローチによって文の仕組みを分析するために、文を構成する構成素（constituent）の階層構造（hierarchical structure）を視覚的に捉えた樹形図（tree diagram）を作成すると、その上位には、必ず動詞句がくる[294]。即ち、動詞句に分類される「あり」は、文の構造上、決定的に重要な構成要素であるため、4人全員が言及を怠らなかったと考えられる。

　また、存在動詞「あり」は、本動詞として存在を表わすのみならず、補助動詞としてアスペクトや断定など文法的な形式の素材として、日本語の中で重要な役割を果たしており、その敬体は、本研究が対象とする時代の日本語に不可欠であったことも4人全員が言及した要因の一つであろう。

　実際、日本語の会話において文末表現は、対人関係の調整機能を担っており、重要な役割を果たしている[295]。口語においては普通、文末表現は、普通体よりも丁寧体が使われるように、文末表現は、「話し言葉」と「書き言葉」の違いを最も際立たせる要素である。また、会話をする中で相手に不自然さを感じさせないようにする決め手になるのも文末表現である。それだけに、外国人にとって適切に使用し、正しく理解することが難しい文法項目であり、使用した文末表現が不適切であった場合には誤解や異文化間摩擦が生じやすいので注意を要することに、4人とも気付いていたのであろう。

　上記の理由は、文法的な観点によるものだが、日本語そのものの時代による変化を見るという観点からも、文末の終止形を観察することは有効であると考えられる。杉本（1994）は、「話し言葉の結びの調子に視点をおいて、明治初期の東京語の実態を示すとつぎのようになる[296]」として、明治初期の江戸語から東京語への変化の実態を明らかにするために、文末に視点をおく手法を採っている。

294　斉藤（2010）pp.71-76。
295　池田（1995）pp.128-129。
296　杉本（1994）p.193。

a. 〜ゴザル（武士・医師・学者―山手）　　　　……消える。

b. 〜ゴザイマス（武士・庶民―上層階級）　　　……一般的となる。

c. 〜デス・デアリマス（主として水商売の女）　……一般的となる。

d. 〜ダ・ジャ（一般庶民・江戸の武士も）　　　……ジャは消え、ダ
は一般的となる。

e. 〜デゲス・デエス（水商売・芸能関係者）　　……ますます特殊化
して、一種の職業方言となる。

f. 〜ザンス・ザマス（遊女・水商売の女）となる。……一般化。特に山
手コトバ

（杉本（1994）pp.193-194）

　このように、話し言葉の末尾を、日本語の変化を分析する際のわかりやす
い指標として使っている点に注目し、本研究も文末表現を比較の指標として
採用することとした。

　上記の理由により、4人のヨーロッパ人がその著作の中で文末に現れる敬
意表現である存在動詞「あり」をどのように取り上げているかを比較するこ
とは意義があると考えられる。

２．存在動詞「あり」の敬体について時代別表現の変化と捉え方

　文末に現れる敬意表現である存在動詞「あり」の敬体について、ロドリゲ
ス、ホフマン、アストン、チェンバレンの記述を分析、比較する際には、時
代別の表現の違いに留意する必要がある。ロドリゲス、ホフマンの時代にお
いては、存在動詞「あり」の敬体は「はべり」「ござる」と表現され、文体の
変化に伴い、アストン、チェンバレンの時代においては、「ます」と表現され
るようになった。そこで、4人のヨーロッパ人の文末に現れる敬意表現の捉
え方を比較するにあたり、ロドリゲス、ホフマンについては「はべり」「ござ
る」、アストン、チェンバレンについては「ます」を取り上げて考察する。

297　表現素材に関する敬語。（a）上位主体語（＝敬称）普通、尊敬語といわれるもの、（b）下
　　　位主体語（＝謙称）、普通、謙譲語といわれるもの、（c）美化語（美称）普通、丁寧語とい
　　　われるもの、の三つに分けられる。
298　表現受容者（対者）に対する表現主体の謹みの気持ちを直接に表す。必ず対者を意識する
　　　点が素材敬語と異なる。例）です、ます、候ふ、等。
299　辻村（1967）pp.108-112。

そもそも、日本語の敬語は「素材敬語[297]」と「対者敬語[298]」に分けられる[299]。素材敬語は、「上下関係」即ち「力」（power）の関係を表わす表現であり、対者敬語は、「距離」即ち対面場面での「連帯性」（solidarity）を表わす表現である[300]。

「はべり」は「謙譲の素材敬語」から「対者敬語」へと変化し、「ござる」は「尊敬の素材敬語」から「対者敬語」へと変化した形式である。明治以降、「ござる」に助動詞「で」がついた「でござる」から変化した「でございます」が一般的になり、さらに時代が進むにつれて「ます」の登場へと至った。

本研究では、まず、ロドリゲスとホフマンが「はべり」と「ござる」をいかに取り扱ったか、その取扱いに、それぞれの敬語観がどのように影響したかについて論じる。

次に、アストンとチェンバレンが「ます」をどう捉えていたか、「でござる」から「ます」への変遷を論じた上で比較検討する。

2.1. 「はべり」について

存在動詞「あり」の敬体「はべり」は、「這い＋あり」という謙譲語起源の語で、本来、貴人の傍らに陪侍するという意味を含んでいた。

その発音については、ロドリゲスもホフマンも、「侍り」を famberi,u（はんべり、る）と記述していることから、当時は「はんべり」と発音していたと思われる。時代別国語辞典（室町時代篇四[301]）によると、四段活用動詞「はんべる」（終止形では「はんべり」ともいう）は、ラ行変格動詞「はべり」が転じたものであり、物語などの擬古文体で用いられたとされる。

では、本来「素材敬語」であった「はべり」が、後に「対者敬語」としての機能を獲得した経緯について論じよう。

森山・鈴木（2011）は、8世紀までの日本語には「素材敬語」しか存在しなかったという。その例として、下記のような天皇から人民に発せられた宣命を挙げている。

　　（称徳天皇→人民）心の内に昼も夜も倦むことなく（仏を）慎み敬ひ仕へ奉りつつ侍り（766年『続日本記』41詔）

300　森山・鈴木（2011）p.180。
301　室町時代語辞典編集委員会編（2000）pp.762-763。

〈現代語訳：私、称徳天皇は、心の中で昼夜あかず仏に慎みの気持ちを持ち、仏を敬い、お仕え申し上げながらいる。〉

(森山・鈴木（2011）p.183)

　上記天皇の言葉の聞き手は、天皇が敬語を用いるはずのない人民である。よって、天皇のセリフにある「侍り」は、「仏」に対する敬意を表していると考えられる。ここには、話し手である天皇と、敬意の対象である仏との間には「力」（power）の軸が存在することがわかる。

　その後、900年代後半から1000年頃には、被支配待遇[302]だった「はべり」が、会話文の中で聞き手敬語として用いられるようになった。その点について、森山・鈴木（2011）は、次のような日常の私的な会話を挙げて解説している。

　　（少年→姉・空蝉）
　　「…まろはここに寝はべらむ。」（1008年『源氏物語』帚木）
　　〈現代語訳：私は、ここに寝（＋ハベリ）よう〉

(森山・鈴木（2011）p.184)

　「はべり」は「存在する」という意味を失い、「寝」という動詞について敬意を添える敬語補助動詞として文法化している。
　また、同じ『源氏物語』から次の引用もしている。

　　（紀伊の守→源氏）
　　「…世の中といふもの、さのみこそ、今も昔も定まりたることはべらね。」（同上）
　　〈現代語訳：男女の仲というのは、今も昔も定まったことは存在し（→ハベラ）ない。〉

(森山・鈴木（2011）pp.184-185)

302　被支配待遇とは、謙譲語の一種である。一般の謙譲語は、「まゐる」「まかる」「奉る」等、「敬意の対象に」「敬意の対象から」「敬意の対象を」のような、敬意の対象と格関係を持つ行為に用いられる。それに対して、支配待遇は、「存在する」のような、直接には敬意の対象と関係しなくても成立可能な状態の表現として用いられる。ある人物が「存在する」ことを、「『敬意の対象のもと』に存在する」と話し手が認識していることを示す表現である（森山・鈴木（2011）p.182参照）。

この「はべり」は、存在の意味は残しているが、存在しているのは「男女の仲」という一つの概念である。

　以上のことから、1000年頃には「はべり」は対面コミュニケーション場面における聞き手へのポライトネス・ストラテジーとして用いられていることがわかる。

　上記のとおり、力の関係を表わす素材敬語であった被支配待遇が、対人場面へ転用されるようになったのはなぜだろうか。

　森山・鈴木（2011）は、被支配待遇が「支配者を前にして用いる語」として慣用化されるうちに、対面的コミュニケーションの場面における聞き手（読み手）に向けて、話し手（書き手）との「距離」を表現するポライトネス・ストラテジーとして転用されるようになったからだという[303]。

　金水（2011）は、日本語の文献資料に現れた中央語（京都・大阪の周辺の知識人層の言葉）の敬語表現を列挙し、その中で謙譲語をAとBの二つに分け、謙譲語Aは、動作の影響の受け手を上位に待遇するものとして、「〜奉る」「〜給ふ」などを挙げ、謙譲語Bは動作主を中立的な表現よりも下位に待遇するものとして、「はべり」「候ふ」などを挙げている。この「はべり」「候ふ」が、丁寧・丁重語にも分布していることから、「はべり」は、素材敬語（謙譲語B）から変化して丁寧・丁重語として発達してきたことがわかる[304]。

　こうした変化を踏まえて、「謙譲表現は主語を相対的又は絶対的に低く待遇する表現であり、一方丁寧表現は聞き手に対して話し手を低める表現であるから、「主語＝動作主」という状況を軸として両者は自然に推移していくものと思われる[305]」と結論付けている。即ち、古典日本語の世界では、「はべり」は、意味的にも用法的にも、謙譲語から滑らかに丁寧・丁重語へとつながって推移していったのであり、謙譲語から丁寧・丁重語への推移は自然な成り行きだったのである。この点が、後述する尊敬の素材敬語「ござる」の丁重・丁寧語への変化の過程と対照的なところである。

　上述のとおり、ロドリゲス、ホフマンが対象とした時代の日本語において、既に、聞き手敬語が、素材敬語から派生してきていたことは明らかになった。とはいえ、素材敬語が聞き手敬語に完全に取って代わられたわけではなく、

303　森山・鈴木（2011）p.190。
304　金水（2011）p.166。
305　金水（2011）p.166。

素材敬語という言語の仕組みは、消滅することなく歴史的にずっと存在し続けて今に至っている。

　このような変化を遂げてきた「はべり」について、ロドリゲスとホフマンはそれぞれどのように解釈していたのだろうか。次節では、その点について検討していく。

2.1.1. ロドリゲスの分析

　前述の『時代別国語辞典（室町時代篇四）[306]』によると、「ハンベル」には、「①ある、居る、の意の謙譲語、丁寧語。②補助動詞「アリ」の荘重語・丁寧語として用いる」とあり、二つの意味が記載されている。

　ロドリゲス『日本大文典』においては、「侍る」は②の意味として2か所、記述されている。一つは巻1「動詞」の項の中に、もう一つは巻2「動詞に接続する尊敬及び卑下の助辞に就いて」の項の中に、その記述を見出し得る。

　前者には、「動詞の主体を卑下して、話す対手なりその場で話を聞く人なりへの敬意を示す所の助辞を伴った複合動詞も亦その単独動詞の意味を変へない[307]」と記して、「参らし」「申し」「奉り」「せしめ」「そろ」「なり」「さぶらひ」とともに「侍り」が挙げられている[308]。

　後者には、「Famberu（侍る）は書き言葉にのみ使われる。主に書き言葉の'物語'の文体で上の語（「Sōrō（候）」「Soro（そろ）」）と同じ意味を表す」と書かれている[309]。

　『日本大文典』の中に、ロドリゲスが挙げた「はべり」を含む例文には次の4文がある。

　　A　Cacaru cocorouqui vazauonan mi famberiqui.（かかる心憂き業をなん見侍りき。）『発心集[310]』（Foxxinju[311]）（ロドリゲス（1955）p.166）

306　室町時代語辞典編集委員会編（2000）pp.762-763。
307　ロドリゲス（1955）p.273。
308　ロドリゲス（1955）p.273。
309　ロドリゲス（1955）p.588。
310　『発心集』からの引用となっているが、この例文は、『方丈記』からの引用ではないかと推測する。「発心集」にも鴨長明がかかわっているので『方丈記』と混同したのではないだろうか。
311　発心集の読み方について、ロドリゲスの記載から古くは「ホッシンジュウ」と読まれていたことがわかる。

B　Midǒno vonconite vouaximaxeba, vonmotenaximo sacoso fambe-riqueme.（御堂の御子にておはしませば、御もてなしもさこそ侍りけめ。）「西行」（Saiguiǒ）巻八[312]　（ロドリゲス（1955）p.428）

C　Naqunaqu namidauo vosayete rixubunuo coso ippen yomi fam-berixitozo, cotayequeru.（泣く泣く涙を押さへて理趣分をこそ一遍誦み侍りしとぞ、答へける。）『道心者』（Dǒxinja[313]）　（ロドリゲス（1955）p.479）

D　Mata ito auarenaru cotomo famberiqui.（またいとあはれなる事も侍りき。）「長明」（Chǒmei[314]）　（ロドリゲス（1955）p.484）

　Aは『方丈記』の「濁悪世にしも生まれ合ひてかかる心憂きわざをなん見侍りし」という文の一部である。穢れと悪のはびこる世の「侍り」には「存在する」という意味はなく、「見」という動詞について敬意を添える補助動詞として文法化[315]している。「支配者」を想定できない状況で用いられる「はべり」は、聞き手（この場合、読み手）への敬意を示すポライトネス・ストラテジーとして用いられているのである。
　Bの「侍り」は「存在する」を意味する素材敬語の動詞と解釈される。
　Cは『発心集』の「阿闍梨実印、大仏供養の時、罪を滅する事」の項の一節である。三木（1976）[316]の校注によれば、勧進職として東大寺復興のために諸国をまわって寄進を集めていた僧、重源が、夢の中で、一人の高僧が「阿闍梨実印という僧の罪障が全て消えた」と言うのを聞いて、阿闍梨実印という名の人を探し出して「どんなことをしたのか」と問うた。それに対して実印が「泣く泣く涙を押さえて、理趣分経というお経をひとわたり読みました」

312　ロドリゲス（1955）の訳注者、土井忠生による脚注によれば、正しくは『西行撰集抄巻第九』である（p.428）。
313　ロドリゲス（1955）の訳注者、土井忠生による脚注には「発心集」とある。つまり、「道心者」とは「発心集」を指す（p.479）。
314　ロドリゲス（1955）の訳注者、土井忠生による脚注には「方丈記」とある。「長明」は鴨長明が書いた『方丈記』を指していると考えられる。
315　文法化とは「文法的要素が（史的に）発達して、関連する一連の機能的・語用論的・意味論的・形態統語的・音韻的変化が生じることということができる。（中略）多少大づかみに言えば、自立語から付属語へ、詞から辞への歴史的変化は文法化であると捉えることができる」（金水（2011）p.14）。
316　三木（1976）pp.320-321。

と答えました」とある。つまり「誦み侍りし」の後に「答えける」が続いているので、Cは、直接引用の一部分となり、読者に対して発せられた文ではなく、重源に対して発せられたものと解釈される。重源が人々の尊敬を集める僧であることを考慮すると、「誦む」という動詞についた敬語補助動詞で、素材敬語と考えられる。

　Dは『方丈記』「養和の飢饉」の部分からの引用で、現代語訳は「また、しみじみと感動することもあった」である。存在しているのは「いとあはれなる事」という人間以外の事柄で、A、Cのような敬語補助動詞ではないが、対者敬語であるといえよう。

　結論としていえることは、ロドリゲスが挙げた「はべり」の例、A、B、C、Dはいずれも11世紀以降の説話集や随筆からの引用で、そのうちA、C、Dは対者敬語、Bは素材敬語ということから、「はべり」には二通りの意味が並立していたということである。JSL（Japanese as a Second Language）環境下にあるロドリゲスは、後続の宣教師たちが、現実の場面で日本語独特の相対敬語を的確に使えるよう、「ハベリ」の二通りの意味の違いについて解説するよりも、その具体例を示すことに力を注いだと考えられる。

2.1.2. ホフマンの分析

　ホフマンが「はべり」の例として挙げた下記の3例はどれも出典が書かれておらず、Ⅰ、Ⅱは、ホフマンが独自に作成したのではないかと推測される。

　Ⅰ　*A.B. sa-u ni fanberite（左右ニ侍リテ）mátsuri-koto wo tori-okonávu,* (the ministers) A. and B. taking the places right and left (of the sovereign), carry on the affairs of government.（Hoffmann（1868）p.317）
　*A. B. 左右に侍りて政をとり行なふ、*大臣AとBが（君主の）左と右とに座を占めて、政（まつりごと）を執行する。（筆者訳）

　Ⅱ　*Yumi va zin-dai yori fanberi,* the bow has existed from the time of the gods.（Hoffmann（1868）p.317）
　*弓は神代より侍り、*弓は神の時代から存在する。（筆者訳）

　Ⅲ　*Fisásiku kai-dei ni fanberi-nuru aida,* during my long stay at the bottom of the sea, the beginning of a speech by the sea-god, when he showed himself before the other gods.（Hoffmann（1868）p.230）

　久しく*海底に侍りぬる間*、私が長く海底にいた間、海神が他の神々の前にその姿を現したとき、その海神による演説の最初の部分[317]。（筆者訳）

　Ⅰは、君主より位が下の*A*と*B*が存在することを謙譲の意味で表現しているので素材敬語である。

　Ⅱは、主語が無生物なので対者敬語である。

　Ⅲについては前後関係が書いてあるので調べてみたところ、太平記巻三十九〈神功皇后攻新羅給事〉で、海底に住む「阿度部の磯良」が神功皇后に対して述べた発話の一部分であることが判明した。この「はべり」は、話し手の阿度部の磯良の方が、聞き手の神功皇后よりも位が低いので素材敬語と理解できる。同時に、対面的コミュニケーションの場面で、阿度部の磯良（話し手）が、神功皇后（聞き手）に対して、距離をおくためにポライトネス・ストラテジーとして使用したといってよいだろう。

　前述したようにⅠ、Ⅱはホフマン自身の作例であるが、Ⅲは「太平記」からの引用である。歴史的に高い評価を得ている「太平記」の一文を引用したのは、JFL（Japanese as a Foreign Language）環境で研究を進めていくデメリットを少なくするためではなかろうか。

　また、ロドリゲスが「動詞」や「助辞」の項の中で「はべり」の例文を掲載したのに対し、ホフマンは、「第7章　動詞」の付録「敬譲を表わす本来の動詞と動詞的な形」の中で「侍り」がどのような位置を占めているのか、アウトラインを明確にしている。即ち、下記のような位置関係になる。

第7章動詞　付録　敬譲を表わす特殊の動詞と動詞的な形

　§111　General observation　一般的な考察

　§112　The honorary passive form　敬意の受動形

　§113　Ⅰ　*Tamavi, Tamai*　たまひ、たまい

　　　　Ⅱ　*Tamavari, Uke-tamawari*　たまはり、うけたまはり

　§114　*Matsuri*, to attend　まつり、参列する

317　「我滄海ノ鱗ニ交テ、是ヲ利セン爲ニ、久ク、海底ニ住侍リヌル間」（私の海底の長い逗留の間、海神が他の神々の前に現れたとき、その海神に依って為された演説の始め）（後藤校注（1962）p.457）

Distinctive verbs expressing　特色のある動詞表現

§115　Being. *Fanberi, Moosi*　存在。はんべり、申し

§116　Doing. *Si, Itasi, Asobasi*　為すこと。し、致し、遊ばし

§117　Seeing, showing. *Mi, Mise, Hai-ken* etc　見ること、示すこと。み、みせ、拝見　など

§118　Saying. *Ivi, Ii-masi, Nori-tamai, Oóse, Kikase, Moosi*　言うこと。言ひ、言いまし、のりたまい、仰せ、聞かせ、申し

§119　Giving. *Age, Saságe, Kudasare, Tsŭke, Torásime, Toráse, Yari*　与えること。あげ、捧げ、下され、つけ、とらしめ、とらせ、やり

§120　Going and Coming. *Mairi, Mairare, Mairase, Mairasare, Ide, Agari, Makári, Tsika-dsuki*　行くこと、来ること。参り、参られ、参らせ、参らされ、いで、あがり、まかり、近づき

　動詞の附録の形で敬語を扱い、一般的な考察を加えた後、受動形、尊敬の給ふ、謙譲の奉る、存在のはべりを述べ、後は動作ごとに敬語を示すという形式である。ロドリゲスが Appendix として次々とつけ足していくのに比べ、ホフマンは系統立てて整理した上で記述したことがわかる。

2.2.　「ござる」について

　室町時代に誕生した「ござる」は、貴人の着座を述べる表現「御座＋ある」から変化した語で、起源的には尊敬語であったが、やがて丁寧・丁重語とみなされる用法を持つようになった。

　謙譲語「はべり」が丁寧語へと変化する過程と尊敬語「ござる」が丁寧語へと変化する過程は同じではない。金水（2004[318]）によれば「謙譲語から丁寧・丁重語への変化は、主語＝話し手（側の人物）という表現を軸としてなめらかにつながっていけるのに対し、（中略）尊敬語から丁寧・丁重語への進展には、飛躍が必要となる」のである。このように飛躍が必要になる理由は、「ござる」の場合、主語がそもそも尊敬の対象であって、話し手ではあり得ないという事情がある。尊敬する相手に対して、尊敬の意をはずして丁寧のみの意を表すというのはなかなか起こりにくい。しかし、「ござる」の場合、敬語を使用する際の厳粛な、畏まった物言いという発話現場における状況的意味が、尊敬と丁寧・丁重語をつないだと考えられる。

318　金水（2004）pp.34-41。

「ござる」の尊敬から丁寧への移行について、金水（2006）は『天草版平家物語』を資料とし、その翻訳の原拠本と対照しながら「ござる」の分析をした結果から次のような可能性を提示している。

　　　主語が上位の人物であっても必ずしも尊敬表現を要しない限量的存在文に、尊敬を表すべき「ござる」が用いられたとしよう。読み手はこの「ござる」の意味をいわば読み誤り、上位待遇の意味ではなく、重々しく、畏まった態度を表す標識、すなわち丁重語として「ござる」の使用を理解するという事態が起こったとするのである。このシナリオが正しいかどうか、実証は難しいが、一つの可能性として想定してよいであろう。

（金水（2006）pp.129-130）

　そして、一旦、「ござる」の丁寧表現としての用法が確立すると、アスペクトやコピュラなどの補助動詞としての用法が適用されていく道が開け、文法化される。
　金水（2006）は、その例として「てござる」の文法化について下記のように述べている。

　　　「てござる」では、尊敬と認められるものは「存在様態」と言うべき、原型的意味に近い用法に限られ、また当然主語は有生物に限定される。一方、パーフェクトや過去と解釈できる「てござる」は存在から離れていくなかで、尊敬表現の意味は持たず、丁寧専用になっていく。パーフェクトや過去といった用法は、主語との統語的・意味的な関係は持たないので、その点でも丁寧表現によくなじむのである。

（金水（2006）p.130）

　このような背景をもつ「ござる」をロドリゲスとホフマンはどのように捉えていたのであろうか。

2.2.1. ロドリゲスの分析
　ロドリゲスは「話しことばに用ゐる存在動詞」の代表として「でござる」の活用を最初に置いた。これは、現代の日本語教育現場で「です」という丁

寧体を最初に教えるのが実用的であるとして教科書の基本文型の 1 番目に採
用している点に通じている。

　例えば「でござる」の「直説法現在」の活用を、ラテン語の文法体系にあ
てはめて人称とともに次のように記述している。

Vare（我）	Degozaru（でござる）
Nanngi（汝）	Degozaru（でござる）
Are（あれ）	Degozaru（でござる）
Varera（我等）	Degozaru（でござる）
Nangira（汝等）	Degozaru（でござる）
Arera（あれら）	Degozaru（でござる）

（ロドリゲス（1955）p.17）

　上記の「汝でござる」「汝等でござる」という表現は、母語話者から見れば
不自然な日本語である。

　ロドリゲス自身も「Nangira」について「敬意は持たないで、尊大さを示
す[319]」と述べている一方で、「ござる」は「何々であるといふ意味に使って、
自分自身なり身分の低い者なりに就いて話し、話し対手やその座に居る人に
対して敬意を払ひながら謙遜し丁寧であることを示す。例へば、Vareraua
christamde gozaru, nite gozaru（われらはキリシタンでござる、にてござる）、
等[320]」と書いているのである。つまり、尊大で敬意を含まない「汝等」と尊
敬語「御座る」を同時に使うことは矛盾していることがわかる。

　この矛盾について、阿部（1976）は、「ロドリゲスは、これが日本語らし
からぬ表現であることを知りつつ記載したのではないか」と疑問を投げかけ
ている[321]。

　ロドリゲスは、日本で生活しながら日本語を学習する JSL（Japanese as a
Second Language）環境の中で『日本大文典』を執筆した。そこでは「話し
ことば」において、「我である」「汝である」「あれである」という言い方は普
通はなされず、何らかの待遇表現が必ず加わる。そこでロドリゲスは矛盾し
ているとわかっていながらも、日常的に使われる「ござる」に言い換えたの

319　ロドリゲス（1955）p.266。
320　ロドリゲス（1955）pp.592-593。
321　阿部（1976）pp.25-51。

であろう。また、どうしてもラテン語文法体系を規範として言語を捉える姿勢から抜けきることができず、「あり」であっても「ござる」であっても、その活用を考える時は、ラテン語 sum、ポルトガル語の ser の活用をあてはめようとしたと考えられる。

　多くの印欧語には動詞の人称変化がある。例えば、ポルトガル語の動詞の場合、規則動詞と不規則動詞があるが、規則動詞の場合、人称代名詞による活用変化がある。一例として partir（出発する）の直説法現在の活用を見ると、主語の人称・数に応じて、語幹 part に -o、-es、-e、-imos、-is、-em という語尾を付加する形で変化していく。

　ポルトガル語を学習する際には、主語となる人称代名詞とともに変化する活用形を覚えるための表を作ることから始めなければならない。

　ところが、日本語の動詞を学習する際、変化表を作ってもほとんどの場合、意味のない繰り返しになってしまう。「私は出発する、あなたは出発する、彼は出発する、私たちは出発する、あなた達は出発する、彼らは出発する」などと同形を繰り返して教える日本語教師はいないだろう。

　しかし、変化表を作ってみると不自然に感じるものがある。即ち、「思う」「考える」のような人間の内的精神活動を表わす動詞や、「寂しい」「欲しい」「寒い」など人の内面の状態に関係を持つ形容詞は、主語が話者自身の場合には、モダリティを表す文法形式を付加する必要はない。主語が話者以外の人の場合には、「君はそう思うのか」、あるいは「彼はそう思うにちがいない」というように、話者の疑問や推量を表す助詞・助動詞などを添えて使うか、「彼らはそこで考えた」のように過去形にしなければ、不自然になる。

　このように印欧語には見られない日本語の動詞の性質から、母語話者は動詞の機械的な変化表を作ろうなどとは思いつかないのではないだろうか。反対に、ロドリゲスの場合は、まずは活用表を作成しなければならないという固定概念に縛られていたと考えられる。

　では、ロドリゲスが挙げた「ござる」を用いた例文を見てみよう。

　E　Quixoua saburaide gozatte cayǒno cotouo vǒxeraruruca[322]?
　　（貴所は士で御座ってかやうの事を仰せらるるか）（ロドリゲス（1955）
　　p.20）

322　vǒxeraruruca の間違いであると考えられる。

　あなた様はサムライでいらっしゃるのでこのようなことをおっしゃる
のか。（筆者訳）

F　Sonatano gozaru tocoroua
　（そなたの御座る処は）（ロドリゲス（1955）p.8）
　あなたのおいでになるところは（筆者訳）

　Eの「御座って」は、相手に向って疑問形で問い質しているので、存在動
詞の尊敬であり、Fの「御座る」も、二人称「そなた」の存在する場所につ
いて述べていることから、存在動詞の尊敬表現と解釈される。
　このようにロドリゲスが挙げた例文の中の「ゴザル」は、どれも尊敬の意
味で用いられているが、丁寧の意味を持つ場合の「ゴザル」には言及してい
ないのであろうか。
　Rodriguez（1604-1608）47丁裏（影印版p.106）には、「深うござれかし」
「深うござれば」「深うござらば」など形容動詞[323]の語根に存在動詞を付けた
ものは、極めて上品、且つ丁寧な言い方であって、日本語に欠けている「時」
と「法」がこうした言い方によって補われると述べられている。下記はその
該当箇所である。

　　話しことばに使う本来の現在形は「深い」と「深し」の二つであって、
　後者は書き言葉にも使う。「深き」は書き言葉にのみ使う。（中略）この
　語根に存在動詞の接したものも挙げたが、それは動詞の時がこの言い方
　を以て如何に上品に又丁寧に補われるかということを知らしめんが為で
　ある。例えば「深うござれかし」「深うござれば」「深うござらば」等。
　　　　　　　　　　　　　　　　　　　　　（ロドリゲス（1955）p.193）

323　ロドリゲスはヨーロッパ語の形容詞に相当する言い方を「形容名詞」とし、それとは別に、
日本語の形容詞は、存在動詞と形容名詞との意義を兼ね、不規則動詞の活用をなし、その主
体語に当る名詞の後にも前にも置かれる点が形容名詞とは異なるので「形容動詞」と呼んで
特別な扱いをしている。ロドリゲス（1955）p.12には「我々の形容詞に相当するけれども、
本来は存在動詞であって、意味の上では形容名詞と存在動詞とを兼ねて居り、その他の動詞
と同じく、固有の活用・時・法を備へてゐる。」と記述されている。このような形容動詞観
はロドリゲス独特のものであって、これを認めないイエズス会士に対して、『日本大文典』品
詞論で「従来形容名詞として通用していたものがなぜに動詞であって名詞でないかというこ
とについて」と題する一章（61丁表-63丁表）を書いている。詳しくは土井（1971）pp.252-
260参照。

歴史上、「ござる」の使用による尊敬表現から丁寧表現が派生していった契機が何であったのかは明らかではない。しかし「ござる」を形容詞の補助動詞とみなすことによって、その文法化及び主語に対する制限の解除、さらにその使用場面の拡張までがうまく説明できるようになるし、「ござる」が次第に丁寧表現として定着していった道筋も見えてくる。文末に現れる敬意表現「ござる」の分析は、『日本大文典』の中でも最も詳細な文法論とされるロドリゲス特有の形容動詞論を紐解いていく端緒ともなっている。

2.2.2. ホフマンの分析

　ホフマンは、次のとおり、素材敬語としての「ござる」については触れず、対者敬語としての「ござる」の説明に終始している。

> 　*Gŏ-zár) i, u*（ござり、－る）、丁寧な書簡文体や話し言葉では、単純な *Ari* の代わりに勿体ぶった *Go-zári*（ござり）、または *Go-zári-másŭ*（ございます）を一層広く使用する。これらの語は速く発音すると、*Gŏzái*、*Gŏzái-más*'（ございる、ございます。）のように響く。また文字では御ゴ座ザ有ア゙り、*Go-za-ari*、で表わされるが、これは、"…であることの光栄を持つ" という表現と等価値である。礼譲の言葉では、この語の適しない処へさえこの語を使う。

（ホフマン（1968）p.363）

　ホフマンはシュタインタールの影響を受けて、比較言語学の手法を念頭に置いているためか、常に語源について言及しようとする姿勢が見られる。ここでも「ござる」の語源へのこだわりが見受けられる。しかし、「ござる」の語源は、前述のとおり、貴人の着座を述べた「御座＋ある」から変化した語であって、ホフマンがどこから考えついたのか「…であることの光栄を持つという表現と等価値」とするのは、母語話者から見ると的外れな考え方である。ここにもホフマンの JFL (Japanese as a Foreign Language) 環境における研究の限界が感じられる。なお、例文としては、次のようなものがあがっている。

> － *Sore va nani de gozaru?*（それは何でござる。）、それは何か？
> － *Nandoki de gozari-masŭ ka?*（なんどきでございますか。）、何時です

か？

- *Hiru de gozari-másŭ*（昼でござります。）、正午です。
- *Anáta dewá gozari-masénŭ; watákŭsi zi-sin ni itási-másĭta*（あなたでは ござりませぬ、私自身に致しました。）、それは君ではない。私はそれ を私自身で為した。
- *Go ki-gen yorósĭu gozari-masŭ ka?*（御機嫌よろしうござりますか？）、 君の気分それは良くあるか、君は良くいっているか＝ご機嫌いかが？
- *Ai-kavárŭ gi mo gozari-masénŭ*（相変はる儀もござりませぬ。）、いつも のようです。文字通りには、変化は全然ありません。

（ホフマン（1968）p.363）

　解説と同様、例文もすべて丁寧・丁重の「ござる」を使ったものであり、 ホフマンが「ござる」を対者敬語と捉えていることがわかる。
　尊敬表現「ござる」の衰退について金水（2006）は次のように述べている。

　　世代が下るごとに、言語習得の過程で、（中略）丁重・丁寧の意味が 「ござる」という形態により強固に結びつけられていくのである。（中略） 室町時代末に有生物主語を取る存在動詞「いる」が成立し、（中略）領域 を広げていく。（中略）近世の中央語では、有生物主語の空間的存在文は ほぼ「いる」に占有されるようになる。その過程で、尊敬表現の「ござ る」ももっぱら「いられる」「いらっしゃる」等に置き換えられていくこ とになるのである。

（金水（2006）pp.130-131）

　「ござる」の丁寧専用化は、金水（2006）の言うように「ござる」が「い られる」「いらっしゃる」に置き換えられる一方、「ます（る）」と結びついて 「ござります（る）」「ございます」と一体化することによっても一層促進され た。
　ホフマンは、「ござる」について、対者敬語としてのみ捉え、素材敬語とし ての起源には触れなかった。研究資料を古典に求めていたにもかかわらず、 尊敬から丁寧専用化への変化に言及できなかったのは、やはり JFL（Japanese as a Foreign Language）環境下における研究の限界がここにも現れたといわ ざるを得ない。但し、実際のところ19世紀の段階では話し言葉が重視され、

「ござる」は対者敬語としてのみ使われていたので、日本に滞在した少数の和蘭人にとってホフマンの「ござる」についての記述は、それほど現実との大きなずれもなく、大いに役立ったことであろう。

2.3. 「でござる」から「ます」への変遷

　ここまで存在動詞「あり」の敬体「はべり」「ござる」が尊敬、謙譲の意味から丁寧へと移行している点を検証してきたが、そもそも存在動詞「あり」は、「で」を伴った「であり（である）」という形で補助動詞としても働き、文法的に重要な位置にある。

　本節では、近世から近代へと時代が移っていく中で、「であり（である）」が「でござる」へ、そして「でございます」から「ます」の登場へと移行していく様子を分析するが、その際、文末に現れる敬意表現「ます」には二つの意味用法があるということに注意を要する。即ち、存在動詞の「マス」と、いわゆる助動詞、補助動詞の「マス」のどちらを取り扱うのかという問題である。

　本研究では、存在動詞「あり」の敬体である「はべり」「ござる」を、ロドリゲス、ホフマンがどう捉えたかという点から出発したが、時間の経過とともに表現が変化した結果、アストン、チェンバレンの時代では、助動詞、補助動詞としての「ます」が頻繁に登場しており、これを除外することはできない。

　よって、本研究では、「ます」については助動詞、補助動詞としての「ます」を取り上げたい。では、まず「AはBである」という構文が初めて登場した経緯から、「である」が「でござる」へと変化してく過程を見ていく。

　柳父（2004）は「AはBである」という構文が初めて登場した経緯について次のように述べている。

　　　近代以後の日本は、西洋の文法理論をモデルとして受け入れた、というだけではなくて、近代の日本語じたいを、西洋文をモデルとしてつくりかえてきた（中略）。とりわけ、書き言葉の日本語は、ほとんど全面的につくりかえられた。つまり、西洋語の翻訳を通じて、日本語じたいを新しくつくってきた（中略）。そのような西洋語翻訳の結果の、主要な一つとして近代日本語には「主語」がつくられた。

（柳父（2004）p.27）

　「〜ハ」で始まる主語に呼応して、日本文では、動詞だけでなく、「空は青い。」や「山は富士。」のように、形容詞や名詞も、そのままの形で述語になり得る。
　ところが西洋語では、述語は動詞であり、形容詞や名詞を述語で表現するには、英語で言えば be 動詞を先立てなければならない。（中略）この重要な be 動詞に相当する言葉、コプラ copula（連辞）が、日本語にはなかったのである。
　結局、「である」という助動詞は、この要請に応えて、近代日本で人為的につくられたのであった。

（柳父（2004）p.102）

　こうしてとにかく、近代日本語に「主語」らしい文法要素がつくられ、またこの「主語」を受けて、文を結ぶ「である。」という文末語もつくられた。（中略）それによって、（中略）最先端の新しい未知の概念を持ち運んでくるのに有効であったようである。

（柳父（2004）p.141）

　これに対し、青木（2012）は、「A は B である」という構文は、『枕草子』や『源氏物語』あるいは中世の抄物といった古典語文献にしばしば見出すことができることから、決して新たに現れた日本語ではなく、近世後期に蘭学者らの翻訳によって復活した日本語であるという。
　「は」の出現が『枕草子』の時代に遡るというのは理解できるが、同時代に「A は」に対応した形の「B である」という「である」が既に出現していたのだろうか。この場合、「である」にあたる古代語「なり」が対応したのではないか。有名な書き出し「春はあけぼの」は、「春はあけぼのである」ではなく、「春はあけぼのなり」と捉えられていたという推測も成り立つのではないか。
　野村（2013）は、「「なり」は「にあり」が詰まったものだが、「にてあり」からの変化「であり」（実際には、連体形の終止形化により「である」）に次第に取って代わられた[324]」という。実際、室町期の資料（キリシタン物や抄

324　野村（2013）p.50。

物）や、江戸期の国字解[325]には、「である」がよく現れるという[326]。

　では、古典語文献では確認されていた「である」が、近世後期になるまでの間、目に触れにくかったのはなぜだろうか。

　山本（1981）は、「「である」の末音の「る」が脱落して「であ」となり、それをぞんざいに発音した時拗音化して「ぢゃ」になり、直音化して「だ」になった」[327]という。つまり、「である」は、室町期にも江戸期にも、抄物・国字解のような講義録タイプには改まった公的な言い回しとして使用されてきたが、それ以外では、形を変えた「ぢゃ」「だ」が使用されたのである。野村（2013）は「後の言文一致体に「である」がよく使われるのは、「ぢゃ」「だ」「です」などよりも方言分化の進んでいない基本の形だったからではないか[328]」と述べている。

　「〜は…である」という構文は、開国後、西洋語との接触を契機に、文法の骨格そのものが変化した結果、新たに登場したのではない。「である」が音韻変化を受けて文体のレベルで変化が起こり、一時目に触れにくくなっていたものが、改めて広く様々な場面で使われるようになったのである。

　一方、近世において、抄物や国字解を除き、目に触れることの少なかった「である」の代わりに一般的に使われていたという「でござる」はどのように捉えられていたのだろうか。そして、その捉え方は、近世・近代を通してどのように変化していったのだろうか。

　「ある」と「ござる」の関係について、アストン『日本口語文典』には次の記載がある。

In the compound *gozarimasŭ* or *gozaimasŭ*, so common as a polite substitute for the verb *aru* 'to be', *go* is not a honorific particle indicative of respect to the person who is the subject of the verb, but like *masŭ*, its use

---

325　「国字解」とは、多くは漢籍の解説を行ったもので、抄物のような講義調の文章になっている。先生の講義を録した形式になっているので、話し言葉的である（野村（2011）pp.186-187参照）。
326　その例として、『信長公記』（太田牛一、江戸初期）から「是そ山城殿にて御座候と申す時、であるかと被仰候て、敷居より内へ御入候て（…）」という記述、清原宣賢『日本書紀抄』から「北方は陰陽会合の方である」「此の神のなりが身は一つで面が四であるちゃぞ」という記述を挙げている（下線は筆者による）（野村（2013）pp.52-53）。
327　山本（1981）pp.641-642。
328　野村（2013）p.53。

implies courtesy to the person addressed whatever may be the nominative to it. When we say *watakūshi de gozaimasū* 'it is I', [...] there is no intention of speaking honorifically of oneself [...].

（Aston（1888）pp.172-173）

　　「ある」to be という動詞の丁寧な言い方として非常に一般的である「ござります」あるいは「ございます」という複合語では、「ご」は、動詞の主体である人への尊敬を示す敬語の小辞ではなく、「ます」のように、その使用によって、主格にあたる人が誰であれ、話しかけられている人への礼譲を示す。我々が「わたくしでございます」と言うとき、そこには自分自身に対する尊敬の意図はない。（筆者訳）

　アストンは「ある」の丁寧語として、「あります」でなはく、「ございます」が一般的であるとしている。また、文末に「ます」を使うことによって、その文の主語に当たる人に対する敬意が示されるとする。
　アストンが「ございます」に対してこのような解釈をした時から、半世紀以上経ってから、三上章（1903-1971[329]）は、「ある」を次のように 3 段階で表現した。即ち、原則として、丁寧さを付加したい場合、あるいは丁寧さを除きたい場合、丁寧体と普通体を使い分けることで区別するが、「ある・いる」の二大動詞だけは、普通体、丁寧体の上に「ゴ丁寧体」が加えられるとするのである。つまり、三上の解釈は、「ある」について、普通体が「ある」、丁寧体が「あります」、「ゴ丁寧体」が「ございます」であるというものである[330]。
　アストンは、「わたくしでございます」には「自分自身に対する尊敬の意図はない」とことわっているが、これは、「でございます」に敬意が含まれない

329　文法学者。広島県に生まれる。1927年東京帝国大学工学部卒業後、台北の台湾総督府営繕課に技手として就職。その後、朝鮮、日本の旧制中学の数学教師をつとめる。1965年大谷女子大学国文学科教授に就任。それまで、高校教師として勤務しながら「町の語学者」として日本語文法に関する画期的論考を多数発表。1970年にはハーバード大学にも招聘された。1971年死去。ほとんど独学で日本語文法の研究を行い、『現代語法序説』(1955)、『象は鼻が長い』(1960) などを著す。従来の主語概念を否定して「～は」と「～が」の機能差を明確にした「主語否定論」をはじめ、多くの独創的見解を示し、日本語構文論研究に新しい展開をもたらした。評伝として金谷 (2006) がある。
330　三上 (1955) pp.231-232。

という意味ではなく、三上の言う「ゴ丁寧体」にあたるものだといえよう。ただ、アストンは、「でございます」の文例として提示したものが、一人称「わたくし」という言葉を含むものだったために「自分自身に対する尊敬の意図はない」と書いたのであって、決して「ます」に敬意がないと言っているのではない。アストンは、「ます」を、敬語の範疇と捉えていると考えられる。

　一方、チェンバレンは、アストンの説を進めて、「である」を familiar（くだけた形）、「であります」を rather polite（やや丁寧）、「でございます」を truly polite（誠に丁寧）として、である→であります→でございますという順に、より丁寧になるとする[331]。さらに「でございます」から「です」への変化に言及して、次のように記述している。

　　§270（中略）ゴザイマスの前に助詞デがくると、デゴザイマスはデスに、デゴザイマシタはデシタになる（後略）。
　　　　　　　　　　　　（チェンバレン　大久保編・訳（1999）p.156）

　チェンバレンによれば、「サンジハンデゴザイマス」という文は「サンジハンデス」と同じということになる[332]。但し、チェンバレンの著書には「でござる」を使った例文は載っていない。「でござる」が登場するのは、「でございます」あるいは「です」の説明のためだけである。

　明治維新後20年以上経った日本に生きていたチェンバレンにとって、「でござる」は既に「でございます」や「です」に取って代わられた表現であったことは前述したが、「です」については、山本（1981）の次の記述が興味深い。

　　江戸後期にはだいたい芸人言葉としてはなし家やたいこもち・女芸者・新吉原の茶屋女などに限って用いられ、しろうとに「です」ことばが出るととがめられたもので、町人でも身分のある者は、男女とも用いなかった。それが一般に広まったのは、江戸の末ごろや明治初年に江戸（東京）に出てきて、柳橋や新橋あたりの花柳界と関係の深かった地方出の役人

331　Chamberlain（1889）p.216。
332　Chamberlain（1889）pp.317-318。

や学生などが、女芸者らの「です」ことばを聞いて江戸の普通の言葉と
思ってまねはじめ、しだいに広まったものであろう。

（山本（1981）pp.644-645）

　この山本（1981）の指摘に従うならば、「です」は「でござる」が徐々に
変化して出現したものではなく、「でござる」に取って代わって新たに用いら
れるようになった同じ働きの語ということになろう。
　以上のことを踏まえ、次節では、開国を経て「でござる」が「でございま
す」へ、そして「ます」の登場へと至った歴史的変遷を、ヨーロッパ人の視
点、即ち「ソト」からの視点で考察する。

2.4.　「ます」について

　「ます」は、「話し言葉」と「書き言葉」の違いを最も際立たせる要素であ
る。言文一致は、「書き言葉」をできるだけ「話し言葉」へと近づけようとす
ることであるから、言文一致運動の推移は、「ます」の捉え方の変遷によって
示すことができる。
　文末に現れる敬意表現「ます」の捉え方については、まず、人称との関連
から論じたものに古田（1974［2010d］）、青木（2011）がある。前者では、
アストンが「ます」をどう捉えていたかについての考察がなされているが、
チェンバレンについては「ます」に言及している箇所を指摘するにとどまり、
二人の「ます」に対する見解についての詳しい比較は行われていない。後者
は、人称と尊敬及び謙譲の関係について論述したものである。
　また、杉本（1999）は、チェンバレンの動詞論を論じる中で「ます」につ
いて触れてはいるが、もっぱらその形態的な特徴に焦点をあてるだけで、「ま
す」が意味的に敬語とどのように関係しているか、また、「ます」をめぐる
チェンバレンとアストンとの比較対照等についての記述はない。
　そこで、本節では、アストンとチェンバレンの存在動詞「ます」について
の記述を分析することにより、それぞれの敬語観を探る。なお、その際には、
アストン及びチェンバレンの人物像や時代背景のみならず、ヨーロッパの言
語学史とヨーロッパ人による日本語研究史にも言及する。

2.4.1.　アストンの分析

　アストンは、「ます」について、『日本口語文典』第4版において、次のよ

うに述べている。

> *Masu* was originally a honorific. As now used, it expresses neither re-
> spect nor humility but is a polite termination which may be used indiscrim-
> inately with any person of the verb. It should be remembered that *masŭ* is
> an element of the contracted forms *desŭ*, *deshita* and *deshō*, which are
> therefore somewhat more polite than *da*, *datta*, and *darō*. But a contracted
> form which contains a honorific or polite form is always much less respect-
> ful than the uncontracted form. The politeness implied in the use of *masŭ*
> is always for the benefit of the person addressed, and not of third persons.
>
> (Aston (1888) p.175)

　マスはもともと尊敬語だった。現在使われるときは、それは尊敬も謙
譲も表さず、動詞のいかなる人称とも区別なく使用され得る丁寧さを表
す語尾である。マスは、ダ、ダッタ、ダロウよりはいくぶん丁寧なデス、
デシタ、デショウという縮約形の一要素であることを忘れるべきではな
い。しかし、尊敬あるいは丁寧な形式を含む縮約形式は、常に、その縮
約されていない形式よりはずっと尊敬の念が少ない。マスの用法に含意
された尊敬の念は、常に、聞き手に対するものであり、第三者に対する
ものではない。（筆者訳）

　アストンにとって「ます」は、話し相手に対して使う丁寧な末尾辞であり、
「です」よりも尊敬の程度が低いという認識である。
　次に、『日本文語文典』第3版では、第8章 Humble and Honorific Verbs の
項に次の記述がある。

> *Masu* (1ˢᵗconj.) is used as a honorific in the old language, where it is
> found exclusively in the second or third person. It is much more restricted
> in its use than *tamafu*, being only used along with certain verbs. *Masu*
> originally meant "to set" "to dwell". The modern colloquial auxiliary *masu*
> is the same word, although its conjugation is different and it is used indis-
> criminately with all three persons.
>
> (Aston (1904) p.166)

　マス（第一活用）は古語においては尊敬語として使われているが、そこ（古語）では二人称あるいは三人称にしか見当たらない。マスはその用法においてタマフよりもずっと制限されている。というのもマスはある種の動詞としか用いられないからである。マスはもともと「据える」「住む」を意味した。現代口語の助動詞マスは同じ語であるが、その活用は異なっており、すべての人称と区別なく用いられている。（筆者訳）

　文語は口語よりも使用するとき制約が多く、口語が人称にかかわりなく使用して丁寧の意を表すのに対し、文語では尊敬語として扱っている。「給ふ」が幅広く使われるために、「ます」の用法は狭い範囲に限られているという認識である。

　「ます」を形態的にどう捉えているかであるが、アストン『日本文語文典』初版では、「まする」を尊敬の助動詞としている。そして、古語では二人称三人称における動詞に結びつけられ、口語ではすべての人称の動詞に用いるとする[333]。

2.4.2. チェンバレンの分析

　前章でアストンが、話し言葉における「ます」は人称にかかわりなく使用され、丁寧の意を表すのに対し、書き言葉では「たまふ」が幅広く使われるために、「ます」の使用は制限されて二人称と三人称のみに使用され、尊敬の意を表すという認識をもっていることを述べた。

　では、チェンバレンは「ます」をどのように解釈したのだろうか。『日本語口語入門』第11章 Honorifics の「動詞の丁寧表現」§402の中には、下記のとおり、「ます」を、「単なる儀礼的な話し方のしるし」（mere marks of a courteous style）だと説明している部分がある。

　　§402　In order to make verbs polite, the plain forms, as given in the verbal paradigms on pp.150-155, are replaced by those in *masu*, as given on p.156. These are, however, scarcely honorific in the proper sense of the word, that is to say that they are more often simply marks of a courteous style, than of any special respect paid to the person addressed.

333　Aston（1904）p.73。

　§402　動詞を丁寧に言うには、150頁から155頁の動詞活用表に示した
ような何も付かない形を156頁に示したようにマスの付いた形に変える。
ただしこれは語本来の意味の敬語とはほとんど言えず、聞き手に対する
敬意を表わすというよりも言ってみれば単に丁寧な話し方のしるしとい
う場合が多い。

（チェンバレン　大久保編・訳（1999）p.215）

　チェンバレンの考え方によれば、何も付かない形の動詞に、機械的に「ま
す」を付ければ、丁寧に言ったことになるというわけである。その場合の「ま
す」は、丁寧な話し方の記号の一つであり、特別な意味を持たなくなってき
ているということになる。つまり、「書き言葉」では「ます」は「候」の代わ
りであり、「話し言葉」ではただの「しるし」だというのである。
　このように「ます」が単なる丁寧の記号として使用されるなら、当然、動
詞そのものが既に敬譲の意を含んでいても、そこに「ます」をつけておけば、
より丁寧だということになるだろう。
　丁寧の意を表す記号としての「ます」について、チェンバレンが例文を挙
げて説明している箇所があるので、次に引用する。

　　For the latter purpose it is usual to employ a periphrasis consisting of
the word *o*, "honourable," the indefinite form of the verb, and *mosu* ("I
say") if the first person is intended, or *nasaru* (less frequently *ni naru*) if
the second or third person is intended. *Nasaru* means "to deign" *ni naru*
means "to become". Thus *tanomu* "to ask," becomes *o tanomi mosu*, "I
ask," and *o tanomi nasaru*, or *o tanomi ni naru*, "you ask." The past *tanon-
da* becomes *o tanomi mōshita* and *o tanomi nasutta*,etc. The polite termina-
tion *masu* may be superadded, thus: *o tanomi moshimasu, o tanomi na-
saimasu ; o tanomi moshimashita, o tanomi nasaimashita*. The phrases here
indicated are used in addressing equals and superiors. They need not in-
deed　always be given the preference over the simpler forms, but they
should be scattered about pretty freely. The more exalted the rank of the
person addressed, the　more frequently should they be introduced.

214

（Chamberlain（1999）pp.243-244）

　　聞き手に対する敬意を表わすには普通、オ honourable とその動詞の不定形に、一人称ならばモース I say、二、三人称ならばナサル（時にはニナル）をつけるという長ったらしい形を使う。ナサルは　to dein、ニ　ナルは to become　の意味である。例えばタノム　to ask　はオ　タノミ　モース　I ask　とオ　タノミ　ナサルまたはオタノミ　ニ　ナル　you ask　になる。過去形のタノンダはオ　タノミ　モーシタ　と　オ　タノミ　ナスッタなどとなる。これに丁寧の語尾マスを付けることもできる。例えばオ　タノミ　モーシマス、オ　タノミ　ナサイマス：オ　タノミ　モーシマシタ、オ　タノミ　ナサイマシタ。ここに挙げた言い方は対等または目上にいう場合に用いられるものである。確かに何も付かない形よりもこちらを必ず使わなければならないわけではないけれども、かなり頻繁に使ったほうがいい。聞き手の身分が高ければ高いほど頻繁に使わなければいけない。

（チェンバレン　大久保編・訳（1999）pp.215）

　「頼む」の謙譲「お頼み申す」、及び尊敬「お頼みなさる」「お頼みになる」よりも、文末に「ます」を付けて、「お頼み申します」及び「お頼みなさいます」「お頼みになります」としておいた方が丁寧だというのである。但し、絶対使わなければならないというわけではなく、相手の身分が高ければ高いほど使用頻度を多くすべきという、かなり幅のある言い方をしている。
　チェンバレンが「話し言葉」における「ます」を mere marks of a courteous style と解釈していることについて述べてきたが、「書き言葉」については、「ます」についてどのように解釈しているのだろうか。
　『簡約日本文典』には、書き言葉における「ます」についての詳しい言及はなく、書簡の文体について説明する第９章に次のように書かれているだけである。

　　When added to other verbs and adjectives it is a meaningless suffix, generally corresponding to the *masu* of the colloquial.

（Chamberlain（1924）p.98）

215

他の動詞や形容詞に加える場合、それは意味のない接尾辞で、一般に、
　　　それは口頭の「ます」に一致する。（筆者訳）

　つまり、話し言葉における「ます」を mere marks of a courteous style と表現し、書き言葉における「ます」を a meaningless suffix と表現している点から、チェンバレンにとって「ます」は、話し言葉、書き言葉にかかわらず、機械的に付けておけば間違いないという感覚だったのだろう。

　では、チェンバレンは、「ます」を形態的にどう捉えているのだろうか。結論からいえば、チェンバレンは動詞の一部と考えている。

　まず、動詞は、語根（root）、語幹（stem）、活用形（inflection）または語基、膠着語尾または接尾辞の四つの成分からできているとする。そして、語基には確定現在、不定形、条件基、否定基があり、それぞれに3種類の活用（第一活用・第二活用・第三活用）があり、この第三活用に、「くる」「する」「ます」を挙げている。しかし、「ます」と「なさいまし」は「為」と同じであるから不要とする。

　例えば、「こまりました」で説明すれば、語根 kom に ar が膠着して語幹 komar ができ、これに説明しようのない接尾辞 i が付く。これが基本形で語基とし、一定の接尾辞が付くことになり、膠着語尾「まし」と過去のしるし「た」が付いたとする。こう考えると「こまりました」一語に to be が3回含まれていることになる。

　「ます」は、現代国語文法においては、助動詞の連体形あるいは終止形、現代の日本語教育文法においては、動詞の丁寧形の活用語尾とされるのに対し、チェンバレンは膠着語尾としている点が注意を引く。

　明治政府にとって目先の最重要課題は、欧米の近代国家の仲間入りをすることであり、そのためには日本において近代文化を発達させる必要があった。日本語の近代化のためには、近代的な人間の思想や感情を、自由に十分に表現できる近代口語文体の確立が必要である。

　明治政府のお雇い外国人であるチェンバレンは、そうした要請を無意識のうちにもくみ取っていたのであろう。1887年の羅馬字会総会で「言文一致」の題で講演し、文明と言文一致との相伴のためには、第一に文体を改め、難解な漢語を廃して俗語のままにつづった言文一致のわかりやすい文章で書くのが最善の策である旨呼びかけている。

　チェンバレンは、言文一致運動は、近代文学の発生や成長にとってだけで

なく、日本近代文化の前進と発達にとって不可避の重要事であるということを認識していたのである。

3. 考察

　文末に現れる「はべり」「ござる」という敬意表現は、時代とともに謙譲、尊敬の意味から丁寧へとその意味が移行していき、形も変化して、明治以降は「ます」という表現が登場した。

　ロドリゲス『日本大文典』から、約260年間の時を経て出版されたホフマン『日本語文典』までの間に、日本語そのものが大きく変化したのであるが、アストンからチェンバレンまでのわずか10年ほどの期間においても、「ます」は、尊敬から丁寧へ、特に「単なる儀礼的な話し方の印」（mere marks of a courteous style）へと変化していった。その背景には、敬語意識の変化があると考えられる。

　古田（1983［2010h］）は、江戸期にあっては、身分や階級、職業に応じて、細かく分かれていた敬語が、明治維新以後、次第になくなり、平均して数種類のものになってきたという[334]。その根拠として『安愚楽鍋』（1871-1872[335]）から具体例を示している。即ち、西洋好きは「でごす・でげす・でごぜえす」、町人は「ございます・ます」、武士は「じやて」のように、職業や身分ごとに使用する文末辞が、明治になって整理されてきたというのである。

　また、次の山田（1924）の記述を読むと、敬語の意義が、上下関係を明確にすることによって社会秩序を保つことの他に、人格尊重にあると考えられるようになったことがわかる。

　　　敬語は上下貴賤の区別をあらはすに適すといへども必ずしも階級制度の結果とのみいふべからず。人は人として相交わる間に互いにその人格を重んじ、その才能知識、徳望、品格等を尊ぶに於いて、それを言語によりて表明する（後略）

334　古田（1983［2010h］）p.235
335　仮名垣魯文の戯作。3編5冊。1871-72年出版。角書に「牛店雑談」とある。文明開化の訪れを楽しむ庶民の実態を、あぐらをかいて食べる安直な牛鍋屋の座敷に凝縮して再現した作品。登場人物は田舎侍、工人、生文人、娼妓、商人といった庶民階級で、精細な人物描写と会話に写実味があり、その写実を通して、無批判且つ安直に開化の現実を受け入れている庶民の生活意識と風俗を浮彫にする。

　つまり、文末における敬意表現が、素材敬語から対者敬語へと徐々に変化した理由の一つとして、上下関係の明確化から人格尊重へと人々の意識が変化していったことが挙げられよう。特に明治以降は、士農工商の身分制度が撤廃され、四民平等となったことが人々の言語意識やその使用に大きな影響を及ぼしたと考えられる。職業や身分による敬語使用の細分化が整理されて簡素化し、さらに、欧米の思想の輸入を通して芽生えた人権意識から、相互の人格的関係を重視するという役割の部分が急速に大きくなったことが背景にあるのである。

4．小括

　第3章で、日本社会に溶け込み、日本人との多様な接触場面を通じて日本語を習得したロドリゲスが、敬語のルールを一種のスタイルとして場面ごとに体得していったのに対し、ホフマンは、限られた資料とわずかな日本人との接触の中で、古典からデータを収集し、それらが共通して持つルールを紐解き、科学的に分析することを通して、敬語を日本語の持つ文法現象の一つとして提示したことを述べた。ロドリゲス『日本大文典』の時代と、約260年間の時を経て出版されたホフマン『日本語文典』の時代では、日本語そのものが大きく変化している。

　本章では、この2人の敬語観の違いが、文末の敬意表現「ハベリ」「ゴザル」の解釈、及び例文に如実に現れていることを明らかにし、時代背景の違いについても詳述した[336]。

　さらに時代が明治へ進み、日本社会の構造が転換し、人々の言語生活にも大きな変化が見られたことが一因となって、「ござる」から「ます」への変遷が見られたことを述べた。そしてアストン及びチェンバレンの各著書から「ます」の解釈を分析することによって、尊敬から丁寧へ、丁寧の中でも段階があることを具体的に示した。

　表13は、まとめとして、4名の非母語話者が文末に現れる敬意表現をどの

336　ロドリゲスとホフマンの日本語敬語観について青木（2013a）参照。

ように解釈したかを示すことによって、「はべり」「ござる」「ます」の意味が変遷していった様子をまとめたものである。

表13　「はべり」「ござる」「ます」の意味の変遷

	ロドリゲス	ホフマン
はべり	素材敬語（謙譲 cortesia）と対者敬語	素材敬語（礼譲 etiquette）と対者敬語
ござる	素材敬語（尊敬 respeito）のみ 但し、形容動詞の語根に存在動詞を付けた場合は丁寧	対者敬語（従順 onderdanige）のみ

	アストン	チェンバレン
ます	尊敬から丁寧（courteous）へ	単なる儀礼的な話し方の印 （mere marks of a courteous style）」

第5章
近代日本における母語話者及び
非母語話者による敬語研究の関係性

　本研究で取り上げたホフマン、アストン、チェンバレンを代表とする近世、近代ヨーロッパ人による研究で、ロドリゲス『日本大文典』の影響を受けていないものはないことを論証してきた。彼らの研究に対する評価は様々になされるが、その価値が、「ウチ」からでは気付かない「ソト」からの視点に基づいているという点にあるということは確かな事実である。

　では、日本では、ロドリゲス『日本大文典』は、どのように受け取られていたのだろうか。あるいは、受け取られていなかったのだろうか。

　敬語に関する日本語による資料を分析した結果、日本人が敬語を研究対象と捉え、体系的研究に取り掛かったのは、明治も半ばを過ぎてからであることがわかった（第2章参照）。つまり、17世紀初頭から19世紀末頃まで、約300年もの間、日本においては、ロドリゲス『日本大文典』が取り上げられることは一度もなく、歴史に埋もれてしまっていたのである。

　その理由として、大石（1977）は、ロドリゲス『日本大文典』が、①「日本人の近づきがたい異国語の著述であ[337]」ったこと、②「現在ではその原本はイギリスに二部伝わるのみというような稀覯書である」こと[338]、それに加えて、滝浦（2005）は、③「宣教師たちの研究は本部への報告と後続の宣教師たちの教育用に書かれたものであり、（中略）それが孤立的な位置にとどまったのも無理からぬこと[339]」だと述べている。

　確かに、江戸時代はもちろん明治になっても、日本人研究者が、ロドリゲス『日本大文典』を手にする機会はなかっただろう。仮に手にしたところで、当時としてはポルトガル語で書かれたそれを読みこなすことは不可能だっただろうし、読みこなさなければならない必要性もなかった。

　しかし、明治期の日本人研究者にとって、同時代に活躍したチェンバレンの研究を取り入れることはなかったのだろうか。チェンバレンは、1887年に

---

[337]　大石（1977）p.208。
[338]　大石（1977）p.208。
[339]　滝浦（2006）p.5。

開かれた日本アジア協会（The Asiatic Society of Japan）の例会において、パリの海外伝道会（Société Missions Étrangères）所蔵のロドリゲスの写本を精読する機会を得たと述べており[340]、その翌年に『日本語口語入門』を刊行したという事実がある。つまり、そこにロドリゲスの名前が出ていなくても、『日本語口語入門』の内容が「十分ロドリゲス的である[341]」という評価がなされ得るのである。実際、後述のとおり、チェンバレン『日本語口語入門』には、その内容が、ロドリゲス『日本大文典』と共通である箇所が多々ある。

　では、明治以降の日本人研究者は、チェンバレンの研究を通して、ロドリゲスの基本的な見方を自らの研究に取り込んだだろうか。

　本章では、敬語研究が本格化した明治以降の日本人による敬語研究を取り上げ、外国人による敬語研究と、どのような関係にあったのかについて論じる。

1．明治以降の日本人による文法研究

　文法学の立場からその研究史を概観した徳田編（1983）によると、近代文法学は、明治時代の「開明文法期」と大正から昭和10年代の「要素論文法期」に分けられ、さらに、それぞれ前期と後期に分けられる。開明文法期においては、前期を折衷期として大槻文彦の『広日本文典』、後期を純化期として三矢重松『高等日本文法』と山田孝雄『日本文法論』を集大成として挙げている。要素論文法期においては、前期の代表が松下文法、後期の代表が橋本文法であるとする。次に引用するのは、近代文法学史の時代区分とその特質を図式化したものの一部である。

　徳田編（1983）によれば、明治前期は、先進の学問の成果をそのまま移植摂取して自国の古来のものと折衷融合させる方法が採られた時代であった。モデルとなる文典は、オランダ、イギリス、ドイツの各文典で、鶴峯戊申『語学新書』（1833）、田中義廉『小學日本文典』（1874）、中根淑『日本文典』（1876）が出版されたが、それらの集大成とされるのが大槻文彦『語法指南』（1889）を増修した『広日本文典』（1897）であった。素材は伝統的、体系は

340　土井（1971）pp.97-98。
341　滝浦（2005）p.6。

$$
近代文法学
\begin{cases}
開明文法期
\begin{cases}
\text{時期区分＝明治期のほぼ全体。言語の対象化・実体化・} \\
\text{　体系化の時代} \\
\text{構成原理＝西欧語学等の体系摂取と伝統説との折衷総合} \\
\text{　に成功} \\
\text{代表説＝（前期）折衷期＝大槻文法（洋才和魂型）} \\
\text{　　　　（後期）純化期＝三矢文法、山田文法（和魂洋} \\
\text{　　　　才型）} \\
\text{問題点＝和洋二元型であり、自己の方法を持たない。}
\end{cases} \\
要素論文法期
\begin{cases}
\text{時期区分＝大正初年より昭和戦前} \\
\text{構成原理＝西欧語学等の一元的摂取に成功、構成言語観} \\
\text{代表説＝松下文法（論理学的方法）} \\
\text{　　　　橋本文法（手続中心外形的方法・音相法）} \\
\text{問題点＝内発的でない。〈文論〉〈叙法論〉がない。}
\end{cases}
\end{cases}
$$

（徳田編（1983）p.8より一部引用）

西洋ということで和魂洋才型といえる。

　和魂洋才型の文典の素朴性・実用性とぎこちなさに飽き足りないとする立場から、その精錬と克服が試みられ、三矢重松『高等日本文法』（1908）、山田孝雄『日本文法論』（1902-1908）が刊行された。三矢は大枠において大槻説を継承し、山田はこれに対して巨大な破壊力を発揮して独自の学説を立てているが、日本の伝統的成果とドイツの学問の成果との統合であるという和魂洋才的二元性が認められる。両者の特色について徳田編（1983）は次のように記述している。

　　　三矢においては、和洋折衷がなお目立っていた大槻文法を、源氏を中心とする平安の古典研究に沈潜した文法感覚に立って、より一層日本的なものに精錬しようとしたのである。（中略）また山田は、（中略）ハイゼのドイツ文典やヴントの民族心理学の理論等に範を仰ぎ、本居宣長・富士谷成章らの古来の説を、この角度から徹底的に検討して、『脚結抄』の説を基本として統合し、合理主義的体系を作り上げたのである。

（徳田編（1983）p.5）

明治時代ではまだ西洋文法を輸入、移植するのみであったが、大正時代以降は、伝統国語学の即時性を克服して言語を自己から取り出して対象化し、要素を明確にするとともに、その全体像を認識、再構成することが求められた。そこで西洋文法を生み出した方法を学び取り、これによって自力で対象を再構成しようと試みるようになってくる。その結果、「言辞」を基礎とする松下文法説、「言語の有節性」という原則に立って文節という分析法を取った橋本文法説が出てきた。

　松下文法はきわめて理論的、観念的な理論文法であり、橋本文法は、実際的な形式文法で、全く別物のように見えるが、基本的には表裏の関係にあることが分かってきた。

　以上、文法研究史において、代表的な日本人研究者は、「開明文法期」の大槻、三矢、山田、要素論文法期の松下と橋本の5名が挙げられる。この5名は近代の日本語文法研究史において、新しい局面に登場する研究者の代表である。この5人の日本人文法学者の中で、敬語研究の初期段階（明治中頃から大正期）に、位置する研究者として、本研究第2章で取り上げたのは、三矢、山田、松下の3名である。

　そこで本研究では、上記3名（三矢、山田、松下）に、第2章でも取り上げた日本人による敬語研究の嚆矢、三橋要也を加え、4名の日本人敬語研究者の生涯と業績を論じる。この4名の生涯を辿ることにより、明治中頃から大正、昭和にかけての日本語を取り巻く研究環境が窺われるからである。

1.1.　日本人敬語研究者の生涯と業績

　本節では、三橋要也、松下大三郎、三矢重松、山田孝雄の生涯と業績を論じた後、彼らが容易に手にすることが出来たはずの同時代のチェンバレンとの接点がどのようなものであったかを検討する。それによって、敬語研究史における母語話者による敬語研究と非母語話者による敬語研究との関係性が明らかになるからである。

三橋要也（1863- 没年不明）

　三橋要也の経歴については、敬語関係の書物や辞典類にも載っておらず、滝浦（2005）が国学院大学校資料課を通じて得たとされる情報が一番詳しい[342]。それによると、三橋は、相模国の大山町（現在の神奈川県伊勢原市大山）で生まれ、1885年22歳の時、国学者権田直助（1818-1887）の「名越舎」

に入門、翌年「皇典講究所」に入学、1年後に「予科第3級」を卒業し、1888年秋から「皇典講究所山形分所」の教授となる。皇典講究所が編纂した『古事類苑』の編集委員も務め、1894年から「神宮皇学館」教授となる。

　皇典講究所は、現在の国学院大学の前身で、1882年に設立された。皇典の研究と神職の養成を目的とし、人材養成のために各県に分所が置かれた。三橋の師、権田直助は、幕末・維新期の国学者で、大山阿夫利神社の祠官を務め、また草創期の皇典講究所にも参画した。皇朝医道を説き、また語学の方面でも『国文句読法』などの著作がある。

　石坂（1994）は、三橋が若い時期に学び、教授となって教えた皇典講究所は、日清戦争までの明治前半において敬語に主観的な関心が払われた例外的な場所として挙げている[343]。

　第2章でも取り上げた三橋の論文「邦文上の敬語」は、敬語の分類や敬語の必要を考察した初の論文であるが、発表されたのは1892年である。その2年後には日清戦争が始まったという時代背景を考えると、日本語研究における「ウチ」からの視点がナショナリズムに結びついたことにも必然性があったといえるだろう。このことは、当該論文冒頭に、「本邦の万国に卓越した」点は、「すべて善良美好にして、他国の企て及ぶ所にあらざるを、明らかにせん」として、「特に其の最重要なる言語文章」について、下記のとおり記述していることからも時代の雰囲気が伝わってくる。

　　我が国の言語文章は、これを漢土西洋等の国々の者に、比較したらんには、先その大体の構造を、別にするは言ふ迄もなく、其の言辞の活用変化等にも、著き相違の点を見出づべし。さて然異なるが中に、一きは目だちて知らるゝは、己が尊敬すべき人の上の事を言ひ、及び尊敬すべき人に対して、己が上の事を言ふに当りて、我には常に相当の敬語といへる者を用ゐて、其の意を表すも、彼にはかゝる事なきことこれなり。尤も彼の国の言語文章にても、或る場合には多少の敬語を用うる事あるも、其の数も甚少く、且その区域も、至りて狭くして、我が国の如くなること能はず。例へば我が国にては「君猟せり」といふことばをば、「大君御猟し給へり」といひて、「君」という語には「大」といへる敬語を加え、

342　滝浦（2005）p.265。
343　石坂（1944）pp.123-124。

225

その君の為したまふ「猟」といふには、「御」といへる敬語を加へ、その行為をあらはす「せり」といふには、「給ふ」といへる敬語を加え、かく言はでは、言語の常の儀に適はで、心足らぬが如くに思へるも、漢土にてはたゝ「王遊猟」といひ、英国にては（A king is hunting）などいひて、大抵は卿の敬語を用ゐざるが如し。

（三橋（1892［北原編（1978）]）p.7)

　上記の「漢土」とは、植民地として獲得すべき対象である清国を指し、「西洋」とは、植民地獲得の競争相手である欧米の列強国である。日本が近代に入って、初めて近代戦争の準備を整えたときの国粋的な時代の空気が感じられ、敬語を言語研究の対象とするよりも、思想的な根拠付けに使っているように受け取れる。

松下大三郎（1878-1935）

　松下大三郎の生涯と業績について、徳田編（1983）を参考にして述べる。
　1878年、静岡県に生まれ、文法研究を志して上京し、国学院で学んで、1908年卒業した。卒業論文として提出された『俗語文典』が1911年『日本俗語文典』となって刊行され、わが国最初の体系的口語文典となった。
　ついで嘉納治五郎のもとで、三矢重松、松本亀次郎らとともに宏文学院教授となり、のち日華学院を興した。中国人留学生のテキストとして1964年、今日でいうセンテンス・パタン中心の語法書『漢訳日語階梯』を著したが、翌年刊の『漢訳日本口語文典』は、補助動詞（彼の命名）を中心にアスペクトを詳説した口語文法書で、現代からみても新鮮である。1923年、国学院大学講師となり1926年に教授、1932年『改選標準日本文法』により文学博士となる。この間に標準文法三部作を完成した。1935年没。
　彼の創造した一般理論文法学は、ブルームフィールド（Leonard Bloomfield, 1887-1949[344]）、チョムスキー（Noam Chomsky, 1928- [345]）らの言語理論にも

344　米国の言語学者。ドイツに学び、言語研究に徹底した客観主義的方法を導入。主著『言語』は長い間、アメリカ構造言語学の基本となった。

345　米国の言語学者。アメリカ構造言語学から脱却し、生成文法を提唱。哲学・心理学・コンピューター科学など他の多くの分野にも影響を及ぼす。また、反戦運動や現代アメリカ社会批判によって広く知られている。著書『文法の構造』『文法理論の諸相』『統率・束縛理論』など。

通ずるところがあり、その先駆性は高く評価されている。

『標準日本文法』（1924年のち改撰版）、『標準日本口語法』（1930）、『標準漢文法』（1927）の三部作は、その理論を、日本語と古典中国語の上に実践・具体化したものであり、富士谷成章の『あゆひ抄』、後述の山田孝雄『日本文法論』とともに、文法学史上、三大学説というべき位置にある。

三矢重松（1871-1923）

三矢重松の生涯と業績について、徳田編（1983）を参考にして述べる。

1871年、山形県鶴岡に生まれ、山形中学校を経て、国学院大学に学び、1893年第1期の卒業生となった。卒業後、文部省官房図書課に入ったが、時の文部大臣を批判して辞職し、大阪天王寺中学校等で教育に当たった。1909年、嘉納治五郎の招きにより、宏文学院、亦楽書院で中国留学生の教育にあたり、松本亀次郎、松下大三郎と共に日本語テキストを編成した。

1911年東京高等師範学校講師、1918年教授となり、東京外国語学校講師を兼ねた。1920年国学院大学教授、1923年文学博士となった。

主な業績としては、1893年国学院大学における卒業論文「源氏物語の価値」の中で、中世より近世へかけて、日本語の動詞の連体形は終止形になろうとしていることを主張したことである。これは歴史文法上の大きな発見であった。1899年には、論文「口語法の研究」が『國學院雑誌』に掲載された。1908年『高等日本文法』が成り、大槻文法を精錬して平安語中心の穏健な古典解釈文法を立てた。没後、1932年に安田喜代門により遺稿、講義ノート、論文類が編集され、『文法論と国語学』『国語の新研究』『国文学の新研究』の三部作にまとめられた。

山田孝雄（1873-1958）

山田孝雄の生涯と業績について、明治書院企画編集部編（1997）の「山田孝雄伝」、及び徳田編（1983）を参考に述べる。

山田孝雄は、1873年、富山市で生まれた。1888年、富山尋常中学を1年修了の後、退学した。1891年から1895年に小中学校教員の検定試験に合格し、いくつかの学校に勤めた。丹波篠山嚶鳴義塾、高知県立中学校教員を経て、国語調査委員会補助委員となり、のち、国学研究所を私設した。1920年から日本大学の講師を嘱託され日本文法を講じた。1925年東北帝国大学法文学部に開設された国文学講座の講師となり、1927年教授となった。1929年それま

図25　山田孝雄

で独学ゆえに27年間審査を無視されていた『日本文法論』により、東京帝国
大学から博士号（文学博士）を授与された。退官後、1940年に神宮皇学館大
学学長、1944年には貴族院議員となる。1945年国史編集院長に選ばれ、翌年
敗戦を迎えた。敗戦後はもっぱら国語辞典、芭蕉の用語辞典等の編著に力を
注ぎ、1953年文化功労者、1957年文化勲章を受けた。1958年没した。

　その業績は、国語学・国文学・国史学の広範な分野における実証的研究で
知られているが、本研究に関係する文法に関するものを記述する。

　前述の空前の大著『日本文法論』、及び同書を補足する『日本文法要論』
（1931）、改訂版の『日本文法学概論』（1936）のほか、『敬語法の研究』（1924）、
『漢文の訓読によりて伝へられたる語法』（1935）、等を著した。特に、『敬語
法の研究』は松下『日本俗語文典』の待遇相の説とともに、今日の敬語論の
基礎となっている。

　また『奈良朝文法史』（1913）、『平安朝文法史』（1913）、『平家物語の語法』
（1914）は、その文法体系を時代語法に適用したもの、『国語学史要』（1935）、
『国語学史』（1942）は文献・伝記の平面的な記述ではなく、学説製作者とし
ての独自な識見が見られる。なお、『仮名遣いの歴史』『五十音図の歴史』『国
語史　文字篇』『国語の中における漢語の研究』『年号読方考証稿』等は考証
的研究である。さらに国文学の方面でも『古事記概説』など多数の優れた業
績を上げている。思想的には一貫して国粋主義的な色彩が濃い。

　明治以降の敬語研究における代表的日本人研究者4名の生涯と業績を述べ
てきたが、敬語研究の分野に限定して、その研究内容や思想的背景を比較し

表14　明治以降、日本人敬語研究者の比較表

	論文・著作	敬語の分類	敬語の捉え方	備考
三橋要也	「邦文上の敬語」（1892）	他称敬語、自称敬語の二分法で分類。	年齢や身分などによる上下関係を徹底する儒教的身分社会を前提	「皇典講究所」を卒業、後に教授となる。師と仰ぐ権田直助は、幕末・維新期の国学者で、草創期の皇典講究所にも参画した。
松下大三郎	『日本俗語文典』（1901）	「待遇」という術語を用い、敬語を「尊遇」「卑遇」「不定遇」という三つに分類	日本人の国民性が「思い遣り」にあることを国語の上から立証するため、日本語を「敬語」「動詞の利益態」「各詞の同情態」「中止法」「詞辞の排列」の五つの点から論じた。（「国語より観たる日本の国民性」より）	国学院大学卒業、同大学講師となり、後に教授となる。
三矢重松	『高等日本文法』（1908）	尊他、自卑、関係敬語、対話敬語の4分類。この上に、卑罵を「附」として加えたことで、敬語を待遇表現の中に位置付けた点が評価される。	文章についても待遇上の種類として（1）平説文、（2）崇敬文、（3）卑罵文の存在を説いた。言語を対象論的な論理や型で割り切らず、日本語の素直な内在的機能を大切にする。	国学院大学、第1期の卒業生。後に、同大学教授となる。
山田孝雄	『敬語法の研究』（1924）	敬語と人称との間に密接な関係があるとしながら、口語・文語・候文の3種にわたってその体系を打ち立てた。	代表作『日本文法論』にみる山田文法の特色は、論理の構築にすぐれ、体系的であり、合理主義である。単著として敬語研究の本を刊行し、敬語研究の金字塔とされる。	独学のゆえに審査を無視されていた『日本文法論』により文学博士となる。神宮皇学館大学学長、思想的には一貫して国粋主義的な色彩が濃い。

（筆者作成）

て表14にまとめた。

　4名の明治以降の敬語研究者を比較すると、やはり、年代的にも後で、十分先行研究を踏まえた上で敬語研究を行い、且つ敬語についての初の単著を刊行した山田孝雄が、日本における体系的敬語研究の嚆矢といえるだろう。

　大石（1977）は、山田の『敬語法の研究』について「前例を見ない敬語に関する専書で大正末期になってようやく現れた敬語研究の一大モニュメントである[346]」と評価している。山田の敬語論は、現代においては不備の指摘さ

346　大石（1977）p.211。

れるところもあるが、その記述は精細で、敬語研究史上、最も注目すべき開拓的業績であると認められる。

1.2. 山田孝雄とチェンバレンとの接点

　前節において、敬語研究の領域において金字塔とされる『敬語法の研究』を刊行した山田孝雄が、日本における体系的敬語研究の嚆矢との結論を得た。

　そこで、山田孝雄を近代日本人敬語研究者の代表として、同時代のチェンバレンの敬語研究をどのように扱ったか、チェンバレンを通して、アストン、ホフマンと遡り、ついにはロドリゲスの敬語研究を取り込んだのか、あるいは、同時代のチェンバレンの研究に触れようともせず、結果として、ロドリゲスの研究成果からも何も学ばなかったのか、検証したい。

　山田は、『國語學史』（1943）において、「われらの國語[347]（＝敬語）」研究に対して、外国人の日本語研究が全く影響を及ぼしていない旨を次のように述べている。

　　　外國人の日本語研究が、（中略）國語學史に研究對象として入るべきものなりや否や（中略）吾人の知らぬ間に我我と無関係に、彼等が我が國語を研究したりとも、それが、吾人と没交渉にてある間は吾人にはさやうなる研究の存在することの認識だに無きものなるが故に歴史的の関係などの存すべきはずは無きなり。それ故に吾人はさやうなるものは我が國語學史に編入すべき因縁を有せぬものと認むるなり。（中略）殆ど一も歴史的関係をば（中略）生じたるものを見ざるが故に、それら西洋人の研究を取り入れて説明すべき理由なきなり。

（山田（1943）p.32）

　山田がこのような主張をするに至った要因には、この本が書かれたのが太平洋戦争中であり、海外との交流を断たれていたということもあろう。

　しかし、明治維新以降、世界大戦が近づく気配の出てきた頃までの期間は70年以上もあり、その間、政府を先頭にして、アカデミックの世界では西欧の学問の摂取に精力的だったのである。にもかかわらず、比較的手に入りや

347　「われらの國語」の定義を、「日本國民の中堅たる大和民族の思想發表の要具として、又思想交通の要具として、現に使用しつつあり、また使用し來れる言語」としているが、この「國語」に敬語を含むことは明らかである。

すいチェンバレンの研究に触れようともせず、結果として、ロドリゲスの研究成果からも何も学ばなかったのだろうか。

　滝浦（2005）は、初期敬語研究を担った人々（三橋要也、山田孝雄、松下大三郎ら）がいずれも国学の流れに属する人物であり、国学派は、敬語の本質を発話主体の「心」の表現としての敬意に求めたのだという「敬意」の敬語論にその理由を求めて、次のように述べている[348]。

　　　初期敬語論者たちが、（チェンバレンの研究を受け継ごうとしなかったのは、）西洋という彼岸から此岸を見る視線を拒絶し、日本語の内部にあって日本語の“本質”を語り出すことを強く欲望したからである。彼らの目に、ロドリゲスやチェンバレンの記述が“オリエンタリズム”の言説と映ったとしても不思議はない。

　　　　　　　　　　　　　　　　（滝浦（2005）「はじめに」より）

　その結果、ロドリゲスの研究は人知れず埋もれてしまったというのである。

　こうした事態について滝浦（2005）は、初期の敬語研究者たちが皆、国学の流れに属する人物[349]であることを捉えて、「その意味では（中略）国学的閉塞と見ることもできるだろう[350]」と述べている。

　しかし、ロドリゲスの研究、あるいはそれと内容を同じくする非母語話者による研究を日本人の初期敬語研究者たちが取り上げなかった理由は、日本語を「ウチ」から見た場合と、「ソト」から見た場合では、敬語に対する関心の方向性が違ってくるからではないだろうか。非母語話者は、敬語を、宣教、外交、専門知識の教授の道具として、あるいは、日本での生活を円滑にする技術という観点から捉える必要に迫られている。一方、母語話者には、そうした必要性がないため、敬語研究をする場合の関心の所在は、敬語の背後にある日本的精神の分析にあると考えられる。同じ言語現象を対象にしても、視点の違いから目指すものは全く異なってくるのである。

　上述のような考え方に従うならば、『敬語法の研究』の中で山田の提唱する

348　滝浦（2005）pp.17-36。
349　1936（昭和11）年、教学刷新評議会から文部大臣に対して「国体に基づき、日本精神を核心として人文の発展、皇運の降昌に尽くす」という趣旨の教学刷新に関する答申が出されたが、山田孝雄は、その委員の一人であった。（佐藤（1997）p.113）
350　滝浦（2005）（「はじめに」より）

敬語と人称の法則性は、チェンバレンの研究とは無関係ということになる。山田が『敬語法の研究』の中で主張した「敬語と人称の法則性」とは、日本語の敬語は、謙称、敬称の別によって人称を示すという学説である。

実際、山田は、次のように述べている。（山田はチェンバレンを「チヤムバレン」と表記している。）

> これより先かのチヤムバレン氏は「また精密なる敬語あり。此法は或程度まで動詞に於ける人称に代りて人称代名詞無きも差支なからしむるものなり。」といへり。（中略）著者のこの研究は或は冥々裡にこれらの言に促されたりしものならむも知らず。（著者之を讀みし時は未だ敬語の法則を研究する志あらず。而、研究中にはチヤムバレン氏の語は全く忘れてありしなり。）
>
> （山田（1924）p.11）

チェンバレンの上記の主張[351]について「然れどもこの言そのままにて採用せらるべきにあらず」と退け、「文法上に於ける敬語の位置を説けるものは恐らく著者を以て嚆矢とすべし[352]」と自信に満ちた発言をしている。

しかし、山田の記述を言葉通り受け取るわけにはいかない。筆者は、江湖山恒明（1943）が、その著書『敬語法』「総論」を、「山田博士（中略）の考説でさへも、ロドリゲスの學説の中に含まるべきものであると考へなければならない時に、我々はしみじみとロドリゲスの偉大を反省すべきである[353]」という言葉で締めくくっている点に注目するからである。この記述は、山田の研究が「十分ロドリゲス的」であり、決して目新しいものではないことを示唆するものである。

とはいえ、江湖山は、具体的に山田の敬語研究のどの部分が、ロドリゲスのどういった学説の中に含まれるのかについてまでは明らかにしていない。そこで、次節以降、敬語と人称の関係性に着目しながら、山田の研究のどのような点が具体的に「ロドリゲス的である」のかについて考察していく。

351　上記の山田による引用部分は、チェンバレン『日本語口語入門』の中には見あたらない。
　　山田は、同書394節を意訳したのではないかと考えられる。
352　山田（1924）p.11。
353　江湖山（1943）p.64。

2．敬語と人称の関連性

　大正時代の山田が直接『日本大文典』から影響を受けたとは考えにくい。しかし、チェンバレンを通して、「ロドリゲス的なもの」が、山田の説に流入したと考えることは、そう不自然ではないのではないか（但し、あくまで山田は、自らが体系的敬語研究の嚆矢であると信じており、他の敬語研究の影響を受けたという自覚はないようではあるが）。

　ここでいう「ロドリゲス的なもの」とは、敬語を人称と関連づけて考察する姿勢である。というのも、敬語と人称の関連性というのは、本来「ウチ」からの視点、すなわち、日本語だけの観点からは決して思い浮かばれないものだからである。したがって、「チェンバレンを通してロドリゲス的なものが流入した」というのは、まさに、ロドリゲスからホフマン、アストンそして、チェンバレンへと続く流れが山田の敬語論にも影響を与えたということを意味するのである。

　そこで本節では、山田が提唱した敬語と人称の法則性を分析して、その考え方の原点がロドリゲス『日本大文典』から来ていることを証明する。つまり、山田は、チェンバレンの敬語研究の影響を受けており、そのチェンバレンの研究は、常に、アストンの研究に対する批判の上に成り立っていたこと、そして、アストンはホフマンの著書を、また、ホフマンはロドリゲスの著書を参考としていたことを順に論証していく。

2.1.　山田孝雄の提唱する敬語と人称の法則性

　山田は、敬語が「西洋文典の称格（person）に似たる用をなす[354]」として、敬語を「人称」というカテゴリーの観点から次のように論じた。

　　　謙称は他に対して謙遜する意をあらはす語にして主として第一人称にたてる者が自己をさし又は自己に付属する者をさしていふに用ゐるなり。（中略）敬称とは対者又は第三者に関する者をさして尊敬の意をあらはすものにして第二人称又は第三人称をいふに用ゐるものなり。

　　　　　　　　　　　　　　　　　　　　　　　　（山田（1924）p.15）

354　山田（1924）p.13。

つまり、日本語の敬語は、謙称、敬称の別によって人称を示すことから、西洋諸言語の人称と同等の文法的機能を持っていると主張した。

具体的な内容は下記のとおりである。

　　第一人称の句の敬語には述格に謙称の用言を用ゐる。その句中の第一人称及び之に関するものには謙称の名詞又は用言を用ゐ、第二人称、第三人称に関するものには敬称を用いることあり。

　　第二人称の句の敬語には述格に敬称の用言又は敬意の複語尾若くはそれらの動詞に更に謙称の動詞を加ふることあり。而してこの句中の主格呼格を対称の敬称であらはすことあり。又その句中の他の各称格に関する敬語は第一人称の句に同じ。

　　第三人称の句の敬語には二様の状態あり。一はその主格を尊敬していふときにあらはるるものにして、その述格及び句中にあらはるる称格につきては第二人称の句の敬語に同じ。

　　第三人称の句の敬語の他の一種は、その主格に特に尊敬の意を加ふること無き場合にして、その述格を第一人称の句の如く謙称の動詞を用ゐる。この際、句中に第一人称のあらはるる場合に往々謙称を用いる。これらは従来の文法家には丁寧にいふものとせられたり。

（山田（1924）pp.19-20）

さらに、文章や談話の中における「敬語と人称の関係性」には、「法則」あるいは「規律」が存在しているとして下記のとおり述べている[355]。

　　単語にあらはるる敬語のみにては未だ以て敬語に一定の法則があると認むるに足らず。これらの敬語が文章語句の中にありて用ゐらるるときに一定の規律存す。この規律即ち敬語法の骨子にしてこの法則あるが為に単語なる敬語の上にも種々の区別を施すべき必要があるなり。

355　この法則を一般に「称格（person）説」というが、これは山田自身の命名ではない。山田（1924）には「称格説」という言葉は出てこない。

（山田（1924）p.18）

　つまり、下記のように、敬語が称格（＝人称）と連動しているのは偶然ではなく当然の現象であるとしたのである。

　　国語の動詞に人称なきことは勿論なるが人称の代りをなすことは敬語
　　法の偶然の結果なりとはいふべからず。これ即ち敬語法に伴うて起る当
　　然の現象なりといふべきものなり。

（山田（1924）p.12）

2.1.1. 山田孝雄とチェンバレンとの共通点

　しかしながら、日本語の敬語と人称の関わりを最初に指摘したのは山田ではなかった。というのも、チェンバレンがその『日本語口語入門』第11章§392で挙げた敬語の四つの使用要件のうちの使用要件Ⅰと使用要件Ⅱは、山田の提唱する敬語と人称の法則性と同じことを述べているからである。

　本研究の第3章「4.4．チェンバレンの敬語観」で掲げたチェンバレンの敬語使用要件（considerations）をここで再度、簡潔にまとめてみると、①聞き手（二人称）の行為や所有物について話すときは尊敬形が用いられ、話し手自身（一人称）について話すときは謙譲形が用いられること、②三人称について話すときは、聞き手より身分が高い時、あるいは同席していて、聞き手と同等以上であるとき、あるいは、儀礼のためと思われるときには、敬語が用いられること、③二人称、三人称に払われるべき敬意の多少に応じて、敬語の使用に段階があること、④敬意は元の意味を失い、会話における単なる儀礼的な様式の標徴となる傾向にあり、時には完全に無意味になること、の4点であった。

　この中の①と②、即ち、使用要件Ⅰと使用要件Ⅱを合わせると、「謙称」（＝謙譲形）は「第一人称にたてる者」（＝話し手自身）を指して用いるものであり、「敬称」（＝尊敬形）は「対者」（＝聞き手）又は「第三者に関する者」（＝三人称）を指して用いるものということになり、山田の提唱する敬語と人称の法則性と同じ内容になる。

　また、チェンバレンの『日本語敬語入門』第11章§406には、次のような記述もある。

§406　Of course the honorific verbs can only be employed in speaking to or of others, while the humble verbs are applied only to the speaker himself, or to some one intimately connected with him, for instance, his own child or servant.

（チェンバレン　大久保編・訳（1999）p.246）

§406　もちろん尊敬動詞は他人に話しかける時や他人のことを話すときにのみ用いるものであり、謙譲動詞は話し手自身あるいは話し手と親しい関係の、例えば子供や使用人などにだけ使われる。

（チェンバレン　大久保編・訳（1999）pp.217）

　この内容も山田の提唱する敬語と人称の法則性と重なっているが、チェンバレンは前者の例として「ソー　オッシャッテ　クダサイ」、後者の例として「ガッコー　エ　マイリマス」といった例を挙げている。

2.1.2. 山田孝雄とアストンとの共通点
　一方、アストンは、『日本文語文典』第2版、第8章 Humble and Honorific Verbs. Auxiliary Verbs. Verbs used as Adverbs and Conjunctions において、謙譲語や尊敬語が日本語文法の人称の欠如を補うとしており、アストンの敬語観を述べる際にも言及したが（本研究第3章3.4.）、その部分を次に再掲する。

The absence in the Japanese language of any grammatical distinction of person has been already remarked. This want is partly supplied by the extensive use of humble and honorific words and particle, the former being chiefly characteristic of the first person, and the latter of the second.

（Aston（1877）p.173）

　日本語には人称の文法的区別がないということは、すでに認識されている。この人称の欠如は、部分的に、謙譲語、尊敬語、及び小辞の広範な使用によって補われている。謙譲語は、主に、第一人称の特色であり、尊敬語は第二人称の特質である。（筆者訳）

アストンは、上記のように『日本文語文典』で、尊敬語及び謙譲語を人称

と関連付けて説いているが、その内容は山田の提唱する敬語と人称の法則性
と同じものである。

2.1.3. 山田孝雄とホフマンとの共通点

　さらに、ホフマン『日本語文典』には、第7章動詞の項、§67に次のような
記述がある。

> 　　動詞では、人称と数とは注意されない。単数と複数との区別と同じよ
> うに日本語では、文法上の三つの人称（私、君、彼）の区別も全く関係
> のないもののように考えられてきた。
> 　　この文法上の区別の代わりに、意味を限定する方法が登場する。まず
> 注目されるのは動詞を選ぶ事に依る方法で、話者はこれで自分の存在や
> 動作を外の人のそれらと区別する。（中略）文法上三つの人称の区別の欠
> 如は、礼儀正しい話者が自分自身の存在や行動を外の人のそれらと区別
> して限定表現する作法に依って、全く補われるのである。
>
> 　　　　　　　　　　　　　　　　　　　　　　　（ホフマン（1968）p.269）

　ホフマンは、日本語の話者（一人称）は自分と自分以外の人を区別するた
めに特定の動詞を選択し、そこから礼譲の表現が可能になっていると指摘し
ている。そして、その方法は§111で詳しく説明すると続く。下掲は§111の
該当部分である。

> 　　１．礼儀正しい話者は、敬意の接頭辞、御。オ　　On　　またはO、を
> 使って自分以外の人の状態や動作を区別する。
> 　　２．礼儀正しい話者は、自分より上位に置いて考える人に向かって、
> その人自身がある動作を行わねばならないというように、言ったり、要
> 求したりしない。ただ動作が行われるように要求する。すなわち、文の
> 主部に対し、受動形を述部に置き、実際に動作を行なうように表現する。
>
> 　　　　　　　　　　　　　　　　　　　　　　　（ホフマン（1968）p.438）

　２．では、話者より上位にある者に対して、その者自身がある動作を「行
う」ことを要求することはない、その代わりに、述部に受動形を置き、その
動作が「行われる」のように要求する、と書かれている。つまり現代文法で

言う「れる・られる」の尊敬表現のことを指しているのだろう。なお、ここには主部に話者が来た場合の記述はない。

　一方、§113以降の動詞の解説では、動詞の性質上、謙譲の意を含むものの主語は「私」で表されていることから、ホフマン自身は謙譲と話者（一人称）の関係を認識していたと思われるが、それでも、一人称と謙譲動詞の組み合わせに対する特別な言及はない。むしろホフマンが強調しているのは、動詞一つ一つの語源を詳述しながら、動詞そのものに謙譲の意が含まれているということなのである。

2.1.4. 山田孝雄とロドリゲスとの共通点

　山田の提唱する敬語と人称の法則性と同一内容は、ロドリゲス『日本大文典』にも見られる。即ち、日本語には、それ自体に一定の敬意を含む動詞があり、それらの動詞は、二人称及び三人称のためだけに使われるという内容で、本研究、第3章「ロドリゲスの敬語観」に掲載の資料2（Rodriguez（1604-1608）fol. 164v. 影印版 p.332）に書かれている。

　また、ロドリゲス『日本大文典』には、チェンバレン『日本語口語入門』第11章にある敬語使用要件Ⅱと類似あるいは関連する内容が書かれている箇所がある。本研究、第3章「ロドリゲスの敬語観」に掲載の資料3、4、5、6、7である。

　資料3（Rodriguez（1604-1608）fol. 158r. 影印版 p.319）には、「敬語法についての三つの種類を、常に、誰が話すか、誰に話すか、誰の前で、そして何についてかということを尊重しながら、扱うことができる」とあり、ロドリゲスもチェンバレンと同様に、話し手・聞き手・同席者・話題のすべてが、敬語の使用状況に関与すると指摘している。「同席者」まで考慮に入れた点は、チェンバレン以上に詳細な分析といえよう。

　資料4（Rodriguez（1604-1608）fol. 167v. 影印版 p.338）は、「召使いが主人についてとか、子供が父親についてとか、妻が夫についてとか、そしてその反対とか、また近い親戚同士が互いに、尊敬すべき人と話す時は、謙遜の助詞 *Marasuru*（まらする）による複合動詞、または謙遜の動詞を使うのが非常に普通である。その場合、話される相手が尊敬され、その動詞が属する者は卑下される。」という内容である。

　資料5（Rodriguez（1604-1608）fol. 167v. ロドリゲス『日本文典』影印版 p.338）は、「他人の言うこと、あるいは、伝言に言及する際には、もしそれ

が名誉ある人の言であれば、その伝言は一語一語その人が言ったように言及されるであろう。常に、話し相手の地位に注意しながら、それに従ってより丁寧だったり、それほど丁寧でない言葉を使い、そして、文の終わりに、もしそれが尊敬すべき人の前であれば、何らかの謙譲の小辞をつけたり、あるいは、値する敬語法に従って、「言う（dizer）」の尊敬の動詞を用いたりして文を終わりにするのである。」という内容である。誰が最上位者なのかという視点に立った結果、最上位者が「聞き手」であれば聞き手に敬意を払い、最上位者が「同席者」であれば、同席者に配慮して「聞き手」に対する敬語は抑制される、ということを述べている。

　資料6（Rodriguez（1604-1608）fol. 163v. 影印版 p.330）は、「尊敬に値する人について話す場合に、他のもっと貴い方のことが話の中に入ってくると、貴さの程度の低い人について話すのには、もっと貴い方への敬意を示して *Marasuru*（まらする）を使い、また、既に述べたように、*Marasuru*（まらする）に尊敬の助詞 *Rare*（られ）や *Vo*（お）のついた *Ari*（あり）を添えることができる。例えば、デウスに対してマリアとか聖徒たちを語り、主に対して貴族のことを語る場合などの例がある。」という内容である。資料6の例文を読むと、話題の人物が複数いて、それらの人物間に上下の関係が存在する場合、敬語使用に細心の注意が必要であることが述べられている。即ち、マリアもキリストも、ともに貴い存在であるが、前者を後者より上位に遇することはできない。それゆえ、「参らせ」という語によって、キリストがより上位であることを示しつつ、同時に「られ」によって、マリアもまた尊敬に値することが示されることがわかる。

　資料7（Rodriguez（1604-1608）fol. 164r. 影印版 p.331）は、「助詞 *Marasuru*（まらする）について述べたのと同様に、二人の人について話すのに、共に尊敬する人で、一方がもう一方より上である場合には、少し劣る尊敬の助詞 *Rare*（られ）あるいは *Tamŏ*（給ふ）を添えたものが使える」という内容である。資料7は、資料6と同様、話題の人物はいずれも高貴であるが、その間に上下の関係が存在する場合である。

　山田（1924）には、敬語の相対性について直接の言及はない。同書は、口語、文語、候文の3種にわたり、それぞれ単語・連語・句について敬語法の概略を述べながら、日本語の敬語に文法上の一定の法則が存在することを指摘したものである。よって、山田は、同書の中で、敬語の相対性を含む待遇表現について言及しなかったと考えられる。

2.2.　敬語と人称の関係における解釈

　以上、山田の提唱する敬語と人称の法則性とほぼ同じ内容が、チェンバレン、アストン、ホフマン、ロドリゲスの各説に共通して見られた。時代も背景も全く違う４人のヨーロッパ人が、日本語の敬語の中から同じ部分を、その特徴として取り上げたという点に注目するべきである。さらに、それが母語話者による研究と共通する内容であったことは驚きである。

　では、敬語と人称の間にある法則性について、ロドリゲス、ホフマン、アストン、チェンバレン、及び山田が、どの程度絶対視したのか、その解釈がわかる具体的な記述をそれぞれ見てみよう。

2.2.1. チェンバレンの解釈

　チェンバレンが、敬語の使用要件Ⅰ（二人称の行為や所有物について話すときは尊敬形が用いられ、一人称について話すときは謙譲形が用いられる）を挙げたのは、そもそも西欧諸語においては、文法概念としての「人称」が、動詞の形態を決定する「主格の絶対的優位の原則」に直接関わるものであり、そのような西欧諸語の「人称」の振る舞いを日本語にも同じようにあてはめたためであろう。しかし一方で、敬語における人称性を決して硬直的には考えていないと取れる記述もある。

　　　日本語で敬語を使うのは西欧の言語で人称代名詞を使うことに当たると主張している人がいる。これは厳密にいうと正しくない。例えばゴホンというのは the august book という意味を表わすが、（中略）you が尊敬すべき人物であるからこそ、多くの場合ゴ　ホンという語がより正確な your book という句にかなりの程度一致するだけなのである。それでもなお一致するといっても極く近いというだけである。
　　　　　　　　（Chamberlain 大久保編・訳（1999）394節、pp.211-.212）

　引用の最後の一文 The correspondence is still only approximate. は注目に値する。即ち、日本語の敬語と西欧諸語の人称代名詞は、対応関係にあるのではなく、「接近したものに過ぎない」と強調しているのである。

2.2.2. アストンの解釈

　アストンも、尊敬語、謙譲語を人称と関連付けて考えているが、絶対的な

ものとはみなしておらず、下記の通り敬語と人称の間の法則性を否定している。

Japanese generally prefer to indicate person by some of the honorific or humble modes of expression described in chap. XII.

（Aston（1888）p.12）

日本人は一般に第12章（敬語の章）で記述した、尊敬または謙譲の表現様式のいくつかによって人称を示す方を好む。（筆者訳）

日本人が人称を示すときに敬語を使うのは、そうする方を好む（prefer to）からだと述べ、単なる日本人の好みの問題として片づけている。

2.2.3. ホフマンの解釈

ホフマンも、『日本文典』第2章「代名詞」§8で、次のように述べている。

第三人称であるものも、礼儀作法に依って、性質を表す言葉の意味を考え、どの人称を用い、これらの言葉のうち、どんな言葉を使って表わすかを決めねばならない。礼儀作法は「我」と「我に非ざる者」とを区別するだけで、ある者を軽卑し、他の者を称揚する。斯くして礼儀作法が作り出した使用法が示される前に、これらの性質を表わす言葉のうちで先ず注意されたのはその意味であった。

（ホフマン（1968）p.92）

つまり、人称を決め、それに対応する敬語を決める時、なんらかの法則性はあるにしても、それを単純にあてはめる前に、性質を表す言葉の意味に注意をむけるべきであることを指摘している。

2.2.4. ロドリゲスの解釈

ロドリゲスも、敬語の接頭語について、人称とある程度の関係性を認めつつも、確立した法則があるとは考えていないことが、次の引用からわかる。

助辞 Guio（ぎょ）、Go（ご）、Von（おん）、Vo（お）は、葡語所有代

名詞 Teu（汝の）、Seu（彼の）に敬意の添はつたものと同じ意味を持つてゐて、二人称か三人称に属する名詞に接続するのが普通である。然しまた一種の言ひ方として、一人称に属する名詞に接続することがある。

（ロドリゲス（1955）159丁表、p.571）

　結局、チェンバレンが挙げた敬語の使用要件Ⅰ、即ち、尊敬語は二人称、謙譲語は一人称について話す場合に使うこと、及び敬語の使用要件Ⅱ、即ち、同席しているか、聞き手と同等以上の三人称について話す場合は尊敬語を使うこととほぼ同じことをアストンもホフマンもロドリゲスも述べておきながらも、それを決して絶対的な要件とするのではなく、外国人の視点に立った実用語学としての敬語研究を優先させている。

2.2.5. 山田孝雄の解釈

　それに対して、日本人である山田は、前述（山田（1924）p.12）のとおり、敬語が称格（＝人称）と連動しているのは偶然ではなく文法法則であるとした。

　山田は、例外や用法には言及せず、日本語の敬語と、西洋諸語の人称の両者における機能の等価性を主張したのである。そして、チェンバレンの敬語使用要件Ⅱ「敬語の相対性」については言及を避け、敬語使用要件Ⅲの「敬語の度合い」については法則性を乱すものではないので採用している。

　しかし、山田の提唱する敬語と人称の法則性は、後に時枝誠記（1900-1967）[356]によって否定されることになる。即ち、時枝は、『国語学原論』（1941[2007]）第５章「敬語論」において、言語過程説[357]の立場から、敬語を「語彙論的」現象であるとし、「文法論的」現象ではないと主張するのである。その理由を辻村（1968）は次のように述べている。

356　東京帝国大学卒業。第二東京市立中学校教諭を経て1927年、日本統治下朝鮮の京城帝国大学に赴任。1943年から東京帝国大学教授。のち早稲田大学教授。「言語過程説」といわれる言語本質論を提唱し、文法論、敬語論、文章論を展開した。戦後の国語問題、国語教育にも影響を与えた。東京出身。著作に『国語学史』『国語学原論』などがある。
357　「言語過程説」を踏まえた時枝の文法では、『日本文法・口語篇』の語論において品詞分類を「詞」と「辞」に分け、「詞」には名詞、代名詞、動詞、形容詞、連体詞、副詞を、「辞」には接続詞、感動詞、助動詞、助詞を所属させた。

　時枝氏は言語過程説の立場から、敬語は国民の敬譲の美徳に基づくものであるとか、敬意を表す言葉であるとかいった一般的な説明を否定して、いわゆる尊敬語や謙譲語は敬意そのものの表現ではなく、素材の上下尊卑といった事物のあり方の表現であるとして、これをまず詞に属させ、「です」「ます」等のいわゆる丁寧語のみが話し手の聴き手に対する敬意の表現であるとして辞に属させられる。そして前者については、1）二、三人称の敬譲を話し手は表しえない、2）敬譲は同一概念の表裏にすぎない、3）同一語が敬譲いずれにも用いられる、といった理由を挙げて、尊敬語・謙譲語の別の無用を説き、尊大語卑罵語等についても要するに敬語法以外のものでないとされる。こういった立場では当然敬語と人称との関係も認められないので、敬語を文法的事実なりとする山田説をも否定される。

（辻村（1968）p.324）

　また、石坂（1944）も、敬語法の特徴は、人と人との間柄を情的、具体的、階層的に把握する点にあるとし、人称によって人間関係を把握する山田の考え方を批判している。この石坂の批判について、松原右樹（1970）は、次のようにまとめている。

　山田説のように人称の立場から敬語を枠づけていくと、我と汝、我と彼との関係は、あくまでも同列で水平的となり、特殊な場合を除いては頗る法則的であり、割り切れるといふ意味で知的でかつ図式的なものとなる。しかし、我と汝と彼とは対等で水平的であるというような人的把へ方は実際にはなく、従って日本語もそのやうな言ひ方への発展をみせるわけはなかった。我と汝、汝と彼の間に幾通りもの関係が併存する。たとへば、話者自身を指す代名詞、対者を示す代名詞等は、話者と対者との関係に応じて使ひ分けられる幾つもの階層がある（中略）、敬意の程度に階層があり、従って表現も多様である。（中略）結局人称の人間関係と敬語の人間関係は必ずしも一致しない（中略）、人間関係を人称とは違った角度から把握しなければならない（後略）。

（松原（1970）pp.19-20）

　ロドリゲスやアストン、チェンバレンは、敬語と人称の関係に一定の法則

性を見出しつつも、柔軟に考えて、例外を例文によって示したが、山田は、時枝、石坂が敬語と人称の絶対的な法則性の欠陥を指摘しても訂正はしなかった。

その理由を考えるとき、当時の時代背景を考慮しなければならない。山田をはじめ、日本の敬語研究者らは、人称代名詞を必要不可欠とする欧米語文法が明治期に導入されると、それをそのまま日本語文法にあてはめようとした。その当時の事情について、鈴木孝夫（1973）に次のような記述がある。

> 多くの事象が欧米語と日本語では正反対に解釈、言語化されるにもかかわらず、明治期にまるで寸法に合わない英文法が日本語に押しつけられてしまった。それは明治維新に国を挙げて近代国家の仲間入りをしようと焦っていた日本が近代化のために払った高価な「つけ」だったのだ。明治の時代精神から脱亜入欧を旗印に必死に西洋の列強に追いつくには多少の犠牲はしかたなかったのだ。
>
> （鈴木（1973）pp.140-145）

ヨーロッパで19世紀に発達し、100年以上をかけて、熟成していった言語学という学問を、文法体系も言語環境も全く異なる日本語に、あまりにも短期間のうちに、取り込もうとした明治以降の風潮の中で、山田は、自分は外国人の研究の影響は受けていないときっぱりと宣言していた。その一方で上記の鈴木（1973）のような考え方をすべて払拭することは、難しい時代の空気があったと考えられる。

山田は、そうした空気の中、人称代名詞なしでも敬語文を作成できる日本語を誇りにしてその部分を強調し、日本語文法と文法構造が根本的に異なる欧米語の文法をあてはめたのは外形面だけだとするいわゆる和魂洋才を打ち出していくほかなかったのではないだろうか。

3．小括

「敬語研究」と一口にいっても、それが体系的になされるということは、非常に困難な作業である。「体系的」研究といい得るには、断片的に敬語語彙を取り上げて、解説し、例文を示せばよいというのではない。敬語の意味用法によって整然と分類し、偏りや漏れがあってはいけないのである。

　また、敬語研究が言葉を扱うものである以上、それを話す人（書く人）、それを聞く人（読む人）、話題となって登場してくる人、その場に同席している人など、それぞれの立場が複雑に絡み合った上で成り立つのであるから、その実態を正確に捉えていることが要求される。

　さらに、敬語を、広く待遇表現全体の中で捉えて、尊大表現や自敬表現、卑語、そして通常語まで視野にいれなければならないのである。

　これらの条件をすべて満たして敬語研究を体系化したのが、当時イエズス会が宣教師の小間使いとして東洋へ送った孤児の一人であったロドリゲスであった。

　本章では、その研究成果がヨーロッパにおいて途切れずに受け継がれていったことを、敬語使用の要件という点から論証した。

　一方、禁教政策によって宣教師もキリシタン版も失った日本では、母語話者による独自の敬語研究史が形成されていった。但し、開国を経てヨーロッパの学問の導入が促された明治期に入ると、敬語研究のスタンスも、その土台となる国語の捉え方も、それまでとは違った様相を呈してきた。

　本章では、明治初期の日本人敬語研究者、三橋要也、松下大三郎、三矢重松、山田孝雄の思想的背景や学問上のスタンスを比較しながら、それぞれの敬語研究の特色を分析した。そして、国内の敬語研究の一つの頂点を示した山田孝雄の『敬語法の研究』における最も顕著な研究成果である「敬語と人称の法則性」がどのようなものであったのかを読み解き、さらに、チェンバレン、アストン、ホフマン、チェンバレンと時代を遡って一つずつ、共通点を探った。その結果、敬語と人称の法則性を見出している点は偶然にも共通しているが、その解釈についてはさまざまな相違点が見られることが判明した。こうした現象が起きた背景には、時代的な要因やそれぞれの人物の言語観が形成された環境という属性が影響していることが窺われた。

第6章
結論—敬語研究史における非母語話者による
研究の位置付け—

　本研究は、日本語研究には母語話者による「ウチ」からの視点からだけでなく、「ソト」からの視点による観察が有意義であるという考えから出発した。「ソト」からの視点をもつ非母語話者が、日本語の中でも特に興味をもつのが敬語であることから、敬語研究史における非母語話者による研究をテーマとした。敬語研究史を取り扱う領域では、西洋人によって書かれたものだけに目を向けたものが多いという問題意識から、下記「本研究の課題」5点（第1章4）を論証することが本研究の目的であった。

　本研究の最終章と位置付けられる本章では、これら5点について、説得力のある文献を示すことによって論証することができたについてを検証する。（かっこ内は課題について論述した章を示している）。

1．敬語に関する記述のある国内外の資料（日本語による資料、中国語による資料、朝鮮語による資料、西洋諸言語による資料）を幅広く検証した上で分析対象を選定すること（第2章）。

2．敬語研究史の端緒はヨーロッパ人による研究であること（第3章、第4章、第5章）。

3．いわゆる「鎖国」政策が採られている間もヨーロッパで途切れることなく敬語研究は続けられたこと（第3章、第4章、第5章）。

4．開国以降、再びヨーロッパでは敬語研究が盛んになり、一方、日本人研究者も独自に研究を始め、その結果、図らずも、研究内容に共通性が見られること（第5章）。

5．日本語敬語研究史において、非母語話者による研究が独自の位置を占めていること（第6章）。

　1については、第2章で「ウチ」からの視点に基づく資料を二つのカテゴリーに分けてそれぞれ分析した。即ち、明治政府が採った欧化政策が国内の敬語研究にも大きな変化をもたらす原因となったため、「明治前の研究」と「明治中頃、大正期の研究」というように明治政府の発足を基準として分け、その時代背景についても詳述した。この「ウチ」からの視点に基づく資料が

母語話者によって記述されたものであることから、「ソト」からの視点に基づく資料は「非母語話者による敬語研究」という位置付けで扱った。「ソト」からの視点に基づく資料は三つのカテゴリー、即ち「中国語による資料」「朝鮮語による資料」「西洋諸言語による資料」に分類した。そのうち「西洋諸言語による資料」については、これまでの研究が単にヨーロッパの資料と捉えていたのとは違って、研究史の魁をなすことを考慮し「キリシタン資料」という項目を入れたほか、ロシアをヨーロッパに含めて「ロシア語による資料」という項目を立てた。またオランダ語が母語でなくても、資格と条件の上からオランダ人として来日し、オランダ語を使用した者による文献も含めるなど日蘭交流史を考慮し「オランダ語による資料」という項目を立てた。

このように16世紀から19世紀の世界全体を見渡して、本研究の対象となる資料を選択したことによって、これまでの西洋一辺倒の傾向を脱することができたと考える。

2については、第3章において、ロドリゲス、ホフマン、アストン、チェンバレンを、敬語研究史上の各時代を代表するヨーロッパ研究者として選んだ理由を示した。さらに、第4章、第5章で具体例を挙げて補強した。本章においても「1．敬語研究を切り開く近世・近代ヨーロッパ人」の中で後述するが、ロドリゲスの功績が大きかったことに言及した。

3については、第3章でヨーロッパ人による敬語研究の端緒を示し、第4章において文末に現れる敬意表現の変遷を、第5章において敬語の使用要件を、それぞれ例として挙げて、ヨーロッパ人による研究を受けついでいることを証明することによって、日本語敬語研究がヨーロッパで途切れることなく進められていたことを論証した。

4については、第5章で三橋要也、松下大三郎、三矢重松、山田孝雄といった母語話者による敬語研究を比較した上で、代表となる山田の研究と同時代のチェンバレンの研究の接点を探った。そして両者の間には意図せずして共通した内容があること、但し解釈に幅があることなどを示した。さらに、本章「2．近代日本人敬語研究者のスタンス」において、山田の研究姿勢とその時代背景を論じ、上田万年との比較でより鮮明に日本人研究者の立場を明らかにした。

5については、1から4までの課題を論証し終えた地点から、さらに考察を深め、本章において、近世から近代までの日本語敬語研究史における非母語話者による研究の位置の独自性を明らかにし、日本人初期敬語研究者との

関係をも検討する。

１．敬語研究を切り開く近世・近代ヨーロッパ人

前人未到の研究領域を切り開いたロドリゲスの功績

　本研究では、全くの手探りの中、布教の熱意に突き動かされて、敬語という未踏の研究領域を切り開いていった、ロドリゲスの業績が、時を経て、ホフマン、アストン、チェンバレンへと受け継がれていったことを、敬語と人称の関係性の捉え方を通して論証した。

　敬語研究史についての先行研究を概観すると、明治中頃から発表され始めたいくつかの論文を皮切りに、それ以降の日本人研究者の研究の流れを辿るものが多い。『日本書紀』にまで遡って敬語表現を拾い出し、敬語研究史を説き起こす論文もあるが、やはり焦点は明治中頃以降の日本人研究者による研究の系譜である。

　先行研究の中にはロドリゲスの功績に触れるものもあるが、その多くは、土井忠生訳によって『日本大文典』を分析し、同氏の『吉利支丹語学の研究[358]』をはじめとする著書をレビューするもので、ロドリゲスの研究がその後どのように展開されていったかについては、充分考察されていない。

　しかしいわゆる、鎖国政策やキリスト教弾圧といった時の政権の方針のために途切れてしまったかのように見えるロドリゲスの業績は、ローマではコリャードによって、メキシコではオヤングレンによって、さらにオランダではホフマンによって、参考にされ、新たな展開を生み出していたのである。

　さらに日本の開国によって日本語研究は飛躍的な進歩を遂げた。即ち、ロドリゲス以降も海外で細々と続けられてきた日本語研究の蓄積が、アストン、チェンバレンの文法書において結実したのである。

　こうした非母語話者による敬語研究が、敬語研究史においてどのように位置付けられるかをテーマとした研究は、これまであまりなかった。

　本研究では、大航海時代、東へ東へと進出してきたポルトガル船に乗って、遠く日本へと辿りついたロドリゲスの生涯を多面的に捉えて、その敬語観形

358　土井忠生『吉利支丹語学の研究』（1971）は、その序文の中で、言語学者の新村出（1876-1967）によって「多年にわたって研鑽を尽くし顕彰に努めた葡国宣教師ロドリゲスの日本語学の精粋を中軸として、史的考証に精到を極めた点において、優に東西の千蹤を凌駕し出藍の栄誉甚だ高き一偉業」であると絶賛された空前のロドリゲス研究書である。

成の背景を探った。即ち、日本語の研究に打ち込んだ学究肌の面、イエズス会に利するようにプロクラドールとして活躍した実務家の面、キリスト教布教という使命を遂行しようとしたクリスチャンの面などである。そして母語話者である日本人でさえ、「敬語」という言語現象を研究対象と捉えていなかった時代に、敬語の重要性を認識して研究を進めていった歴史的背景を明らかにした。

その過程で、ロドリゲスがアルバレス『ラテン語文典』の枠組みを利用して日本語文法を整理するうちに敬語の存在に気付き、modo de falar と表現したこと、その内容について、respeito、honra、honorativa、及び cortesia、humildade、humilham といったポルトガル語を用いて解説していることなどを指摘し、これらの語彙に込められた意味を分析した。

また、歴史研究にしろ、言語研究にしろ、ロドリゲス『日本大文典』を資料として使用しなければならなくなった場合は、必ず、土井忠生の訳によるのが通例であったが、土井訳は、文語体、旧仮名遣いで書かれており、現代では難解な部分もあったので、本研究では、敬語に言及する部分の現代語訳を試みた。

19世紀、ホフマンの時代へ

イエズス会宣教師による日本語研究は、幕府による禁教策によって宣教師が全員日本から追放された後も、秘かに国外へ持ち出され、それらをもとに継続的に日本語研究は続けられた。1825年、ランドレスによってロドリゲス『日本小文典』が[359]、1862年パジェスによって『日葡辞書』が[360]、それぞれポルトガル語からフランス語へと翻訳されたことが契機となって、19世紀のフランスにおける日本学の発展に繋がった。

また、ヨーロッパでは、1859年、ダーウィンの『種の起源』（*On the Origin of Species*）が発表され、「進化論」が社会全体に大きな影響を与え、言語を考える上でも転換期を迎えていた。言語は、バベルの塔の崩壊によってではなく、その系統や歴史に遡って、構造を解明、実証するという「比較言語学」という学問分野の研究対象となったのである。

一方、政治的には、ヨーロッパの列強国がアジアへの進出を画策し、各国

359　Elémens de la grammaire Japonaise の標題で刊行された。
360　Dictionnaire japonais-francais の標題で1862年から1868年にかけて刊行された。

とも他国に関する正確な情報収集及び外交舞台での順調な意思疎通を求めており、日本語を理解できる人材が必要とされた。

　限られた資料とわずかな日本人との接触の中で日本語を学習したホフマンが『日本語文典』を世に送り出したのは、こうした時代である。ロドリゲス『日本大文典』から260年もの時が経っていた。この260年間、決して日本語に対する興味や熱意の火は、日本から遠いヨーロッパで消えることなく燃え続けていたのである。

　ホフマンは古典から例文を探し、言語が共通して持つルールを紐解き、比較言語学の手法を用いて、敬語を一つの文法的な言語現象として提示した。

アストン、チェンバレンの活躍

　開国後は、欧化政策を採った明治政府が「お雇い外国人」を招聘し、宣教師や外交官など様々な身分の外国人が来日した。外交官として来日したアストンは、文法書を執筆する傍ら、日本学者として日本書紀の研究も深めた。

　本居宣長をはじめ、日本語について独自の言語論を展開する研究者は、江戸時代から少なからずいたが、当時来日した欧米人は皆、ヨーロッパで誕生、発展した「言語学」の学問体系の中に日本語を位置付けて解釈しようとした。また、日本人の文法学者も、脱亜入欧の掛け声のもと、西洋文法の枠組に日本語をあてはめて文法の再構築を目指した。そのような状況にあって、ヨーロッパ人であるにもかかわらず、日本語を、日本独自で展開されてきた言語論の観点から捉え直し、その独特の日本語論の優れた点を指摘したのがアストンだったのである。

　アストンは来日後、国学者に師事し、伝統的な日本人の日本語研究を取り入れ、西洋文法と国文法を融合させて、これまでのロドリゲスやホフマンによる研究の集積の方向性に転換をもたらした。

　「書き言葉」と「話し言葉」が大きく乖離していた時代から、近代国家へ変貌を遂げることをめざして、言文一致へと移行する激動の時代、アストンから10年遅れて来日したチェンバレンは、帝国大学の博言学科の教授という立場で日本語に向き合った。チェンバレンは、近代的な人間の思想や感情を、自由に十分に表現できる近代口語文体を確立させることが、当時の日本にとっての喫緊の問題であることを十分心得ていた。だからこそ近代国家形成のための重要な原動力として言文一致運動の推進に精力を注いだのである。

　二人のイギリス人の社会的立場は両者の著作の性格にも影響した。アスト

ンが、国学文献を参考にして基本から学ぶことを第一としたのに対し、チェンバレンは、短期間に便利な日本語を身につける実用書を目指した。敬語がどんな場合に用いられ、どんな場合に用いられないかという視点から見出された敬語の使用基準を箇条書きでわかりやすく示したことからも、チェンバレンの実用指向の姿勢が窺われる。

　こうした日本語を母語としない人々にとっては、敬語使用の法則性を見つけるより、現実場面ごとに、どの敬語が使えるのか、あるいは使えないのかを知ることが一番の関心事である。そこで、具体的な例文を多く示すことが最優先となる。

　彼等は、身分制などの日本の社会制度や言語生活の実態を反映した敬語を、客観的な視点から対象化し、敬語体系を構築した。それを可能にしたのは、非母語話者として「ソト」からの視点を持っていたことが要件の一つであったといえる。

　結論として、各研究者とその著書を取り扱う際、研究者を取り巻く環境が、JSL（Japanese as a Second Language）環境か、JFL（Japanese as a Foreign Language）環境かによって、研究姿勢やその成果に大きな影響を及ぼすということが明らかになった。

　ロドリゲスやアストンが、敬語使用について豊富な具体例を挙げ、さらに話し言葉と書き言葉の両方の側面から論じたのは、JSL環境下で生活してきたからこそである。また、康遇聖は、JSL環境において日本語を習得したからこそ、敬語を必要とする場面を設定して、生き生きとした会話モデルを記述することが出来た。

　一方、崔鶴齢は、JFL環境のもとで日本語を習得したという自覚があったからこそ、朝鮮通信使として来日した短期間の貴重な経験を最大限に生かして、原刊本の不備や日本語の通時的変化に対応している。

　ホフマンも同様にJFL環境のハンディを受け入れた上で、日蘭交流から手に入れた資料を駆使し、日本語母語話者との接触を有意義に役立てている。もちろん、文法法則などの例外に気付かず、一つの法則を機械的にあてはめるなど、どうしても避けられない弱点はある。しかし、他の言語の文法事項との比較や語源への興味、歴史的に高い評価を得ている古典の引用などを通して後世に残る研究になるよう意識していることが窺われる。

２．近代日本人敬語研究者のスタンス

　近世・近代ヨーロッパ人が、全く何もないところから出発して、敬語研究を切り開いていた間、母語話者である日本人は、敬語についてどのような取り組みをしていたのだろうか。

山田孝雄の立場

　日本人研究者は開国によってヨーロッパで成立発展した言語学が流入するに伴い、西洋の文法書を勉強して、手探りでそれを日本語に適用しようとした。最初にとった行動は、西洋文典の構成に倣って日本語文典を作成しようとする試みであったが、日本語には日本語特有の性格があり、西洋文典の枠組に無理にあてはめると矛盾が出てくる。且つ日本語の成り立ちについて成果を示してきた江戸期の国学者たちの研究の積み重ねもある。そこで、その折衷を図ろうとする動きが出てくるなど、明治以降の文法研究の歴史は、西洋文法に倣って日本語文法を把握しようとした結果出てくる矛盾の修正の歴史であった。

　こうした近代文法研究史において、蘭文典でいえば Spraakkunst、英文典でいえば Grammar にあたるものとして、語の分類や文の構成法について説くことを指すものとして、「文法」と言う概念が一般的に受け入れられるようになった。

　山田孝雄、松下大三郎などは、この文法の研究を通して、国家の標準語である「国語」を研究する「国語学」という学問領域の成立、発展に貢献した研究者である。彼らは、日本語文法と文法構造が根本的に違う欧米語の文法をあてはめたのは外形面だけだとして、いわゆる「和魂洋才」の敬語体系を打ち出して、日本語における敬語に大いなる誇りを示した。

　山田が敬語と人称の法則性を提唱したのも、和魂洋才の考え方を取り入れたからだと考えられる。では、山田が、敬語と人称の関係を柔軟に考えずに法則性にこだわったのはなぜだろうか。滝浦（2005）は「日本語が文法概念としての人称を欠いているという事実が、そのままでは文法上の"欠陥"に等しいものであり、人称説こそがその根本的な"超克"を意味し[361]」たからではないかという。

361　滝浦（2005）p.215。

しかし、滝浦（2005）のいう「人称説」が、人称の欠如という文法上の欠陥を穴埋めするための法則なのかどうかは推測の域を出ない。それよりも、山田には、敬語を、日本人に馴染みの薄い「人称」概念を使って説明する場合にも、日本語母語話者であるなら例外を考慮に入れる必要はないという期待があったのではないだろうか。つまり、山田にとって「敬語は実に人々相推譲する意を表明する一の方法[362]」であり、日本語に敬語が存在するのは、「わが民族間に推譲の美風の行はるるによるもの[363]」なのである。山田は、日本語に対して日本人だからこそ持ち得る「ウチ」からの視点に立った上で、敬語と人称の関係を説明する方法を苦心して編み出そうとしたのではないかと筆者は考える。

　結果的には、ロドリゲスからホフマン、アストン、そしてチェンバレンへと受け継がれた敬語使用条件と、山田の提唱する敬語と人称の法則性の内容は、ほぼ同一であるのだが、山田には、決してそれらを取り入れたという意識はない。

上田万年の立場

　一方、近代国家にふさわしい統一された書き言葉と話し言葉、即ち「国語」を作り上げていくための国家的な政策に尽力した研究者たちもいた。その中心的な人物として国語学者、上田万年（1867-1937）が挙げられる。

　上田は帝国大学でチェンバレンから言語学の手ほどきを受けた一番の弟子である。1890年から1894年まで、帝国大学総長、加藤弘之らの推薦により、言語学研究のためにドイツ、フランスに留学した後、東京帝国大学の教授になって後進を育成した。上田の留学の最大の収穫は、当時最先端の比較言語学を持ち帰ったことである。

　チェンバレンによって最新の言語学の知識を得、留学してヨーロッパにおける言語研究に対する姿勢を目の当たりにした上田が目指した「国語」とは、どのようなものだったのだろうか。

　下記の引用は、「国語」の不在を嘆いていた上田が、1895年研究機関として帝国大学内に国語研究室を設置することを総長に要請した文書の一部である。

362　山田（1924［1970］）pp.1-2。
363　山田（1924［1970］）pp.1-2。

帝国大学文化大学に国語学研究室を興すべき議

　　文化大学内にその研究室を創立し玆に有為の子弟を教育して緻密なる
科学的智識及び方法を以て、此広大深遠なる事業の各方面より漸次合期
（ママ）的の解釈を試み行く事の最良策たることを信ず

（上田（1895［1975］p.214)

　この文書から、上田が「国語」を「科学的知識及び方法を以て」研究する
べきものと捉えていることが読み取れる。

　この「科学的」とはどういうことだろうか。安田（2006）は、上田のいう
「科学」について次のような解釈をしている。

　　　上田が学生時代・留学時代を通じて取得してきたものは比較言語学で
　　あった。それゆえ、比較こそが「科学」であった。例えば明治中期の国
　　語学界を1933年に回顧する中で、上田は「比較研究なし、科学は勃興
　　しない」と明言し、「国語学を一個の科学としてみるときには、人類学・
　　人種学等と同じく、世界の人類・世界の言語の学問と同じく、この言語
　　と人類との関係が如何なるものであるかを研究せねばならぬ」として、
　　「日本人の話す国語」が世界の言語とどういった関係になるのかを国語学
　　は明らかにしなくてはならないとしている。従って「国語を研究し、国
　　語の歴史・性質を闡明し、世界の言語上に於て、日本語の有すべき地位
　　を確定することこそが学者のなさねばならない研究だという。(「国語科
　　学講座の発刊を喜ぶ」『国語』1号、1933年）

（安田（2006）p.76)

　上田にとって国語学とは「科学」である。この「科学」とはヨーロッパに
おける比較言語学の「比較」と同義である。即ち、国語学は、他の言語との
比較の中でこそ成立するというのである。これは「ソト」からの視点を持つ
者の考え方だといえるだろう。

　山田が、チェンバレンの研究は自らに何ら影響を及ぼしておらず、日本人
が研究してこそ国語学といえると主張したのに対し、上田は、チェンバレン
を師と仰ぎ、ヨーロッパに留学して吸収した比較言語学を基盤とした国語学
の重要性を訴えた。山田と上田の国語学に対するスタンスは、対照的である。

　興味深いことに、前者は文法学を中心に国語学の発展に取り組み、学問の

255

世界で学者として活躍し、後者は、国家の政策としての国語学の樹立に力を尽くして、政治の世界で活躍した。理論面と実践面、どちらも国語学には必要であったのである。

3.「日本語学」と「国語学」のせめぎあい

　ロドリゲスとホフマンが、母語と全く違う文法体系を持つ外国語としての「日本語」と出会った頃、その時代的背景を考慮すれば、一部のオランダ通詞等を除き、母語を客観的に一言語と捉える明確な言語意識を持つ日本人はいなかったであろう。彼らと接触できる一部の特権的な日本人だけが、一つの言語にウチ・ソトの二つの見方があるということを漠然と認識したに違いない。例えば、イエズス会宣教師の日本語研究に手を貸した日本人、養方軒パウロ（?-1595[364]）やハビアン（Fabian, 1565-1621[365]）、ホフマンが出会った留学生、大河喜太郎・津田真一郎、西周助などは、複数の言語と日本語を対照させる機会を得たことによって、「ソト」からの視点を認識したであろう数少ない日本人である。彼らが「ソト」からの視点に立ったことは、彼らの直接的あるいは間接的な協力の跡が、日本語研究書から見出されることから明らかである。

　一方、日本が近代化を目指す中で、アストンとチェンバレンが「日本語」と出会ったとき、日本語母語話者は、母語に対するウチ・ソトという視点の違いだけではなく、母語が内包する「国語」と「日本語」という複雑な二重性に向き合うことを余儀なくされた。

　イ（2009）は、「国語」は「世界の中に数ある言葉の内の一つという把握を拒む概念だ[366]」という。これは、本研究における山田孝雄の考え方に通じる反面、外国人には到底、容認できない考え方であろう。

　最近、「国語学会」と呼ばれていた学会が「日本語学会」へと改称する際

364　戦国 - 織豊時代のキリシタン。永禄 3 年京都で受洗。堺で医業に従事した後、島原に赴きイエズス会に入る。豊後府内のコレジヨの日本語教師となり、キリシタン文献・聖人伝などの翻訳や編集にあたった。文禄4年死去。若狭（福井県）出身。本名は不詳。

365　江戸時代前期の日本人修道士。禅僧からイエズス会士となる。1605（慶長10）年、護教論書「妙貞問答」をあらわし、翌年、林羅山と論争する。1608（慶長13）年、棄教し、長崎で幕府のキリシタン迫害に協力した。1621（元和 7）年 1 月死去。著作はほかに「破提宇子（ハダイウス）」。

366　イ（2009）pp.212-213。

　に、盛んにかわされた議論の中で、佐藤（2001）は、次のように述べている。

　　「日本語学」と言えば、外国人に教える学問と理解するのが日本人の一
　般ではなかったかと、私は印象的に思っていた。ところが、時間の経過
　というものは恐しいもので、現在では、外国人に教える学問を「日本語
　学」とするばかりでなく、場合によっては、この外国人教育の「日本語
　学」の影響が陰に陽に現れていると思われるが、日本人自身の「日本語」
　研究の分野（とくに現代日本語）に広げられて考えるようになっている
　と思っている。しかも、現代「日本語」研究が活発に行われ、「国語学」
　研究者ばかりでなく、言語学関係者やマス・コミ関係者などの発言が目
　立ち、その扱う現代の「日本の言葉」を「国語」とはまったく言わず、
　「日本語」というくくりの中での発言でもあるため、その学問名の「日本
　語学」も日本人の中になじみつつあると思うのである。

　　　　　　　　　　　　　　　　　　　　　　（佐藤（2001）pp.52-53）

　結果的に2009年、様々な外圧から「国語学会」は「日本語学会」に名称変
更したのであるが、この現象だけ見ると、「日本語学」と「国語学」は対立関
係にあるかのように受け取れる。
　しかし、「国語学」と「日本語学」は対立する分野ではない。本研究で論じ
てきたとおり、ヨーロッパ人は、「日本語」研究に「言語学」の知識を持ち込
み、その科学的方法を伝えることによって、近代日本における「国語学」と
いう新しい分野の確立に大きく寄与したのである。
　また上田万年をはじめとする日本人も、言語学の導入によって「国語」の
制度化を成功させ、国語学を樹立し、言語政策を通じて、欧米に引けをとら
ない近代国家を成立させた。
　現代における「日本語」と「国語」のせめぎあいを表層だけで捉えるので
はなく、過去に遡って、非母語話者が日本語に対してどのような視点をもっ
て観察し、それに対して、母語話者はどのような反応をしたか、歴史的に考
察することが重要である。
　本研究は、その歴史的考察を深める手段として、近世・近代非母語話者に
よる敬語研究が、日本語敬語研究史において、どのように位置付けられるか
を探った。その結果、ロドリゲス『日本大文典』を端緒とする非母語話者に
よる敬語研究と、山田の『敬語法の研究』で完成をみる母語話者による敬語

研究は、時代も、社会的背景も、目的も、そして根本的な理論構築の仕方も
すべて違っているにもかかわらず、その内容に同一性があることが明らかに
なった。しかし、その同一性は、両者間の合意に基づくものではない。

　言葉は常に変化していくのが宿命であり、敬語もその例外ではないから、
21世紀を迎えた今日においても、敬語研究はさらに発展していくだろう。そ
の研究姿勢は、資料にかかるフィルターを考慮し、「ウチ」からの視点と「ソ
ト」からの視点の両方を以て観察するというものでなければならない。一つ
の言語現象の観察あるいは研究の結論は、研究者によって同一であったり、
全く違ったりするが、それらを対立とみるのではなく、研究者を取り巻く環
境や背景、様々な視点によって解釈が変わってくるのである。

　「日本語の他の領域に比しても「敬語」がさっぱり論じられなかったという
のは、その時点では「敬語」意識が明確でなかったということを示す」[367]と中
村（1994）は言う。つまり、和歌や手紙を作成する手引書の中で、敬語の語
彙に注意が向けられる程度だった江戸時代には、まだ意識的に「敬語」とい
う言語現象は捉えられていなかったのだ。

　その後、明治時代になって文明開化の風潮の中で「民心の一新」をめざす
啓蒙雑誌『明六雑誌』などに「敬語」という用語が登場するようになるが、
まだまだ「敬語」という概念は形成途上であった。

　ところが、それよりも遥か以前に現在の敬語研究に対してもなんら遜色の
ない体系的敬語研究が既になされていたという事実は非常に興味い。その研
究の証が、世界に2冊しかない稀覯書であるロドリゲスの『日本大文典』で
ある。実際に原書を手にすることはできないが、その影印判を紐解くごとに、
江戸幕府成立直後に、これほど精緻で体系的な研究がなされていたことに対
する驚きがますます大きくなる。

　そもそも敬語が一つの語彙範疇として「敬語」という輪郭が与えられ、個々
の語法を超えた体系的次元で捉えられるようになるのは19世紀末以降のこと
である。即ち、日本人による敬語研究は100年あまりの歴史しか持っていな
いのである。

　たった100年の歴史の中で、体系的敬語研究の嚆矢と自負している山田が
提唱した敬語と人称の法則性が、既に400年以上も前に、ロドリゲスによっ
て記述されていたことを指摘した。両者の関係をどうとらえるかは、歴史を

367　中村（1994）p.138。

丁寧に掘り起こしていかなければならない。その際に使う、いかなる資料も、時代背景や研究者を取り巻く環境、立場といった研究者の属性というフィルターがかかっていることを認識しておかなければならない。

　完全に客観的であるといえる資料は、人間によって記録されたものである限り存在し得ない。よって、本研究では、資料にかかっている様々なフィルターを幅広く、丁寧に取り上げ、具体的に解明した上で、敬語研究史を辿った。

　明治になってから始められた日本語と欧米諸語との比較、あるいは欧米的文法研究の枠内で、日本語の敬語はどのように説明されるべきかという議論は、日本人の「ウチ」からの視点だけに基づいているのでは片手落ちになる。だからこそ「ソト」からの視点を持って敬語を観察した近世・近代ヨーロッパ人による敬語研究が、敬語研究史上に占める地位はたいへん重要な意味をもつといえよう。

　開国によって西洋文法が身近になり、近代国家成立の要件の一つとして母国語の文法構築が急務となったが、明治時代は、ただ日本語を西洋文法にあてはめるところから始めるしかなかった。しかし大正時代になると、西洋文法を生み出した方法を学び取って、母国語を「ソト」からの目線で認識し、再構成するようになる。

　国内における体系的敬語研究の金字塔といわれる『敬語法の研究』を書いた山田孝雄をはじめとして、三橋要也、三矢重松、松下大三郎といった国内における初期の敬語研究者の生涯を辿ることにより明治中頃から大正、昭和にかけての日本語を取り巻く研究環境が明らかになり、「ウチ」からの視線に基づく日本語敬語の体系化の軌跡を辿った。

　敬語研究史の変遷を論じるには、「ソト」からの視線に立った体系的敬語研究の意義を明確にすると同時に、「ウチ」からの視線に立った母語話者ならではの体系的研究も念頭において、両者を総合的に考察する必要性がある。本研究は、16世紀後半から19世紀までにおける敬語研究に関し、そうした要請に幾分かは応えられたのではないかと思う。

参考文献

青木志穂子「敬語研究史におけるロドリゲス『日本大文典』の位置―敬語と人称の関係性に着目して―」『日本語教育史論考第二輯』東京：冬至書房、2011年

青木志穂子「ジョアン・ロドリゲスとヨハン・ヨセフ・ホフマンの日本語敬語分析について」『洋学史研究』30号、東京：洋学史研究会、2013年 a

青木志穂子「西洋人の日本語敬語観の変遷について―近世・近代から現代へ：ロドリゲス、ホフマン、ブロックによる日本語教科書を題材にして―」『東アジアと日本学』厦門：厦門大学出版社、2013年 b

青木志穂子「西洋文法と明治期日本における国文法の融合―W.G. アストンの功績」『東アジア日本語・日本文化研究』17集、仁川：「東アジア日本語・日本文化研究」編集委員会、2013年 c

青木志穂子「17世紀朝鮮における日本語敬語の捉え方―朝鮮資料『捷解新語』の分析を通して―」『東アジア日本語・日本文化研究―新機軸の日本語・日本語教育研究―』19集特別号、2015年

青木博史「異言語接触と日本語文法史」『文献探究』福岡：文献探究の会、2012年

青山秀夫「捷解新語に見える敬語法の特色」『天理大学学報』28号、奈良：天理大学人文学会、1959年

阿部健二「ロドリゲス「日本（大）文典」に見える誤脱改変 - 2 - 活用表に見られる用例」『人文科学研究』49、新潟：新潟大学人文学部、1976年

アビラ・ヒロン著、佐久間正訳注、会田由訳、岩生成一注『日本王国記』（大航海時代叢書第 I 期　第11巻）東京：岩波書店、1965年

雨宮尚治編『亀田次郎先生の遺稿　西洋人の日本語研究』東京：風間書房、1973年

安藤正次「國語學上に於ける歐米人の貢獻」『安藤正次著作集 Vol.7、言語論考』東京：雄山閣、1975年 a

安藤正次「欧米人の日本語研究に就て」『安藤正次著作集 Vol.7、言語論考』東京：雄山閣、1975年 b

イ・ヨンスク（李妍淑）『ことばという幻影　近代日本の言語イデオロギー』東京：明石書店、2009年

家入敏光「アルバレス　拉丁文典」『天理図書館善本叢書　第五次刊行　語学篇 II　解説』奈良県：天理大学出版部、1974年

池田裕「文末表現の重要性」『月刊言語』24巻13号、東京：大修館書店、1995年

石坂正蔵「敬語研究の歴史」『敬語史論考』大阪：大八洲出版、1944年

石坂正蔵「敬語的人称の概念」『文学』9 巻　6 号、東京：岩波書店、2008年

市川清流著、楠家重敏編・訳『幕末欧州見聞録　尾蠅欧行漫録』東京：新人物往来社、1992年

伊奈恒一「捷解新語に現れた敬語について」『語文』21巻、東京：日本大学國文学会、1965年

犬塚孝明『人物叢書　新装版　森有礼』東京：吉川弘文館、1986年

岩井憲幸「ゴシケービチ、橘耕斎『和魯通言比考』とシーボルト『日本動物誌』：基礎的研究のための一資料」『ロシヤ語ロシヤ文学研究』8号、東京：日本ロシア文学会、1976年

岩井憲幸「ゴシケービチ、橘耕斎「和魯通言比考」覚書」『早稲田大学図書館紀要』20号、東京：早稲田大学、1979年

上田万年「欧米人の日本言語學に対する事跡の一二」『明治文学全集44』東京：筑摩書房、1968年

上田万年「帝国大学文化大学に国語学研究室を起こすべき儀」1895年、『明治文化資料双書』8巻、東京：風間書房、1975年

宇野有介「イエズス会宣教師達と日本語—ザビエル来日から1560年代までを中心に—」『二松学舎大学人文論叢書』74号、東京：二松学舎大学人文学会、2005年 a

宇野有介「一五六〇年代前半におけるイエズス会宣教師の活動について」『二松学舎大学人文論叢書』75号、東京：二松学舎大学人文学会、2005年 b

漆崎正人「西洋人の見た日本語の敬語—ロドリゲスからチェンバレンまで—」『國文學：解釈と教材の研究』33巻15号、東京：學燈社、1988年

ヴァリニャーノ著、松田毅一・佐久間正編・訳『日本巡察記』東京：桃源社、1965年（東洋文庫、東京：平凡社、1973年）

江湖山恒明『敬語法』東京：三省堂、1943年

江湖山恒明「敬語研究史」『国文学解釈と鑑賞』21巻5号、東京：至文堂、1956年

海老沢有道『日本キリシタン史』東京：塙書房、1966年

大石初太郎『正しい敬語』東京：大泉書店、1966年

大石初太郎「敬語の研究史」『岩波講座 日本語4 敬語』所収、東京：岩波書店、1977年

大石初太郎『現代敬語研究』東京：筑摩書房、1983年

大久保道舟「鑑眞大和上傳の研究」『駒沢大学実践宗乗研究会年報』駒沢大学実践宗乗研究会年報4、東京：駒澤大学、1936年

大友真一「『捷解新語』の成立時期私見」『文芸研究』26号、宮城：日本文芸研究会、1957年

大西比佐代「江戸時代の通訳者教育論：雨森芳洲の業績を中心に」『論集』54巻1号、兵庫：神戸女学院大学、2007年

大野晋・大久保正 編集校訂『本居宣長全集 第5巻』東京：筑摩書房、1990年

岡倉由三郎「恩師チャムブレン先生を偲ぶ」『英語青年』73巻、2号、東京：英語青年社、1935年

岡田裟裟男「南蛮・紅毛の見た〈待遇表現の文化〉一面」『立正大学文学部論叢』105号、東京・立正大学文学部、1997年

奥田倫子「世界図書館紀行 ライデン大学図書館特別コレクション室」『国立国会図書館月報』618号、東京：国立国会図書館、2012年

奥田倫子「日本語学者ヨハン・ヨーゼフ・ホフマン旧蔵日本書籍目録（試案）」『書物・出版と社会変容』14号、東京：「書物・出版と社会変容」研究会、2013年

小倉進平「『交隣須知』に就いて」『国語と国文学』第13巻6号、東京：東京大学国語国文学会、1936年

小倉進平『増訂補注 朝鮮語学史』東京：刀江書院、1964年

長志珠絵『近代日本と国語ナショナリズム』東京：吉川弘文館、1998年

カイザー・シュテファン「北欧系来日外国人の初期日本語観察の性格――ツンベルグ・シーボルトを中心に――」『山口秋穂教授還暦記念　国語学論集』東京：明治書院、1996年

風間喜代三『ラテン語・その形と心』東京：三省堂、2005年

春日和男『存在詞に関する研究』東京：風間書房、1968年

春日政治「日本の敬譲語について」『日本諸学振興会研究報告　第三篇』東京：内閣印刷局、1938年

加藤信明「アストン『日本口語文典』四版の性格」『上智大学国文学論集』19号、東京：上智大学、1986年

加藤信明「俗語から口語へ――“colloquial”の訳語の変遷」『研究紀要』23号、東京：駒沢女子大学、1990年

加藤弘之「博言学ニ関スル議案」『東京学士会院雑誌』第2編之1、1880年（吉田澄夫編『明治以降国語問題論集』所収、東京：風間書房、1974年）

仮名垣魯文「安愚楽鍋」『明治の文学　第1巻』東京：筑摩書房、2002年

金谷武洋『日本語に主語はいらない』東京：講談社、2002年

金谷武洋『主語を抹殺した男　評伝三上章』東京：講談社、2006年

金子弘「日本文典の例文の一性格：アストン「日本口語文典」と会話書の比較」『日本語日本文学』3号、東京：創価大学日本語日本文学会、1993年

亀山健吉『フンボルト　文人・政治家・言語学者』東京：中公新書、1978年

カルロス・アスンサン、豊島正之翻刻・解説『天草版ラテン文典』東京：八木書店、2012年

韓美卿「捷解新語における一、二人称代名詞」『辻村敏樹教授古希祈念日本語史の諸問題』東京：明治書院、1992年a

韓美卿「捷解新語における謙譲表現」『國文學研究』106号、東京：早稲田大學出版部、1992年b

菊池康人『敬語』東京：角川書店、1994年（再刊：講談社学術文庫、1997年）

菊池康人編『朝倉日本語講座8　敬語』東京：朝倉書店、2003年

岸本恵実「シーボルトの日本語研究」『新・シーボルト研究　第II巻』東京：八坂書房、2003年

北原保雄編『論集　日本語研究9　敬語』東京：有精堂出版、1978年

九州国立博物館編『特別展　新・桃山展　大航海時代の日本美術』福岡：忘羊社、2017年

京都大学文学部国語学国文学研究室編『捷解新語一』京都：京都大学国文学会、1960年

京都大学文学部国語学国文学研究室編『隣語大方』京都：京都大学園文学会、1963年

京都大学文学部国語学国文学研究室編『慶長三年耶蘇會板　落葉集（再版）』京都：京都大学国分学会、1964年

京都大学文学部国語学国文学研究室編『捷解新語：三本対照　本文篇』京都：京都大学国文学会、1972年

金殷爽『捷解新語における二人称代名詞の研究』『言語と文明：論集』2号、東京：麗澤大学、2004年

金水敏「日本語の敬語の歴史と文法化」『言語』33巻4号東京：大修館書店、2004年

金水敏『日本語存在表現の歴史』東京：ひつじ書房、2006年

金水敏「丁寧語の語源と発達」『歴史語用論入門：過去のコミュニケーションを復元する』東京：大修館書店、2011年

金田一京助『日本の敬語』東京：角川書店、1959年

金田一京助全集編集委員会編『金田一京助全集　第三巻　国語学Ⅱ』東京：三省堂、1992年

金田一春彦・林大・柴田武編『日本語百科大事典』東京：大修館書店、1988年

金殷爽「捷解新語における二人称代名詞の研究」『言語と文明』麗澤大学大学院言語教育研究科論集2、東京：麗澤大学、2004年

クーパー　松本たま訳『通辞ロドリゲス』東京：原書房、1991年

楠家重敏『ネズミはまだ生きている：チェンバレンの伝記』東京：雄松堂出版、1986年

楠家重敏『日本アジア協会の研究—ジャパノロジーことはじめ—』東京：近代文芸社、1997年

楠家重敏『W.G. アストン日本と朝鮮を結ぶ学者外交官』東京：雄松堂、2005年

熊沢精次「日本語学習書としての『ロドリゲス日本大文典』の価値」『日本語と日本語教育』11号、東京：慶應義塾大学国際センター、1983年

ゲーテ　木村直司 編訳『ゲーテ形態学論集・植物編』東京：筑摩書房、2009年

幸田成友「ヨハン・ヨゼフ・ホフマン」『幸田成友著作集　第四巻』東京：中央公論社、1962年

国立国語研究所『日本語教育指導参考書17　敬語教育の基本問題（上）』東京：大蔵省印刷局、1990年

後藤丹治・岡見正雄校注『日本古典文学大系36太平記三』東京：岩波書店、1962年

五野井隆史『日本キリスト教史』東京：吉川弘文館、1990年

小林淳男『國語科學講座［1］言語學　言語學史』東京：明治書院、1933年

小林潔「黒野義文『露和通俗会話篇』について」『人文研究』神奈川大学人文学会誌176号、2012年

駒沢大学文学部国文学研究室編輯（索引・解題：渡邊三男、大友信一、木村晟）傅雲龍著『游歴日本図経本文と索引』東京：笠間書院、1975年

ゴロヴニン　井上満訳『日本幽囚記上・中・下』東京：岩波書店、1943-1946年

斎藤純男『言語学入門』東京：三省堂、2010年

佐藤喜代治「山田孝雄伝」『日本語学者列伝』pp.94-119、東京：明治書院、1997年

佐藤誠實著、黒川真頼閲『語學指南』東京：容月樓、1879年

佐藤武義「誌上フォーラム：「国語学」と「日本語学」」『国語学』52巻4号、東京：国語学会、2001年

佐藤信雄『レトリック感覚』東京：講談社、1978年

山東功『日本語の観察者たち—宣教師からお雇外国人まで—』東京：岩波書店、2013年

清水康行『黒船来航　日本語が動く』東京：岩波書店、2013年

新村出「メキシコ旧版の日本文典」『藝文』1931年、（『南蠻記』『新村出選集（一）』に収録）、『新村出全集第五巻』東京：筑摩書房、1971年

新村出「欧洲に伝はつた『和訓栞』」『教育学術界』（新村出選集（一）に収録）1969年、『新村出全集第八巻』東京：筑摩書房、1972年

杉本つとむ『西洋人の日本語発見』東京：創拓社、1989年

杉本つとむ『精選復刻　紀伊國屋新書　近代日本語』東京：紀伊國屋書店、1994年

杉本つとむ『西洋人の日本語研究』東京：八坂書房、1999年

鈴木孝夫『ことばと文化』東京：岩波書店、1973年

関正昭『日本語教育史研究序説』東京：スリーエーネットワーク、1997年

関正昭・平高史也編『日本語教育史』東京：アルク、1997年

髙田博行・椎名美智・小野寺典子編著『歴史語用論入門：過去のコミュニケーションを復元する』東京：大修館書店、2011年

髙野繁男「『明六雑誌』の語彙構造：2字漢字を中心に（その1）」『神奈川大学人文学研究所報　34』神奈川：神奈川大学、2001年

髙橋裕史『イエズス会の世界戦略』東京：講談社、2006年

滝浦真人『日本の敬語論―ポライトネス理論からの再検討―』東京：大修館書店、2005年

滝浦真人「敬語の語り方―山田孝雄が遺したもの」『文学』第9巻6号、東京：岩波書店、2008年

竹田裕姫「『捷解新語』と改訂版に見られる日本語の一考察」『目白大学　人文学研究』8号、東京：目白大学、2012年

田中重太郎編『枕冊子全注釈（1）（日本古典評釈・全注釈叢書）』東京：角川書店、1972年

田中義廉『小學日本文典』巻之1-2、東京：猫窠書屋、1874年

多仁安代『日本語教育と近代日本』東京：岩田書店、2006年

チェンバレン、大久保恵子編・訳『「日本語口語入門」第2版翻訳』東京：笠間書院、1999年

沈国威『近代日中語彙交流史：新漢語の生成と受容（改訂新版）』東京：笠間書院、2008年

月本雅幸、亀井孝編『キリシタン版日葡辞書　カラー影印版』（*Vocabvlario da lingoa de Iapam*: Nagasaqui 1603-1604）東京：勉誠出版、2013年

辻村敏樹「待遇語法」『続日本文法講座1』東京：明治書院、1958年

辻村敏樹『現代の敬語』東京：共文社、1967年

辻村敏樹「敬語研究の歴史」『敬語の史的研究』東京：東京堂出版、1968年

辻村敏樹「日本語の敬語の構造と特色」『岩波講座日本語　4　敬語』東京：岩波書店、1977年

辻村敏樹「待遇表現（特に敬語）と日本語教育」『日本語教育』69号、東京：日本語教育学会、1989年、pp.1-10

辻村敏樹『敬語論考』東京：明治書院、1992年

辻村敏樹・韓美卿「捷解新語の「言う」の敬語形―日本語の敬語と韓国語の敬語―」『国語学研究と資料』5号、東京：早稲田大学文学部辻村研究室、1980年

鶴峯戊申『語学究理九品九格総括図』出版地不明：徴古究理堂蔵、1830年

ゾーフ編・著『道訳法児馬』第1巻〜第8巻、近世蘭語学資料第3期、静嘉堂文庫蔵の複製、東京：ゆまに書房、1998年

照屋善彦「19世紀琉球における欧米との異文化接触（1）―言語問題―」『沖縄大学人文学部紀要』1号、沖縄：沖縄大学人文学部、pp.1-10、2000号

土井忠生『吉利支丹語学の研究』新版、東京：三省堂、1971年

土井忠生他編・訳『邦訳日葡辞書』東京：岩波書店、1980年

土井忠生『吉利支丹論攷』東京：三省堂、1982年

時枝誠記『国語学史』東京：岩波書店、1940年

時枝誠記『国語学原論』東京：岩波書店、1941年〔その後、漢字を新字体に、仮名づかいを現代仮名づかいに改めて刊行されたものが、時枝誠記『国語学原論』全2冊（岩波文庫、東京：岩波書店、2007年）である。〕

徳田政信編『近代文法図説』東京：明治書院、1983年

飛田良文ほか編『日本語学研究事典』東京：明治書院、2007年

富田仁編『事典　外国人の見た日本』東京：日外アソシエーツ株式会社、1992年

豊島正之編『キリシタンと出版』東京：八木書店、2013年

鳥井裕美子「ティツィング―オランダ最初の日本学者」『九州の蘭学―越境と交流―』京都：思文閣出版、2009年

中川かず子「外国人による日本語文法教本の研究―W.G. アストン著『日本文語文典』を中心に―」『北海学園大学人文論集』23-24号、北海道：北海学園大学、2003年

永田高志「待遇表現の歴史」『日本語学』第24巻11号、東京：明治書院、2005年

中村栄孝「『捷解新語』の成立・改修および『倭語類解』の成立時期について」『朝鮮学報』19号、奈良：天理大学内朝鮮学会、1961年

中村春作「『敬語』論と内なる『他者』」『現代思想』第22巻9号、東京：青土社、1994年

西周「加藤弘之先生博言学議案ノ議」『東京学士会院雑誌』第2編之2、1880年、吉田澄夫編『明治以降国語問題論集』東京：風間書房、所収、1974年

西田直敏『敬語（国語学叢書13）』東京：東京堂出版、1987年

西田直敏『日本人の敬語生活史』東京：翰林書房、1998年

西田直敏『日本語史論考』大阪：和泉書院、2001年

西村庚「和魯通言比考」と橘耕斎『ソ連研究』1巻7号、東京：ソ連問題研究会、1952年

西村毬子『日本見聞録に見る朝鮮通信使』東京：明石書店、2000年

野村剛史『話し言葉の日本史（歴史文化ライブラリー；311）』東京：吉川弘文館、2011年

野村剛史『日本語スタンダードの歴史；ミヤコ言葉から言文一致まで』東京：岩波書店、2013年

萩原延壽『馬場辰猪』東京：中央公論社、1995年

長谷川恒雄「J. ロドリゲスの日本語学習論再考―史料に対する意味付与をめぐって―」『日本語教育史論考―木村宗男先生米寿記念論集―』東京：凡人社、2000年

馬場良二『ジョアン・ロドリゲスの「エレガント」：イエズス会士の日本語教育における日本語観』東京：風間書房、1999年

濱田敦『朝鮮資料による日本語研究』東京：岩波書店、1970年

林栄一・小泉保『言語学の潮流』東京：勁草書房、1998年．

林四郎・南不二男編集『敬語講座10　敬語研究の方法』東京：明治書院、1974年

林義雄「捷解新語におけるオシラルの変容」『日本語史研究の課題』東京：武蔵野書院、2001年

東出朋「ロシアにおける日本語教育のあけぼの―ロシアの東方政策から考える―」『比較社会文化研究』第34号、福岡：九州大学大学院比較社会文化学府、2013年

ヒュー＝コータッツィ・ゴードン＝ダニエルズ編　大山瑞代訳『英国と日本：架橋の人びと』東京：思文閣出版、1998年

フォス美弥子編・訳『幕末出島未公開文書　ドンケル・クルチウス覚え書』東京：新人物往来社、1992年

福井久蔵『増訂　日本文法史』1934年、東京：成美堂書店（復刻版　国書刊行会、1981年）

福井久蔵撰輯『國語學大系　第9巻　方言1』東京：国書刊行会、1939年

福島邦道『キリシタン資料と国語研究』東京：笠間書院、1973年

福島邦道編『キリシタン版落葉集』東京：勉誠社、1977年

古田啓「ヨハン・ヨーゼフ・ホフマン―生涯と業績」『お茶の水女子大学人文科学紀要57号』東京：お茶ノ水女子大学、2004年、pp.137-147

古田東朔「中根淑『日本文典』の拠ったもの―明治初期洋風文典原典考2―」『解釈』第5巻第1号、東京：解釈学会、1959年、『古田東朔　近現代　日本語生成史コレクション　第4巻　日本語　近代への歩み―国語学史2』東京：くろしお出版、2010年a、pp.253-256

古田東朔「田中義兼『小学日本文典』の拠ったもの―明治初期洋風文典原典考3―」『解釈』第5巻第3号、東京：解釈学会、1960年、『古田東朔　近現代　日本語生成史コレクション　第4巻　日本語　近代への歩み―国語学史2』東京：くろしお出版、2010年b、pp.253-256

古田東朔「品詞分類概念の移入とその受容過程」『蘭学資料研究会　研究報告』第130号、東京：蘭学資料研究会、1963年、『古田東朔　近現代　日本語生成史コレクション　第4巻　日本語　近代への歩み―国語学史2』東京：くろしお出版、2010年c、pp.101-123

古田東朔「アストンの敬語研究―人称との関連について―」『国語学』第96集、東京：国語学会、1974年、『古田東朔　近現代　日本語生成史コレクション　第3巻　日本語へのまなざし　内と外から―国語学史1』東京：くろしお出版、2010年d、pp.313-337

古田東朔「ホフマンの『日蘭辞典』『日英辞典』」『国語学第108集』東京：国語学会、1977年、『古田東朔　近現代　日本語生成史コレクション　第3巻　日本語へのまなざし　内と外から―国語学史1』東京：くろしお出版、2010年e、pp.338-371

古田東朔「アストンの日本文法研究」『国語と国文学』第55巻第8号、東京：東京大学国語国文学会、1978年、『古田東朔　近現代　日本語生成史コレクション　第3巻　日本語へのまなざし　内と外から―国語学史1』東京：くろしお出版、2010年f、pp.281-312

古田東朔「ホフマン『日本文典』の刊行年について」『国語国文論集』第7号、東京：学習院女子短期大学国語国文学会、1978年、『古田東朔　近現代　日本語生成史コレクション　第3巻　日本語へのまなざし　内と外から―国語学史1』東京：くろしお出版、2010年g、pp.372-398

古田東朔「明治以降の敬語の変遷―国語教科書における」『国語教育実践の開拓』東京：明治図書、1983年、『古田東朔　近現代　日本語生成史コレクション　第1巻　江

戸から東京へ─国語史1』東京：くろしお出版、2012年 h、pp.235-245

ベイジル・ホール 春名徹訳『朝鮮・琉球航海記─1816年アマースト使節団とともに』東京：岩波文庫、1986年

ボート W. J.「ライデンにおける東アジア研究の由来と発展、1830-1945」『東アジア文化交渉研究別冊』4号、大阪：関西大学、2009年

保科孝一『新体国語学史』東京：賢文館、1934年

ホフマン 三澤光博訳『ホフマン日本語文典』東京：明治書院、1968年

松尾聰・永井和子校注訳『枕草子 新編日本古典文学全集18』東京：小学館、1997年

松岡洸司「アルバレスラテン文法書における日本語研究」『上智大学国文学論集』第9号、東京：上智大学国分学会、1976年

松岡洸司『キリシタン語学─16世紀における─』東京：ゆまに書房、1991年

松岡洸司「ジョアン・ロドリゲス『日本大文典』の待遇表現」『上智大学国文学論集』36号、東京：上智大学、2003年

松岡洸司「中世期におけるラテン語の翻訳─アルバレス・ラテン文典を中心に」『ソフィア』31巻2号、pp.116-136、東京：上智大学、1982年

松方冬子『オランダ風説書と近世日本』東京：東京大学出版会、1977年

松下大三郎『校訂日本俗語文典 付遠江文典』東京：誠之堂、1901年（勉誠社、1980年）

松下大三郎『漢訳 日本口語文典』東京：誠之堂、1907年（北原保雄 古田東朔編集『漢訳日本口語文典』東京：勉誠出版、2004年）

松下大三郎「国語より観たる日本の国民性」『国学院雑誌』5月号、1923年、北原保雄編『論集 日本語研究9 敬語』東京：有精堂出版、1978年、pp.29-36

松原右樹「敬語法学説史─山田孝雄」『国語講座第2巻』東京：白帝社、1969年

松原右樹「敬語法学説史」『国語講座第3巻』東京：白帝社、1970年

馬渕和夫・出雲朝子『国語学史 日本人の言語研究の歴史』東京：笠間書院、1999年

松村明『洋学資料と近代日本語の研究』東京：東京堂出版、1970年

マルコ・ポーロ、愛宕松男訳注『東方見聞録』第1巻、東洋文庫、東京：平凡社1970年

三上章『現代語法新説』東京：刀江書院、1955年

三木幸信『義門研究資料集成上巻』東京：風間書房、1966年

三澤光博「ホフマンの日本語敬語説について」『日本大学文理学部（三島）研究年報』15号、東京：日本大学文理学部、1966年

三澤光博「ホフマンの日蘭辞典について─その編纂事情を中心に─」『語文』東京：日本大学国文学会、1972年

三矢重松『高等日本文法』東京：明治書院、1908年

三橋要也「邦文上の敬語」『皇典講究所講演』71・72号、東京：皇典講究所、1892年（北原編（1978）に再録）

宮崎克則「シーボルト『NIPPON』の色つき図版」『九州大学総合研究博物館研究報告』5号、福岡：九州大学総合研究博物館、2007年

宮地裕「現代の敬語」『敬語史』東京：大修館書店、1971年

宮地裕「敬語研究の歴史と現状」『国文学』第17巻第4号、1972年

宮永孝「ヨハン・ヨゼフ・ホフマン─ライデンの日本語学者」『法政大学教養部紀要』東京：法政大学教養部、1984年

宮永孝『幕末オランダ留学生の研究』東京：日本経済評論社、1990年

村上直次郎訳『イエズス会日本年報・下』東京：雄松堂書店、1969年（Societas Iesu. *Cartas de Japão, Vol II*," Evora. 1598.）

室町時代語辞典編集委員会編『時代別国語大辞典室町時代篇四』東京：三省堂、2000年

明治書院企画編集部編『日本語学者列伝』東京：明治書院、1997年

森田武「捷解新語の国語について ―その資料性の考察―」『国文学攷』第10巻、広島：広島文理科大学国語国文学会、1952年、pp.5-pp.16

森田武「『捷解新語』成立の時期について」『国語・国文』第24巻3号、東京：中央図書出版社、1955年

森田武「『捷解新語』解題及び補注」（『三本対照捷解新語　釈文・索引・解題篇』京都：京都大学国文学会、1973年

森山由紀子・鈴木亮子「日本語における聞き手敬語の起源」『歴史語用論入門：過去のコミュニケーションを復元する』東京：大修館書店、2011年

安田章「重刊改修捷解新語解題」『重刊改修捷解新語』京都：京都大学国文学会、1960年

安田章「捷解新語の改修本」『外国資料と中世国語』東京：三省堂、1990年

安田敏朗『「国語」の近代史：帝国日本と国語学者たち』東京：中央公論新社、2006年

柳谷武夫編輯・村上直次郎訳『イエズス会日本年報・下』東京：雄松堂書店、1969年

柳父章『近代日本語の思想：翻訳文体成立事情』東京：法政大学出版局、2004年

山田孝雄『敬語法の研究』東京：宝文館、1924年（宝文館出版、1970年）

山田孝雄『國語學史要』（シリーズ：岩波全書）東京：岩波書店、1935年

山田孝雄『國語學史』東京：宝文館、1943年

山梨正明・有馬道子『現代言語学の潮流』勁草書房、2003年

山室信一・中野目徹校注『明六雑誌・上』東京：岩波書店、1999年

山本正秀『近代文体発生の史的研究』東京：岩波書店、1965年

山本正秀『言文一致の歴史論考』東京桜楓社、1981年

湯沢幸吉郎『徳川時代言語の研究』東京：刀江書院、1936年

吉田朋彦「W.G. アストンの日本語研究 ―文典の研究の意義と先行研究の検討『城西国際大学大学院紀要』10号、pp.33-54、東京：城西国際大学、2007年

吉田朋彦「W.G. アストンの口語文典初版における名詞と代名詞」『城西国際大学大学院紀要』11号、pp.13-32、東京：城西国際大学、2008年

ルイス・フロイス、岡田章雄訳『日本王国記. 日欧文化比較』（シリーズ大航海時代叢書11）東京：岩波書店、1965年

ロウビンズ R.H. 中村完、後藤斉訳『言語学史』第三版、東京：研究社、1992年

ロドリゲス著、土井忠生訳『ロドリゲス日本大文典』東京：三省堂、1955年

ロドリゲス著、江馬務・佐野泰彦・土井忠生・浜口乃二雄訳『日本教会史　上』（大航海時代叢書第I期　第9巻）東京：岩波書店、1967年

ロドリゲス、土井忠生他訳『日本教会史　下』（大航海時代叢書第I期　第10巻）東京：岩波書店、1970年

ロドリゲス『日本文典』影印、東京：勉誠社、1976年

ロドリゲス、池上岑夫訳『ロドリゲス日本語小文典　上』東京：岩波文庫、1993年

ロドリゲス、池上岑夫訳『ロドリゲス日本語小文典　下』東京：岩波文庫、1993年

ロドリゲス、日埜博司編・訳『日本小文典』（*Arte breve da lingoa Iapoa*）東京：新人物
　　往来社、1993年

渡邊修「アストンの日本口語文典初版：その書誌」『大妻女子大学文学部紀要』7号、
　　pp.101-114、東京：大妻女子大学、1975年

渡邊修「アストン「日本口語文典」—初版影印」『大妻女子大学文学部紀要』14号、
　　pp.39-63、東京：大妻女子大学、1982年

渡邊修「アストン日本口語文典（3本対校）その一」『大妻女子大学文学部紀要』16号、
　　pp.1-30、東京：大妻女子大学、1984年

渡辺三男「吾妻鏡補所引の日本語彙—校本「海外奇談国語解」—」『駒澤大學文學部研
　　究紀要』20号、東京：麗澤大学、1962年

Aston, W. G., *A Short Grammar of the Japanese Spoken Language, Second Edition*. F. D. Fi-
　　naly and son: Belfast, 1871

Aston, W.G., *A Grammar of the Japanese Written Language, with a Short Chrestomathy*.
　　Phoenix: London, 1872

Aston, W. G., *A Short Grammar of the Japanese Spoken Language, Third Edition*. Trübner
　　& Co.: London, 1873

Aston, W.G., *A Grammar of the Japanese Written Language,Second Eedition*, London: Lane,
　　Crawford & Co.: Yokohama, 1877.

Aston, W.G., *A Grammar of the Japanese Spoken Language, Fourth Edition*, Lane, Crawford
　　& Co., Publishers, Kelly & Walsh, Limited: Yokohama; The Hakubunsha, Tokyo,
　　Trübner & Co.: Ludgate Hill London, 1888 (Reprinted in 1997, In *Collected Works of
　　William George Aston. Volume2*, Ganesha Publishing Ltd. and Oxford University
　　Press Japan.)

Aston, W.G., *A Grammar of the Japanese Written Language, Third Edition, revised and cor-
　　rected*, luzac & Co., London, Lane, Crawford & Co.: Yokohama, 1904 (Reprinted in
　　1997. In: *Collected Works of William George Aston. Volume2*. Ganesha Publishing Ltd.
　　and Oxford University Press Japan.)

Brown, S.R., *Colloquial Japanese: or, Conversational sentences and dialogues in English and
　　Japanese, together with an English-Japanese index to serve as a vocabulary and an intro-
　　duction on the grammatical structure of the language*, Tokyo: Hokushin, 1970

Chamberlain, B.H., A Simplified Grammar of the Japanese Language(Modern Written
　　Style), Trübner & Co., Ludgate Hill London, Kelly & Walsh: Yokohama, 1886 (Re-
　　vised Edition by Major James Garfield McIlroy, The University of Chicago Press:
　　Chicago, 1924)

Chamberlain, B.H., *A Handbook of Colloquial Japanese, 2nd edition*, London: Trubner &
　　Tokyo: Hakubunsya, 1889

Collado, D., *Ars Grammaticae Iaponicae linguae*, Roma, 1630

Curtius, D., *Proeve Eener Japansche Spraakkunst - Toegelicht, vorbeterd en met uitgebreide
　　bijvoegselen vermeerderd door J. Hoffmann*, A.W. Sythoff: Leyden, 1857

Fisscher, J. F. O., *Bijdrage tot de kennis van het Japansche rijk*, Amsterdam, 1833

Haberland, D., *Engelbert Kaempfer (1651-1716) - A biography* ; translated by Peter Hogg,
　　British Library: London, 1996

Hoffmann, J. J., *Japansche Spraakleer, Uitgegeven op Last van Zijne Excellentie den Minister van Kolonien*, Leiden: Brill en Sijthoff, 1867

Hoffmann, J. J., *A Japanese Grammar. Published by command of His Majesty's minister for colonial affairs*, Leiden: A.W. Sythoff, 1868（複刻版、東洋文庫、1968）

Hoffmann, J. J., *A Japanese Grammar. Published by command of His Majesty's minister for colonial affairs*, Leiden: E. J. Brill, 1876 (2nd ed.)

Hoffmann, J. J., *Japanische Sprachlehre: Nach der holländischen Ausgabe von 1868 ins Deutsche übertragen*, E. J. Brill: Leiden, 1877

Iesus, *Cartas que os padres e irmãos da Companhia de Iesus escreuerão dos Reynos de Iapão & China aos da mesma Companhia da India, & Europa des do anno de 1549 até o de 1580*, Manoel de Lyra: Euora, 1598

Jespersen, O., *Language: Its Nature, Development, and Origin*, George Allen & Urwin: London, 1922

Kaempfer, E., *The History of Japan, giving an Account of the ancient and present State and Government of that Empire; of Its Temples, Palaces, Castles and other Buildings; of its Metals, Minerals, Trees, Plants, Animals, Birds and Fishes; of The Chronology and Succession of the Emperors, Ecclesiastical and Secular; of The Original Descent, Religions, Customs, and Manufactures of the Natives, and of thier Trade and Commerce with the Dutch and Chinese. Together with a Description of the Kingdom of Siam. Written in High-Dutch by Engelbertus Kaempfer, M. D. Physician to the Dutch Embassy to the Emperor's Court; and translated from his Original Manuscript, never before printed, by J. G. Scheuchzer, F. R. S. and a member of the College of Physicians, London. With the Life of the Author, and an Introduction. Illustrated with many copperplates. Vol. I/II. London: Printed for the Translator, MDCCXXVII,* (Reprint) 京都：更生閣、1929 年

Landresse M. C., Abel-Rémusat (ed.), *Élémens de la grammaire japonaise, par le P. Rodriguez; Traduits du Portugais sur le Manuscrit de la Bibliothèque du Roi*, Donday-Dupré: Paris, 1825

Laures J., *Kirishitan bunko; a manual of books and documents on the early Christian mission in Japan. With special reference to the principal libraries in Japan and more particularly to the collection at Sophia University, Tokyo, With an appendix of ancient maps of the Far East, especially Japan*, Tokyo: Sophia University, 1957

Liggins, J., *One thousand familiar phrases in English and romanized Japanese*, Tokyo: Hokumonsha, 1870

Michel, W., *Engelbert Kaempfers Beschäftigung mit der japanischen Sprache*, In: Haberland, D. (ed.): Engelbert Kaempfer - Werk und Wirkung. Boethius-Verlag: Stuttgart 1993, pp. 194-221

Otto Zwartjes, *Portuguese Missionary Grammars in Asia, Africa and Brazil, 1550-1800*, John Benjamins Publishing : Amsterdam, 2011

Rodriguez, J., *Arte da Lingoa de Iapam*. Nagasaki, 1604-1608.（影印版『日本文典』東京：勉誠社、1976年）

Rodriguez, J., *Arte Breve da Lingoa Iapoa tirada da Arte Grande da mesma lingoa, pera os que começam a aprender os primeiros principios della*, Collegio da Madre de Deus,

271

Macau, 1620（影印版、天理大学出版部、東京：雄松堂書店、1972年）

Screech, Timon., *Secret Memoirs of the Shoguns: Isaac Titsingh and Japan, 1779-1822*, Routledge: London, 2006

Siebold, P. F., *Epitome linguae Japonicae - Cum tabulis IX xylographicis, in ipsa japonia incises*, Batavia, 1826

Skuncke, Marie-Christine, *Carl Peter Thunberg, Botanist and Physician: Career- Building across the Oceans in the Eighteenth Century*, Swedish Collegium for Advanced Study: Uppsala, 2014

Steinthal, H. (Misteli, F. ed.), *Charakteristik der hauptsächlichsten Typen des Sprachbaues.* Neubearbeitung des Werkes von Prof. H. Steinthal (1861). Dümmler: Berlin, 1893

Tatui Baba, *An Elementary Grammar of the Japanese Language*, with Easy Progressive Exercises, Trübner & Co.: London, 1873

Titsingh, I., *Illustrations of Japan, consisting of private memoirs and anecdotes of the reigning dynasty of the Djogouns, or sovereigns of Japan : a description of the feasts and ceremonies observed throughout the year at their court, and of the ceremonies customary at marriages and funerals, to which are subjoined, observations on the legal suicide of the Japanese, remarks on their poetry, an explanation of their mode of reckoning time, particulars respecting the dosia powder, the preface of a work by confoutzee on filial piety, &c. &c.*, Printed for R. Ackermann: London, 1822

Thunberg, K. P., *Reisen in Afrika und Asien*, vorzüglich in Japan, während der Jahre 1772-1779. Auszugsweise übersetzt von Kurt Sprengel. Berlin, 1792

Thunberg, K. P., *Reise durch einen Theil von Europa, Afrika und Asien, hauptsächlich in Japan, in den Jahren 1770 bis 1779. Aus dem Schwedischen Frey übersetzt von Christian Heinrich Groskurd.* Haude und Spener: Berlin, 1794

Thunberg, K. P, *Travels in Europe, Africa, and Asia, made between the years 1770 and 1779, P. and C. Rivington: London*, 1795

Thunberg, K. P. *Voyages de C.P. Thunberg, au Japon, par le cap de Bonne-Espérance, les îles de la Sonde, &c.: traduits, rédigés et augmentés de notes considérables sur la religion, le gouvernement, le commerce, l'industrie et les langues de ces différentes contrées, particulièrement sur le Javan et le Malai*, Paris, 1796

Valignano, A., *Sumario de las cosas de Japón*, 1583, Editados por José Luis Alvarez-Taladrez, tomo I, Tokyo: Sophia University, 1954

Yuzo Ota, *Basil Hall Chamberlain: portrait of a Japanologist.* (Meiji Japan series 4) Richmond, United Kingdom. Japan Library, 1998

Zwartjes, O., *Portuguese Missionary Grammars in Asia, Africa and Brazil, 1550-1800*, Amsterdam, John Benjamins: Philadelphia, 2011

あとがき

　本書は2014年9月に九州大学に提出した博士論文『近世・近代非母語話者による日本語敬語研究の位置付け―ロドリゲス、ホフマン、アストン、チェンバレンを中心にして―』（比較社会文化：比文博甲第238号）に加筆修正したものです。

　主に加筆した部分は、平成28年度科学研究費補助金奨励研究「ライデン大学教授J.ホフマンの日本語研究について―遣欧使節団・留学生との交流から―」（研究課題番号：16H00015）の研究成果を掲載した第3章2です。

　私が敬語研究を始めたきっかけは、福岡市内の日本語学校で留学生に日本語を教えたときに遡ります。来日したばかりで日常会話もおぼつかない留学生から、はやく日本語敬語を習得したいと言われ、その理由を問うと、アルバイト先で必要だから、もっと割のいいアルバイトをしたいからという返事を聞いたのが、「ソト」からの視点に立った日本語敬語を意識した最初の瞬間でした。

　16世紀、布教のために命がけの航海を経て日本に辿り着いたイエズス会宣教師も、21世紀、日本のアニメや漫画を日本語で楽しみたくて日本語を学び始めた留学生も、短期間のうちに直感的に日本語敬語の重要性に気が付くのです。

　あらゆる時代において、どんな困難があっても多くの外国人を引き付ける日本語敬語－それを文法的に、語用論的に、歴史学的に、言語学的に、「ソト」からの視点に立って分析したい、その想いから「非母語話者による日本語敬語研究」というテーマに出会いました。そして、この壮大でワクワクさせられる魅力的なテーマに取り組むことが私のライフワークとなりました。

　このライフワークが博士論文として形をなし、さらにこの度、比較社会文化叢書として出版されることは望外の喜びであり、これまでお力添えを頂いた皆様に心より感謝申し上げます。

　九州大学大学院比較社会文化研究院、同大学院地球社会統合科学府、比較社会文化学府教授の松永典子先生は、博士前期・後期課程を通し、指導教官主査として私の小さな気付きを学術的知見にまで高めて下さいました。公私にわたっていつも相談に乗って下さり、精神的に落ち着いて研究に取り組むことができたのは松永先生のおかげです。また松永ゼミのメンバーは、大学院修了後も日

本語教育界の同志として励ましあえる仲間であり、心強い味方です。

　九州大学名誉教授のウォルフガング・ミヒェル（Wolfgang Michel, Michel-Zaitsu）先生は、ご自宅を開放して、毎月勉強会を開いて下さいました。この勉強会を通じて、研究の手法から研究者としての心構えまで大切なことを数えきれないほど学びました。また、この勉強会の仲間と活発な議論をし、励まし合うことで学会発表や学術雑誌への投稿を続けることができました。特に、キム・ウーピン（Woobinn Kim）さん、村上康子さん、童徳琴さん、江﨑智賀さんは、年齢も研究テーマもかけ離れているからこそ多様な意見やアドバイスを頂き、研究を深めることができました。

　博士後期課程において副査をして頂いたのは、敬語研究の第一人者である九州大学大学院教授、松村瑞子先生と、ラテン語系の言語に造詣の深い九州大学大学院教授、山村ひろみ先生のお二人でした。

　松村先生が、東アジア日本語日本文化フォーラムでの学会発表を勧めて下さったおかげで、日中韓３国の日本語教育関係の研究者の方々からご助言を頂けるようになって、たいへん視野が広がりました。

　山村先生は、ロドリゲス『日本大文典』の引用部分の訳に四苦八苦している私に、古典ポルトガル語の権威でいらっしゃる東京外国語大学の黒澤直俊先生、ロドリゲス研究の著作を出されている熊本県立大学の馬場良治先生のご指導を仰ぐことができるようご尽力下さいました。

　九州大学大学院准教授、志水俊広先生は博士ゼミにおいて鋭い指摘と新たな知見を頂きました。学府修了後も、私が非常勤講師を勤める九州大学大学院地球社会統合科学府の外国語ライティングの授業でお会いする度に研究生活を励まして下さいました。

　東海大学名誉教授の関正昭先生は、日本語教育史研究会での発表の際に有益なご助言を下さり、博士論文の外部審査委員を引き受けて頂きました。関先生と初めてお会いしたのは、私が2006年に日本語教師を目指して受講した福岡YWCA第22期日本語教師養成講座の日本語教育史の講義でした。日本語教師は日本語教育の歴史を知り、権力に利用されないよう日本語教育のあり方をしっかり認識することが求められると説かれた先生のご講義に感銘を受けたことが大学院に入学する動機となりました。

　くまもと文学・歴史館長の服部英雄先生は、私の研究テーマに関係するフロイスの日本史を原文で読んでいくという地道な共同作業を２年間続けて下さいました。

　九州大学准教授、施光恒先生は少人数セミナーに聴講生として参加することを快諾して下さり、日本語に関する多角的な考え方を教えて頂きました。

　博士論文提出後、日本学術振興会から奨励研究に採択され、科学研究費補助金を授与されたことで研究に弾みがつきました。19世紀にホフマンを日本学科の初代教授に迎えた歴史のあるオランダ国立ライデン大学の名誉教授ヴィム・ボート（W. J. Boot）先生、日本学科長教授イフォ・スミッツ（Ivo Smits）先生、日本語専任講師山本絵美先生には、ライデンでの滞在中、大変お世話になりました。先生方がライデン大学の図書館の使い方を親切に教えて下さったおかげで貴重なホフマンの旧蔵書を直に手に取り、ホフマン直筆の書込みを目の当たりにし、写真撮影ができて感激でした。また、ユトレヒト大学のホフマン研究家であるスティーブン・ハーゲルス（Steven Hargers）さんは、ホフマンの貴重なメモのオランダ語によるテキスト化、さらに英語翻訳をして下さいました。ホフマンの言語観の形成過程が見られるにもかかわらず、これまで放置されていた七つの紙片をつなぎあわせたメモは特筆すべき大発見となりました。

　オランダでの調査研究に同行してくれた通訳案内士の吉澤久美子さんは、私の高校の同級生でもあるのですが、卓越した語学力と株式会社リコーで磨かれた広報力、社長を務めるGBAプロジェクトでの企画力をフルに発揮して、ハプニング続きだった海外での調査活動から大きな収穫を得るために奔走してくれました。

　福岡女学院大学院長の寺園喜基先生と奥様の峯子様は、敬虔なキリスト者としてのお立場から伝道における日本語教師の有用性を示唆され、さらに大学院進学を勧めて下さいました。この最初の第一歩がなければ日本語研究と出会うこともなく、本書の出版もあり得ませんでした。

　本書の出版にあたり、花書院の仲西佳文さんには、寛容と忍耐の精神で校正、編集を進めて頂きました。

　なお、私の研究を助けて頂きながら、お名前を記すことができなかった方々にその非礼をお詫びし、ここに重ねてお世話になったすべての方に心からお礼を申し上げます。本当にありがとうございました。

　最後に、私の研究生活をいつも支えてくれた家族に感謝します。

　2018年2月16日

　　　　　　　　　　　　　　　　　　青木志穂子

図版一覧

主 要 人 名 索 引

278

著者紹介

青木志穂子（あおき　しほこ）

〈略歴〉

1963年	香川県生まれ
1982年	香川県立高松高校卒業
1987年	中央大学法学部政治学科卒業
2014年	九州大学大学院比較社会文化学府日本社会文化専攻博士後期課程単位修得満期退学
	博士（比較社会文化）
現在	九州大学大学院地球社会統合科学府　非常勤講師
	九州産業大学　語学教育研究センター　非常勤講師

比較社会文化叢書 Vol.42

近世・近代西洋人からみた日本語敬語研究
―ロドリゲス、ホフマン、アストン、チェンバレンを中心にして―

2018年3月20日　第1刷発行

著　者 —— 青木志穂子

発行者 —— 仲西佳文

発行所 —— 有限会社 花　書　院
〒810-0012 福岡市中央区白金2-9-2
電　話（092）526-0287
ＦＡＸ（092）524-4411

振　替 —— 01750-6-35885

印刷・製本―城島印刷株式会社

©2018 Printed in Japan